THE 2ND
VOCATIONAL SKILLS
COMPETITON OF
THE PEOPLE'S REPUBLIC OF CHINA

技能成才 技能报国

中华人民共和国
第二届职业技能大赛实录

中华人民共和国第二届职业技能大赛组委会 编

中国人力资源和社会保障出版集团
中国劳动社会保障出版社 中国人事出版社

目　录

技

李强对做好技能人才工作作出重要批示

新华社天津 9 月 16 日电　中华人民共和国第二届职业技能大赛 9 月 16 日在天津开幕。中共中央政治局常委、国务院总理李强日前对做好技能人才工作作出重要批示。批示指出：技能人才是实施人才强国战略、就业优先战略和创新驱动发展战略的宝贵资源。举办全国职业技能大赛，为广大技能人才搭建展示技能、切磋技艺的平台，有利于促进形成技能就业、技能成才、技能报国的时代新风。各地区、各部门要坚持以习近平新时代中国特色社会主义思想为指导，全面贯彻党的二十大精神和习近平总书记重要指示要求，按照党中央决策部署，扎实做好技能人才工作，加快发展技工教育，健全终身职业技能培训制度，完善中国特色职业技能竞赛体系，拓宽发展通道，提升待遇水平，在全社会大力弘扬劳模精神、劳动精神、工匠精神，努力造就一支规模宏大、结构合理、素质优良的技能劳动者队伍，为推动高质量发展、全面建设社会主义现代化国家贡献力量。

国务委员谌贻琴出席开幕式宣布开幕，并调研技能人才工作。她强调，要深入贯彻习近平总书记关于技能人才工作的重要指示批示精神，落实党中央、国务院决策部署，大力加强技能人才队伍建设，为推动高质量发展和全面建设社会主义现代化国家强化技能人才支撑。

开幕式结束后，谌贻琴实地参观了大赛技能展示交流区和制造类、交通类等竞赛项目，随后来到天津职业技术师范大学附属高级技术学校和世界技能大赛中国（天津）研究中心，调研了解技工院校技能人才培养、世界技能大赛研究和推广等情况。

她指出，加强技能人才培养是壮大技能劳动者队伍和促进技能就业的基础。要创新技能人才培养体系，完善技能人才评价、激励机制，突出加强制造业等重点领域技能人才培养，扎实推进技工院校改革发展，不断完善学科专业设置和人才培养方式。要持续开展大规模多层次职业技能培训，广泛开展各类职业技能竞赛，强化赛训结合、赛学互促，不断提高技能人才培养水平。

赛事活动篇

比　赛

中华人民共和国第二届职业技能大赛简介

中华人民共和国职业技能大赛简称“全国技能大赛”，是新中国成立以来，规格最高、项目最多、规模最大、水平最高、影响最广的综合性国家职业技能赛事。经国务院批准，从 2020 年起，由人力资源社会保障部定期举办。第一届全国技能大赛于 2020 年 12 月在广东省广州市举行，共设 86 个竞赛项目（63 个世赛选拔项目、23 个国赛精选项目），2 557 名选手参赛。习近平总书记致贺信，时任总理李克强作出批示。

第二届全国技能大赛于 2023 年 9 月 16 日至 19 日在天津市举行，这是继 2020 年 12 月广州首届全国技能大赛之后，我国举办的又一次高规格、大规模、高水平综合性国家职业技能赛事。李强总理赛前对做好技能人才工作作出重要批示，谌贻琴国务委员出席开幕式。大赛以“技能成才、技能报国”为主题，共设 109 个竞赛项目，36 个代表团的 4 045 名选手、3 270 名裁判参加大赛，规模比上届大幅增加。经过 4 天的激烈角逐，393 名选手获得

109 个项目的金、银、铜牌，1 653 名选手获得优胜奖，13 名选手获西部技能之星奖，36 名选手获得参赛代表团最佳选手奖，12 个代表团获突出贡献奖，24 个代表团获优秀组织奖。大赛还选拔出世界技能大赛中国集训队选手，为参加 2024 年在法国里昂举办的第 47 届世界技能大赛奠定了坚实基础。

大赛紧贴经济社会发展和新技术新职业变化，不断扩容增量，各领域技能集中亮相，充分展现我国技能人才高超技艺和良好风貌。一是聚焦新主题。坚持以习近平总书记对技能人才工作的重要指示为根本遵循，从总体策划、展陈安排、活动组织到宣传基调，紧紧围绕“技能成才、技能报国”主题，积极营造良好社会氛围。二是设置新赛项。全部竞赛项目都与生产实际紧密联系，覆盖国民经济行业门类的 75%。新增集成电路工程技术、区块链应用等 20 个新职业和数字技术技能类赛项。在天津港、中国石油、国家电网等企业一线设置 3 个分赛场，进一步提高了大赛和产业发展的契合度。三是融入新生代。参赛选手来源广泛，平均年龄 26.4 岁，年龄最小的 16 岁，最大的 58 岁，30 岁以下的选手占 67%。职工身份参赛选手占 54%，比首届大赛增加 7.6 倍。本届博士、硕士选手分别增至 25 人、546 人。高学历参赛选手多数集中在新职业和数字技术技能类赛项，反映了技术技能融合发展的趋势。四是配套新内容。采取“赛展演会”集成办赛模式，配套开展技能成果展、企业设备与技术展、“最受欢迎的十大绝技”展演等活动，举办技能强国系列论坛，打造技能人才盛会。大赛开闭幕式特色鲜明，开幕式庄严隆重，体现仪式感，闭幕式恢宏大气，以获奖选手为中心，通过颁奖仪式体现成就感，让技能人才站“C 位”。五是创新政企合作模式。深化市场化办赛模式，公开征集遴选战略、高级合作伙伴 17 家，有交通银行、中国石油等大型国企，也有腾讯、阿里等知名民企。近 150 家企业为大赛提供设备设施和服务保障赞助。六是观赛新体验。大赛全程开放观摩，公众可通过现场观赛、赛事直播、技能体验等方式，了解不同职业的特点和前景，近距离体验技能魅力。七是宣传新热潮。大赛期间，200 余家新闻媒体近千名记者到场参与报道，深入挖掘技能成才、技能报国故事。各类媒体刊发报道 9 万余篇，网民参与互动约 35.6 万人次，全网阅读量约 18 亿人次，在全社会掀起宣传热潮。

大赛的成功举办，切实发挥了职业技能竞赛示范引领作用，扎实推动技能人才工作高质量发展。一是层层选拔参赛选手，带动更多劳动者投身技能。选拔和集训过程，企业职工、院校师生刻苦钻研、反复操练、相互切磋，有效提升技能素质。二是观摩大赛，促进相互学习、共同提高。各地、有关部门行业和院校，对标竞赛标准和先进经验，对标产业发展和市场需求，交流互鉴、取长补短。三是积极落实获奖选手奖励政策，健全人才工作机制。各代表团返回时，受到热烈欢迎，得到特殊礼遇、重奖激励，“技能改变生活、技能改变命运”的观念更加深入人心，为技能人才发展营造了良好环境。四是有效推动技能人才整体发展。参赛成绩从一个侧面体现各地技能人才的质量和水平，天津、广东、江苏、上海等获得金牌、奖牌位居前列，安徽、湖北等中部省份通过加大支持力度成绩明显提升，特别是西部的贵州、青海、新疆等实现了奖牌零的突破，西藏参赛项目扩大近 1 倍。

第二届全国技能大赛有效搭建了技能人才展示精湛技能、相互切磋技艺的平台，激发了各方面致力于发展技能人才的积极力量，营造了广大劳动者技能成才、技能报国的良好氛围。

中华人民共和国第二届职业技能大赛开幕式及主要活动安排

中华人民共和国第二届职业技能大赛开幕式议程

地　　点：国家会展中心（天津）S9 馆

时　　间：2023 年 9 月 16 日（星期六）14:30—15:10

时　　长：40 分钟

主　　题：技能成才　技能报国

主 持 人：天津市副市长李文海

议　　程：

【暖场】开幕式正式开始前 20 分钟，节目表演，播放宣传片。

【倒计时仪式】（20 秒）

一、开场，文艺展演。

二、36 个代表团入场，同步播放各代表团宣传视频。

三、介绍大赛情况和出席嘉宾。

四、升中华人民共和国国旗，奏唱中华人民共和国国歌。

五、升中华人民共和国职业技能大赛会旗。

六、国务院副秘书长孟扬宣读李强总理的批示。

七、天津市委副书记、市长张工致欢迎辞。

八、人力资源社会保障部部长王晓萍致开幕辞。

九、国务委员谌贻琴宣布中华人民共和国第二届职业技能大赛开幕。

十、参赛选手、裁判员代表宣誓。

十一、同唱大赛主题歌《给梦一双翅膀》。

《给梦一双翅膀》

——中华人民共和国第二届职业技能大赛主题歌

作词：鲍　方

作曲：邓晓逍

相约海河之滨筑梦的地方，
共享技能盛会豪迈飞扬。
劳动开创未来蓬勃希望，
我们奋发自强自立大国工匠。

神州大地点亮创新的光芒，
技能铸就精彩创造辉煌。
强国由我书写无上荣光，
我们向着复兴之路扬帆起航。

给梦一双翅膀，
劳动是生命最美的绽放，
中国风采新时代的工匠，
匠心闪耀为梦想纵情歌唱。

给梦一双翅膀，
奋斗是青春最美的模样，
匠梦传承自信的中国力量，
迎着明天的太阳展翅飞翔。

中华人民共和国第二届职业技能大赛主要活动安排

日期	时间	活动内容
9月8—15日	全天	设备进场、赛场搭建、裁判培训、选手熟悉场地及其他赛前准备活动
9月16日	全天	比赛（第一天）
	全天	技能展示交流活动
	全天	“最受欢迎的十大绝技”展演活动
	14:30—15:10	开幕式
	16:30—17:30	代表团专场媒体见面会
9月17日	全天	比赛（第二天）
	全天	技能展示交流活动
	全天	“最受欢迎的十大绝技”展演活动
	9:00—11:30	技能强国论坛
	13:00—17:00	技能大集
	13:00—17:00	群众技能体验擂台赛
	14:30—17:00	大国工匠论坛
	14:30—15:30	企业专场媒体见面会
9月18日	全天	比赛（第三天）
	全天	技能展示交流活动
	全天	“最受欢迎的十大绝技”展演活动
	全天	技能大集
	全天	群众技能体验擂台赛
	9:00—11:00	技工教育论坛
	14:30—17:00	终身职业技能培训论坛
	14:30—15:30	技工院校专场媒体见面会
9月19日	9:30—11:00	技术点评
	11:00以后	设备撤场及撤展
	19:00—21:30	闭幕式

中华人民共和国第二届职业技能大赛项目设置及介绍

一、世赛选拔项目（共 62 项）

1. 运输与物流（7 项）

飞机维修

项目介绍

飞机维修项目是指按照标准和程序要求对飞机系统进行检查、维修、故障排除、消除隐患、部件安装及修复的竞赛项目。比赛中对选手的技能要求主要包括：实施一个钣金修复方案；通过目视、敲击等方法检测复合材料构件，完成修理方案制定及修理；完成飞机的日常检查；在一个模拟的覆盖模块上拆卸和安装飞机部件；对电气线路进行故障排除。

比赛模块

模块 1：飞机结构修理

模块 2：外场可更换单元机械

模块 3：外场可更换单元电气

模块 4：飞机初始验收检查

模块 5：复合材料修理

人员名单

裁判长：吕恩铭　　裁判长助理：谢凯培

序号	参赛代表团	裁判员	选手	序号	参赛代表团	裁判员	选手
1	北京	于卫东	王　斌	7	黑龙江	王　恒	步凡吉
2	天津	林永伟	吕岳强	8	上海	陈　炯	王云逸
3	河北	时燕雄	马健伟	9	江苏	蔡　俊	沈光辉
4	山西	原慧敏	崔凯波	10	浙江	周志鹏	谢　杰
5	辽宁	张玉梅	王相洲	11	安徽	罗　凯	唐　凡
6	吉林	苏　伟	李明笑	12	福建	范启华	谢育贤

续表

序号	参赛代表团	裁判员	选手
13	江西	邹国发	李会洋
14	山东	徐增祥	杜正杰
15	河南	刘　璐	张泽辰
16	湖北	刘启安	满　祝
17	湖南	刘让贤	宋炳福
18	广东	王蓝彬	郑敬霖
19	广西	李　霞	侣峰宇
20	海南	郭青青	赵征麟
21	重庆	陈世江	张薛云校
22	四川	王昌昊	王睿斐
23	贵州	丁　当	王桂淙
24	云南	孔德贵	杨茗皓
25	陕西	张永朕	姚轶文
26	新疆	鱼　强	蒋　祥
27	交通运输行业	吕　伟	余　浩

车身修理

项目介绍

车身修理项目是指通过使用车身校正平台和相关的测量设备，检测车身损伤程度并修复结构损伤至原厂技术参数的竞赛项目。比赛中对选手的技能要求主要包括：诊断与校正；更换需要焊接的面板和部件；拆卸、重装或更换以及重组内外部件和面板；正确选择、组装和使用工具或设备；拆卸、更换和重新安装系统组件。

比赛模块

模块 1：车身诊断与校正

模块 2：虚拟仿真焊接或模拟结构部件更换

模块 3：非结构部件更换

模块 4：钢面板修复

模块 5：铝面板修复

人员名单

裁判长：马　波　　裁判长助理：徐澳门

序号	参赛代表团	裁判员	选手
1	北京	于海涛	昶博涵
2	天津	许德磊	王永起

续表

序号	参赛代表团	裁判员	选手	序号	参赛代表团	裁判员	选手
3	河北	蒋志林	王 硕	18	湖南	欧阳博	谷 双
4	山西	杨建文	侯甲锋	19	广东	邹成斌	郭乐乐
5	内蒙古	吴雪峰	段玉斌	20	广西	梁国伟	马明格
6	辽宁	刘 全	徐海洋	21	海南	祝金辉	曾渤锦
7	吉林	宋远利	朱君豪	22	重庆	朱游兵	郑文庆
8	黑龙江	石永鑫	杨青顺	23	四川	刘兴尧	张代黎
9	上海	花文兵	朱俊峰	24	贵州	张中鑫	王志翔
10	江苏	方 明	赵前程	25	云南	李金文	尹国迅
11	浙江	黄 涛	徐俊楠	26	西藏		洛桑美巴
12	安徽	施 辰	张 俊	27	陕西	郭永辉	张志欣
13	福建	王嘉斌	傅泽楷	28	甘肃	魏泽生	肖志超
14	江西	李明全	黄文新	29	青海	王小栋	李文鹏
15	山东	庄永成	秦俊杰	30	新疆	李建锋	木拉提江·胡安江
16	河南	管世帅	李志淮	31	新疆兵团	张建豫	金启伦
17	湖北	秦本杰	刘 翔	32	交通运输行业	臧联防	焦 娇

汽车技术

项目介绍

汽车技术项目是指模拟维修技师在汽修车间进行汽车故障诊断与维修的竞赛项目。比赛中对选手的技能要求主要包括：对发动机管理系统、车身电气与电驱系统、制动系统、悬挂转向及四轮定位、发动机机械性能、发动机的机械结构具有安全、规范地拆解、检查、测量的能力，逻辑分析判断故障的能力以及维修、装配、调试的能力。同时要求选手对汽车各系统的拆装工具、设备、测量量具、测量仪器具有正确选择和使用的能力。

比赛模块

模块 1：动力系统管理

模块 2：动力系统诊断

模块 3：车身电气

模块 4：电气构建

模块 5：制动系统

模块 6：定位、转向与悬架

模块 7：发动机测试

模块 8：发动机测量

人员名单

裁判长：郭七一　　裁判长助理：王兆海

序号	参赛代表团	裁判员	选手	序号	参赛代表团	裁判员	选手
1	北京	毕士军	徐　壮	18	湖南	肖亚红	段智鑫
2	天津	刘维利	李家乐	19	广东	李喜龙	吴李宏
3	河北	曹景升	郭家宁	20	广西	唐　斌	张观林
4	山西	范常盛	李亚雄	21	海南	王　斌	谭文锦
5	内蒙古	夏继伟	陶珈琦	22	重庆	王　建	王兴朋
6	辽宁	刘晓明	徐人杰	23	四川	杨文浩	刘耀木
7	吉林	卢　臣	赵鑫鹏	24	贵州	余建峰	田　池
8	黑龙江	王　雪	纪思宇	25	云南	杨　洋	王沈宏达
9	上海	卢　航	袁国旭	26	西藏		向巴次旺
10	江苏	宋云波	王天宇	27	陕西	姚　鑫	黄永文
11	浙江	陈敦有	张含羽	28	甘肃	宋文玺	何　泉
12	安徽	赵明伟	任强宇	29	青海	蔡月萍	马全庆
13	福建	张培杰	邹涵斌	30	宁夏	巨小亮	马　欣
14	江西	廖胜文	刘斌杰	31	新疆	苟春梅	马福雍
15	山东	黄振营	杨绍辉	32	新疆兵团	梁　涛	毛亚鹏
16	河南	王　磊	苏鲁豫	33	交通运输行业	冼宇坚	马林炜
17	湖北	张　晶	刘宇豪				

汽车喷漆

项目介绍

汽车喷漆项目是指运用合适的技术和流程对汽车工件上的损伤进行喷漆修复的竞赛项

目。比赛中对选手的技能要求主要包括：做好前处理，打磨羽状边，填补原子灰，打磨，遮蔽，喷涂底漆，调色，色漆整喷或驳口修补，按照给定的颜色要求进行贴护，完成双色喷涂，喷涂清漆。

比赛模块

模块 1：色觉测试

模块 2：车门皮喷涂

模块 3：小损伤修补

人员名单

裁判长：张小鹏　　裁判长助理：杨金龙

序号	参赛代表团	裁判员	选手
1	北京	殷国松	喻文赛
2	天津	陈　鹏	谢星富
3	河北	魏晓明	李志豪
4	山西	穆　凯	苗新宇
5	内蒙古	孙国福	任轩轩
6	辽宁	陈　伟	李金胜
7	吉林	房文学	黄文慧
8	黑龙江	郭啸天	顾铭瑞
9	上海	李联保	常　晨
10	江苏	袁明明	孙　硕
11	浙江	梁思龙	阿晓伟
12	安徽	贾　亮	巩祥宇
13	福建	吕　清	黄培杰
14	江西	刘小荣	赖优聪
15	山东	李　超	王当行
16	河南	卫　斌	霍言博
17	湖北	连清彪	曾祥超
18	湖南	李霞辉	刘鑫雨
19	广东	李淑军	曾键彬
20	广西	罗宗港	陆俊全
21	海南	纪定森	王书健
22	重庆	胡振川	蒋水海
23	四川	赵启明	何　名
24	贵州	王　庆	陈兴旺
25	云南	李中政	余国樑
26	西藏	扎西朗加	扎西东嘎
27	陕西	化德余	蒙治勇
28	甘肃	王小娟	文骄骄
29	青海	徐　洁	马　福
30	新疆	徐森林	布尔兰·塔勒德拜
31	新疆兵团		王汝越
32	交通运输行业	陈郁涛	杨美鑫

重型车辆维修

项目介绍

重型车辆维修技术人员对矿山、林业、农业、园林绿化、物料搬运行业领域涉及的大型设备和工业设备以及牵引式和自行式设备进行保养、故障诊断和修理。技术人员应该具备对固定不动的、可移动橡胶轮式驱动和履带驱动的重型工程机械的内燃机和车辆部件维护、故障诊断和维修能力。技术人员必须使用专用工具、诊断系统，进行调整、维修或者更换已损坏的零件或者系统，检测维修项目是否达到正确性能，在维修手册中解释说明，撰写维修报告，确保维修工作满足制造商和法规要求的规范。

比赛模块

模块 1：柴油发动机系统

模块 2：液压工作装置

模块 3：新车交付检查

模块 4：整车电气系统

模块 5：传动系统

人员名单

裁判长：刘庆华　　裁判长助理：马　骏

序号	参赛代表团	裁判员	选手	序号	参赛代表团	裁判员	选手
1	天津	邢振东	王元秀	10	安徽	张毓福	韩梦祥
2	河北	高冬冬	张照杨	11	福建	赵崇焱	杨　祺
3	山西	王勇勇	李耀宏	12	江西	曾冬生	廖方鑫
4	内蒙古	宣立成	白　树	13	山东	段德军	王俞钦
5	辽宁	洪名亮	刘兆林	14	河南	孙希岗	谷彦哲
6	吉林	臧英林	赵振博	15	湖北	吴　杰	朱宏宇
7	上海	马秀成	孙春慧	16	湖南	龙　超	申小琪
8	江苏	岳　振	陈　宇	17	广东	王朝帅	丘文艺
9	浙江	高　吉	翁　研	18	广西	林　松	黄祖波

续表

序号	参赛代表团	裁判员	选手	序号	参赛代表团	裁判员	选手
19	重庆	翟中波	周 铠	24	陕西	王 芳	董佳毅
20	四川	莫晓波	杜海洋	25	甘肃	付 岩	任 军
21	贵州	杜文洪	孙 帅	26	新疆	罗江红	周珉锐
22	云南	马绕林	潘思元	27	新疆兵团	江鲁安	沈德民
23	西藏	代江鹏	次旺扎西				

货运代理

项目介绍

货运代理项目要求选手熟练运用国际通用语言（英语）和各类通信技术，在充分了解工作组织架构，熟练掌握物流流程和使用办公软件前提下，在规定的期限和压力下完成客户合同签约和关系管理，成本和价格计算，海运、空运、陆路运输以及多式联运等商业运输，处理各类应急事宜，包括投诉处理和索赔处理等工作内容，高效良好完成客户委托的竞赛任务。

比赛模块

模块 1：工作组织和管理

模块 2：客户关系

模块 3：商业运输

模块 4：成本和价格

模块 5：信息和通信技术

模块 6：应急管理

人员名单

裁判长：吕秀文　　裁判长助理：陈媛媛

序号	参赛代表团	裁判员	选手	序号	参赛代表团	裁判员	选手
1	北京	周继超	刘思佳	3	河北	严 妍	李冰玉
2	天津	鲁艳萍	汪蒙娜	4	山西	杨双幸	郭孜暄

续表

序号	参赛代表团	裁判员	选手
5	辽宁	彭文灏	龚　硕
6	吉林	战　欧	孔艺儒
7	黑龙江	梁　雪	周　润
8	上海	赵　坚	周雨欣
9	江苏	周　珠	邵文菁
10	浙江	饶巨秀	应　宏
11	安徽	焦伟婷	冯文浩
12	福建	苏颖宏	吕虹荃
13	江西	傅　俊	章子倩
14	山东	张晓静	刘　洋
15	河南	郝　冰	彭飞燕
16	湖北	张晓骏	沈馨燕
17	湖南	陈玉红	周杨仡博
18	广东	黄锐琼	彭静怡
19	广西	李向敏	吴思思
20	海南	王明严	张璐芊
21	重庆	沈坤平	赵荞汐
22	四川	刘祖阳	杨　林
23	贵州	郭雯彦	斯洪艺
24	云南	杨佳骏	余秋杏
25	陕西	苏开拓	朱春丽
26	甘肃	张文彦	李　杰
27	宁夏	陈志新	马玉茹
28	新疆	袁　森	阿布都拉·麦麦提依明
29	交通运输行业	孙　晓	时　琪

轨道车辆技术

项目介绍

轨道车辆技术项目是指在交通的运营维护中进行车辆检查、保养、拆卸、安装、修理、调试和故障排除等一系列工作的竞赛项目。在轨道交通的运营维护中，轨道车辆技术包含了许多不同的技能和规程。高水平的轨道车辆技术人员具有广泛或专业的轨道车辆相关技能。他们必须了解车辆结构与设备工作原理、车辆控制原理、车辆维护及检修标准与工艺。该项目对选手技能和能力的要求主要包括：沟通和人际交往能力，解决问题能力；创新力及计划能力；车辆机械部件检修、保养与调试；车辆电气系统维护、保养与测试；车辆故障诊断与处理。

比赛模块

模块 1：受电弓的检修与控制

模块 2：客室车门的安装与调试

模块 3：车辆客室空调维护与检修

模块 4：车辆整车故障排查与处理

人员名单

裁判长：罗昭强　　裁判长助理：申玉强

序号	参赛代表团	裁判员	选手	序号	参赛代表团	裁判员	选手
1	北京	朱玉娟	田哲闻 关武德	16	河南	赵　慧	范心洋 张文晓
2	天津	阳　东	马朝凯 张义龙	17	湖北	杨明明	杨乐东 吴云峰
3	河北	张　健	孙　畅 杨一铭	18	湖南	尹珊波	李金铃 刘宜朋
4	山西	聂秀珍	安志剑 张佳豪	19	广东	黄洛宁	卢永杰 谢焜俊
5	内蒙古	李健超	于朋琛 冯天祺	20	广西	裴廷福	邹展鹏 付　鑫
6	辽宁	高　洁	王宇明 王鹤霖	21	重庆	黄德勇	靳亚军 李佳敏
7	吉林	赵禹淏	张智鑫 王嘉琪	22	四川	胡昌宁	兰陈桥 高永洪
8	黑龙江	李春付	邓骥寰 肖博楠	23	贵州	方万鼎	黄永奇 朱兴龙
9	上海	汤耀骏	朱明宇 姚嘉宁	24	云南	焦雪婷	余坤勃 张泊林
10	江苏	项新宇	王懿奇 林辰毅	25	陕西	李宏菱	程颖杰 王俊涛
11	浙江	董其炜	徐志超 陈　浩	26	甘肃		姜　帆 刘小鹏
12	安徽	瞿光俊	陈　帅 周康宁	27	宁夏	刘玉柱	陈自立 张　敏
13	福建	陈天炎	陈　超 赖宇鑫	28	新疆	魏　琛	孙万新 董亚鹏
14	江西	刘席朋	钟文豪 万　豪	29	交通运输行业	艾子洋	卫家乐 王　一
15	山东	李好斌	郭士博 张高铭				

2. 结构与建筑技术（13 项）

砌筑

项目介绍

砌筑项目是指通过进行砌铺、垒石料、装玻璃或抹陶土等工作，建造内墙和外墙、隔断、壁炉、烟窗和其他建筑物的竞赛项目。比赛中对选手的技能要求主要包括：识图、放样和测量；按照图纸进行项目施工；对不同材料采用手工切割或机械切割技术，将砖块定位并铺设到正确位置；根据规范对接缝进行表面处理。

比赛模块

模块 1：天津元素

模块 2：文字元素

人员名单

裁判长：雷定鸣　　裁判长助理：伍远州

序号	参赛代表团	裁判员	选手	序号	参赛代表团	裁判员	选手
1	天津	王志刚	李进贵	16	湖南	盛　良	黄睿强
2	河北	李贺楠	庄　乐	17	广东	陈佳弟	李　杰
3	山西	刘　炜	董一廷	18	广西	梁宝恂	卢辉荣
4	内蒙古	王　磊	牟浩然	19	重庆	傅正荣	李建军
5	辽宁	陆元鹏	莫　楠	20	四川	刘书言	丁尚明
6	吉林	吕　明	吕梁伟	21	贵州	杨泽化	肖　瑶
7	上海	王建成	杨从星	22	云南	李庭志	马宾壹
8	江苏	董建军	顾校豪	23	西藏	谢　亮	索朗扎西
9	浙江	赵　祺	鲍芳涛	24	陕西	张伟凡	史文浩
10	安徽	陈陆龙	张冬阳	25	甘肃	王旭杰	王嘉树
11	福建	邵晟杰	邓明刚	26	青海	包　平	王世杰
12	江西	罗小毛	邓方友	27	宁夏	周　波	白宗乐
13	山东	宋志超	倪国焜	28	新疆	张建辉	阿卜力克木·亚森
14	河南	李壮壮	秦　赛	29	新疆兵团	张　飞	沈国祥
15	湖北	李　红	李敬文	30	住建行业	谢小团	肖　杰

家具制作

项目介绍

家具制作项目是指使用提供的材料和共享设备与设施，根据产品图纸和技术要求，在规定时间制造一件高质量要求家具的竞赛项目。比赛中对选手的技能要求主要包括：熟练正确识图和分析图的能力；熟练掌握各种木材、人造板及其他家具使用的材料的应用与加工；通过正确和熟练应用各种加工设备与手工工具，完成一件由箱体、脚架、门和抽屉等活动部件组成的柜类家具。该项目的评价系统一般由 9 个评分模块和 140 个左右的评分项组成。

比赛模块

模块 1：尺寸

模块 2：与图纸的一致性

模块 3：表面标记和胶合前的榫接质量

模块 4：胶合后榫接质量

模块 5：配件和可移动部件

模块 6：贴木皮

模块 7：表面处理

模块 8：材料使用

模块 9：健康与安全

人员名单

裁判长：刘晓红　　裁判长助理：吴晋卿

序号	参赛代表团	裁判员	选手
1	北京	刘同原	李新颖
2	天津	吴　冰	司　竣
3	河北	蒋建根	孙瑞广
4	山西	翟　艳	毛雅静
5	内蒙古	姚利宏	桂中正
6	辽宁	尹满新	吴羿璋
7	吉林	秦　迪	孙艺玮
8	黑龙江	施宇航	姜玉卓

续表

序号	参赛代表团	裁判员	选手	序号	参赛代表团	裁判员	选手
9	上海	黄　鸽	陆蒋義	20	广西	胡顺新	颜海兵
10	江苏	陈慧敏	袁海骏	21	重庆	廖本祥	范贤堂
11	浙江	孔国强	王政翔	22	四川	王加祎	程浩东
12	安徽	梅子悦	凌子昂	23	贵州	余孟筑	黄文良
13	福建	张书育	李伟剑	24	云南	杨海锋	杨学兵
14	江西	张付花	林榆鹏	25	西藏		顿珠加参
15	山东	陈成龙	吴文昊	26	陕西	费利娟	詹一卓
16	河南	王　斌	邓兆伦	27	甘肃	马　越	任鹏年
17	湖北	刘　谊	贾　京	28	青海	王海寿	刘天祺
18	湖南	瞿孜文	宋嘉豪	29	轻工行业	李德鑫	卢和金
19	广东	陈　新	刘谢永				

木工

项目介绍

木工项目指覆盖家庭或建筑的测量、切割和元件安装，包括修整楼梯、外墙、屋顶以及定制橱柜等。比赛中对选手的技能要求主要包括：建造房子的框架和外墙；使用精密工具切割，确保修整和造型细节的精准性；完成粗精加工并确保每样工作测量和剪切的准确性。

比赛模块

模块 1：基础结构

模块 2：屋顶结构

模块 3：地板结构

人员名单

裁判长：张志刚　　裁判长助理：王艳福

序号	参赛代表团	裁判员	选手	序号	参赛代表团	裁判员	选手
1	天津	霍梦祺	盛世豪	3	山西	吉国强	白鹏斐
2	河北	王军强	刘忠鑫	4	内蒙古	吕悦孝	尹嘉奇

续表

序号	参赛代表团	裁判员	选手
5	辽宁	鲁　毅	宋林峰
6	吉林	牛　颖	陈俐志
7	黑龙江	徐　颜	郭　鹏
8	上海	黄露娜	刘梦强
9	江苏	傅泽勋	周清纯
10	浙江	郑士鹏	张羽乐
11	安徽	周玉凤	韩子荣
12	福建	陈　高	洪国森
13	江西	戴达鹏	袁文昊
14	山东	曲　娜	任嘉贺
15	河南	余　颖	郜铭垒
16	湖北	程　朕	叶崇政
17	湖南	李　军	罗云松
18	广东	巫晓金	李港龙
19	广西	苏冬胜	熊金金
20	四川	王赛兰	徐馨蕾
21	贵州	郭　稳	李城艺
22	云南	杜洪志	陈灿冰
23	陕西	白　春	李　峰
24	甘肃	彭维新	者　婕
25	轻工行业	王纵横	赵叙含

混凝土建筑

项目介绍

混凝土建筑项目是指运用混凝土进行商业或住宅的建设，可在室内外进行工作的竞赛项目。比赛中对选手的技能要求主要包括：准备简单的现场测量图及相关原材料，计算模板和材料需求等；解读、分析施工方案、材料和配件清单等；完成技术描述中有关放样测量、模板制作和钢筋绑扎、混凝土浇筑与养护、模板拆除与再利用等相关任务。

比赛模块

模块 1：工作组织与沟通能力

模块 2：图纸识读与放线

模块 3：模板制作与安装

模块 4：钢筋加工与绑扎

模块 5：混凝土浇筑与模板拆除

人员名单

裁判长：刘建忠　　裁判长助理：程红艳

序号	参赛代表团	裁判员	选手	序号	参赛代表团	裁判员	选手
1	天津	梁学忠	郭　跃 元绍亮	13	山东	李　明	张广猛 孙申超
2	河北	朱晓钟	李明炎 张　侣	14	河南	李文雁	李　铮 孙吉祥
3	山西	籍跃奎	杨朝凯 张远顺	15	湖北	方　锐	王建军 郑瑞航
4	内蒙古	安希杰	章月强 曲金禹	16	湖南	王　浩	李　豪 陈佳乐
5	辽宁	王　月	王佳旭 潘宬旭	17	广东	谢健强	谢明湛 徐中意
6	吉林	金鹏涛	陈星宇 周柏松	18	广西	刘旺章	阮仁豪 李　欢
7	上海	吴香香	张　坤 万海军	19	四川	吴康振	陈　星 谢　宇
8	江苏	张悠荣	田　闰 周秧锋	20	贵州	崔鲁科	冯茂涛 罗丁义
9	浙江	倪峻坡	陈　睿 姚王泽	21	云南	李　果	陈　伟 张路生
10	安徽	张黎明	戴俊武 杨兴兵	22	西藏		白玛多吉 次旦罗布
11	福建	纪丽静	许怀炫 薛润泽	23	陕西	孙少军	杨思豪 张广价
12	江西	陈升隆	周　赫 徐观荣	24	新疆	刘　红	阿卜杜拉·图尔荪 布拉丁·吐尔孙买买提

电气装置

项目介绍

电气装置项目是指运用传统技术和新兴技术，对各类商业或民用建筑的电气装置进行特定设计、安装、调试、运行的竞赛项目。比赛中对选手的技能要求主要包括：会进行多种不同用途的线路系统的安装与调试；使用提供的图纸和文档对安装工作进行规划和设计，并完成安装；调试安装设备，以保证各项操作正确性；诊断电气装置，识别问题并维修。

比赛模块

模块 1：电气装置与编程

模块 2：惊喜任务

模块 3：装置测试

人员名单

裁判长：王大江　　裁判长助理：余守安

序号	参赛代表团	裁判员	选手	序号	参赛代表团	裁判员	选手
1	北京	赵昊天	周　宇	17	湖北	赵孟真	蔡　成
2	天津	雷云涛	宫长林	18	湖南	唐中武	陈奕铭
3	河北	裴　爽	许韶涵	19	广东	杨八妹	陈荣灵
4	山西	武可庚	张　强	20	广西	于　斌	蒙淑康
5	内蒙古	李　颖	刘晓宇	21	海南	李江涛	李经康
6	辽宁	高　玥	王炜峰	22	重庆	谭世海	金　鹏
7	吉林	万存义	丁加轩	23	四川	王　州	邹林友
8	黑龙江	贾　魁	孟德毅	24	贵州	何异彬	蔡新智
9	上海	姜　辉	卢嘉荣	25	云南	韦祖高	代贵潇
10	江苏	李建军	赵智俊	26	西藏		嘎玛石南
11	浙江	吴浙栋	蓝张懿	27	陕西	张鹏飞	刘哲哲
12	安徽	张　婷	张　政	28	甘肃	陈砆兴	李浩祥
13	福建	钟宝宝	胡　彬	29	青海	冯　艳	包英龙
14	江西	赖勋忠	徐　博	30	新疆	张贺宁	吴志鑫
15	山东	王希友	闫茂玺	31	新疆兵团	朱学飞	刘承席
16	河南	史海威	徐祖辉				

精细木工

项目介绍

精细木工项目是指通过手工和机器，使用各种形式的木接头连接两个或以上的木块，形成结构用于门、窗、楼梯和其他建筑物体的构建的竞赛项目。比赛中对选手的技能要求主要包括：燕尾榫连接、贯穿榫连接、饼干榫连接、十字搭接连接等。

比赛模块

模块 1：绘图

模块 2：榫接内部

模块 3：外部

模块 4：尺寸

模块 5：表面砂光和外观

模块 6：与图纸一致性

模块 7：材料使用

人员名单

裁判长：余继宏　　裁判长助理：廖晓东

序号	参赛代表团	裁判员	选手
1	北京	刘　翾	汪振强
2	天津	李　彪	赵世鹏
3	河北	陈钰标	刘　健
4	山西	齐　伟	和毓菲
5	内蒙古	王　欣	杨　健
6	辽宁	刘　明	刘　杰
7	吉林	张玉清	毕建林
8	黑龙江	马元龙	刘志鹏
9	上海	邵茹鹏	孙　岩
10	江苏	刘　斌	李　康
11	浙江	王　旭	唐子斌
12	安徽	姚铁军	吴　磊
13	福建	郭洪军	温晨曦
14	江西	李　林	钟林林
15	山东	刘东涛	卢颢鑫
16	湖北	邵　静	黎纯涛
17	湖南	邓嘉琳	刘　祥
18	广东	翟梓曦	黄波林
19	重庆	冯　兵	姜冰清
20	四川	王海东	艾孜哈尔·扎克尔
21	贵州	龚　杰	吴治涟
22	云南	田建明	王　淦
23	陕西	董东升	吕朋彪
24	甘肃	张和胜	包思荣
25	轻工行业	俞庆文	欧祖安

园艺

项目介绍

园艺项目是指在规定的时间和空间里，按照设计好的赛题，使用工具对指定的造景材料进行制作、安装、布置和维护的竞赛项目。比赛中对选手的技能要求主要包括：具备园艺植物名称、栽培和护理方面的知识和技能；用专业工具和技能加工、塑造、安装和整理用于不同场景建设的天然木材、石材、预制混凝土构件等材料；进行草坪铺设、水系统安装布置。

比赛模块

模块 1：工作流程

模块 2：砌筑

模块 3：铺装

模块 4：木作

模块 5：水景

模块 6：绿色空间布局

人员名单

裁判长：赵昌恒　　裁判长助理：严　迪

序号	参赛代表团	裁判员	选手	序号	参赛代表团	裁判员	选手
1	北京	刘晓晨	孙贺楠 闻　豪	6	辽宁	韩学颖	张文强 王　伟
2	天津	米　伟	刘　芃 刘正雄	7	吉林	姜大崴	戴鑫田 陈　凯
3	河北	李利博	郭子豪 马仲旺	8	黑龙江	王　巍	韩金山 孙俊豪
4	山西	郑　淼	赵文田 丁　磊	9	上海	褚伟良	潘东尼 陆　闪
5	内蒙古	史　娜	林启航 马宜廷	10	江苏	王　剑	梁　山 贺　伟

续表

序号	参赛代表团	裁判员	选手
11	浙江	徐 政	葛以勒 黄 杰
12	安徽	伍全根	闫志广 甘钊慈
13	福建	林燕芳	彭奕韬 吴树涵
14	江西	汤泽华	蓝业宏 王兰慈
15	山东	管 虹	孙伟刚 申发文
16	河南	陶良如	李福洋 米昶达
17	湖北	刘 仙	李 磊 袁必志
18	湖南	刘雪松	薛晓岚 李丽胜
19	广东	杨 蕾	李华涛 钟飞彬
20	广西	陈 凯	卢周德 王泽友
21	重庆	温 康	王 彬 肖秋洋
22	四川	方秉俊	黄 磊 李英杰
23	贵州	龙 俊	胡正猛 张广强
24	云南	李晓巍	苏俊磊 牛毕昇
25	西藏		向巴拥措 斯曲卓玛
26	陕西	阮 煜	彭 程 赵 栋
27	甘肃	宁妍妍	白宝成 叶云杰
28	青海	吴 琨	阿林贵 朱明星
29	宁夏	郝 杨	惠 东 陈 静
30	新疆	单 奇	巴合达尔· 赛山阿里 叶云峰

油漆与装饰

项目介绍

油漆与装饰项目是指通过油漆施工的技术在建筑物内外墙和物体上进行涂装，对建筑物和物体进行保护与装饰的竞赛项目。油漆与装饰项目施工人员需要专业地与客户沟通，解读图纸，在设计、材料、色彩的审美方面提出建议以满足客户的需求。

比赛模块

模块 1：色块计时涂装

模块 2：自由创意

模块 3：字体印刷

模块 4：装饰画绘制

模块 5：裱糊壁纸

模块 6：门喷漆、刷漆、装饰线油漆

人员名单

裁判长：刘元元　　裁判长助理：王雅斌

序号	参赛代表团	裁判员	选手	序号	参赛代表团	裁判员	选手
1	天津	时　萌	陈家昊	15	河南	秦　洋	杨孟涵
2	河北	刘沐胜	王劲霏	16	湖北	邱　杨	项文迪
3	山西	李　峰	张荣兴	17	湖南	喻里遥	石金凤
4	内蒙古	张欣宏	刘天然	18	广东	朱锦辉	杜青青
5	辽宁	金常江	张括铭	19	广西	梁　松	谢柳湘
6	吉林	于洪波	龙彦池	20	重庆	石娟灿	邹佩巧
7	黑龙江	李　琦	刘雨铭	21	四川	李征阳	余镇利
8	上海	顾剑勇	金思语	22	贵州	马　凯	王　伟
9	江苏	孔祥峰	刘思恬	23	云南	黄显清	刘吉攀
10	浙江	李雨潼	周子瑜	24	西藏		尊追旺姆
11	安徽	李　军	张小飞	25	陕西	黄祖尾	王　帅
12	福建	陈江林	邱月佳	26	甘肃	范庆华	冯转宁
13	江西	文琨亮	吴卓言	27	宁夏	白秋凤	谷　玲
14	山东	魏加恩	孙艺丹	28	新疆	马春波	马　勇

抹灰与隔墙系统

项目介绍

抹灰与隔墙系统项目是指通过涂料、装饰材料等，特别是抹灰技术的运用，对房屋建筑进行修建、改善和整修的竞赛项目。比赛中对选手的技能要求主要包括：在石膏板上进行金属框架隔热、隔音、防火处理；装饰与预制件的处理；判断室内涂料是否褪色、光滑、有纹理；看懂设计图纸；进行隔墙、天花板、边角处理，石膏板的修整和抹灰，创意与装饰等。

比赛模块

模块 1：隔墙系统建造

模块 2：热或声学解决方案

模块 3：嵌缝带和接合、抹灰、外部抹灰

模块 4：装饰线条和装饰物

模块 5：自由式创意

人员名单

裁判长：张守生　　裁判长助理：张国胜

序号	参赛代表团	裁判员	选手
1	天津	穆蒙蒙	冯子博
2	河北	洪学娣	谢文龙
3	山西	金　薇	魏石冬
4	内蒙古	朱天尧	倪天宇
5	辽宁	任广荣	唐金浩
6	吉林	杨昕天	樊毅文
7	黑龙江	王　松	王春爽
8	上海	马　平	赵世龙
9	江苏	杨正俊	陈宏宇
10	浙江	徐　震	邱志强
11	安徽	吕庆红	杨国良
12	福建	叶俊娟	方博宇
13	江西	陈志亮	周宏基
14	山东	赵　一	史永胜
15	河南	何科君	鲍智航
16	湖北	郭婷婷	戴　维
17	湖南	陈　烨	周　佳
18	广东	吴显涛	吴炜杰
19	广西	零文聪	许广涛
20	重庆	王传才	熊首钰
21	四川	王志红	宋家杰
22	贵州	陈　聪	卢　斌
23	云南	王玉江	罗忠洪
24	陕西	李小康	王一彤
25	甘肃	郑西灵	邢润翱
26	青海	杜　娇	刘立俊
27	新疆	热依木江·热合木吐拉	卡穆然·吾买尔江
28	住建行业	高宇宙	储佳乐

管道与制暖

项目介绍

管道与制暖项目是为住宅和工业场地安装给水、排水、供暖等管道及相应的设备，该管道系统包括不锈钢管、铜管、铝塑复合管等，安装时一般使用各种管接头连接、专用配件连接、卡压连接等连接方式。比赛中对选手的技能要求主要包括：管道制作与安装、正确安装设备、进行压力试验。

比赛模块

模块 1：燃气系统制作与安装（镀锌钢管）

模块 2：采暖系统（含毛巾架）制作与安装（铜管）

模块 3：排水及卫生洁具（PP）

模块 4：冷热水系统（含花洒）制作与安装（不锈钢管）

模块 5：太阳能供热系统（不含花洒）制作与安装（铜管、不锈钢管）

模块 6：材料

模块 7：遵章守纪、环境清洁

人员名单

裁判长：李本勇　　裁判长助理：叶　铜

序号	参赛代表团	裁判员	选手	序号	参赛代表团	裁判员	选手
1	北京	王　琳	吕东启	9	上海	石双河	胡义林
2	天津	李新明	王　杰	10	江苏	郑新浪	徐　鹏
3	河北	贺　晓	张宇梁	11	浙江	杨应政	陈伟昊
4	山西	白永志	周　宇	12	安徽	江林涛	胡世勇
5	内蒙古	徐广飞	周俊鹏	13	福建	林晓星	吴进涛
6	辽宁	赵丽丽	贺成翔	14	江西	洪军明	罗　豪
7	吉林	于万成	戈云超	15	山东	朱　彬	孙伟龙
8	黑龙江	郑福珍	韩天鑫	16	河南	王林超	李金喆

续表

序号	参赛代表团	裁判员	选手	序号	参赛代表团	裁判员	选手
17	湖北	贾相志	张　恒	22	四川	陈　娟	刘　奇
18	湖南	易光辉	兰思奇	23	贵州	杨玉文	李先江
19	广东	范海波	廖强宇	24	西藏		普　姆
20	广西	覃如琼	李渤森	25	陕西	路财财	郭晨晞
21	重庆	严开淋	吕　浪	26	住建行业	曾　健	赖传源

制冷与空调

项目介绍

制冷与空调项目是指以制冷设备的设计、制作、安装、运行、维护为主，兼顾空调设备安装与维修的竞赛项目。比赛中对选手的技能要求主要包括：制冷系统零部件的安装，管道和电缆的设计、制作、安装、焊接，制冷设备运行调试与检测，空调系统故障的检修及零部件更换，制冷剂的使用及回收。

比赛模块

模块 1：制冷组件制作

模块 2：制冷设备安装测试及调试

模块 3：空调设备故障排查

模块 4：健康和安全

人员名单

裁判长：李　川　　裁判长助理：叶翠安

序号	参赛代表团	裁判员	选手	序号	参赛代表团	裁判员	选手
1	北京	周　敏	王俊杰	4	山西	秦卫伟	张凯辉
2	天津	郑勇峰	郭雁翔	5	内蒙古	薛岳山	陈国宇
3	河北	郝学军	田浩然	6	辽宁	徐天飞	李鑫洋

续表

序号	参赛代表团	裁判员	选手	序号	参赛代表团	裁判员	选手
7	吉林	张洪波	孙　振	19	广东	冼星文	邬海彬
8	黑龙江	苏德权	王新宇	20	广西	李红专	潘　卓
9	上海	周卫民	葛明豪	21	海南	吕　雄	吴清球
10	江苏	宋玉明	侍群昌	22	重庆	邓银伟	何佳峰
11	浙江	陈伟峰	余凯涛	23	四川	李开贵	王　斌
12	安徽	李晓伟	李　浩	24	贵州	何小伟	向少毅
13	福建	郑仲金	谢宇飞	25	云南	唐健佳	胡德超
14	江西	肖晓军	金安平	26	陕西	李涛元	赵环勃
15	山东	徐立山	马成宇	27	甘肃	卢增民	张森彬
16	河南	冯　涛	马　铭	28	青海	汪治英	李文涛
17	湖北	张宏林	刘　洋	29	新疆兵团	李　祥	吴　扬
18	湖南	黄升平	朱　军	30	机械行业	李广鹏	杨玉超

瓷砖贴面

项目介绍

瓷砖贴面项目是指选手运用识图放样切割技术和瓷砖镶贴技术，根据技术文件的要求以及比赛现场提供的设施条件和材料，完成墙体和地面的镶贴、地面的排水处理、墙与墙和墙与地交接处阴阳角的处理以及小型墙体的组砌等工作。操作过程中，选手在识读竞赛图纸及相关说明后，需拟定合理的施工工艺流程计划；按图放样切割，按图完成墙面和地面的孔洞预留和镶贴以及小型墙体的组砌，利用测量工具控制尺寸、水平、垂直、平整、平直和方正等精度；按要求对整个作品进行嵌缝，做到勾缝均匀一致，整个作品整洁无污染。

比赛模块

模块 1：墙面镶贴

模块 2：墙面镶贴

模块 3：地面镶贴

人员名单

裁判长：王华飞　　裁判长助理：崔兆举

序号	参赛代表团	裁判员	选手	序号	参赛代表团	裁判员	选手
1	天津	卢明辉	刘肇祥	16	湖北	程　休	吴慕泰
2	河北	许　光	夏鹤宁	17	湖南	向卫忠	李　健
3	山西	邱晓丽	高程浩	18	广东	李启勇	邓润生
4	内蒙古	慕宗鹏	欧浩天	19	广西	殷灿贤	李清滕
5	辽宁	尚　进	吴东升	20	重庆	徐　华	董　建
6	吉林	王海波	王俊棋	21	四川	殷文昌	毛国胜
7	黑龙江	高畅远	荀　柳	22	贵州	谢潍誉秋	何阿明
8	上海	张平忠	杨燕生	23	云南	李智勇	陈江南
9	江苏	佘步银	顾康鑫	24	西藏		达瓦卓玛
10	浙江	高艳涛	林宇翔	25	陕西	宋　旭	舒家圆
11	安徽	吴戴燕	丁佰坡	26	青海	王振勋	张理昊
12	福建	李云雷	蔡毅涵	27	宁夏	白　娟	虎　鹏
13	江西	陈后畏	过约瑟	28	新疆	史曼曼	阿卜都热伊木·阿卜杜拉
14	山东	臧淑秋	陈仕霖	29	住建行业	段坤成	丁　煜
15	河南	张　强	王玉航				

数字建造

项目介绍

数字建造项目是指在工程项目的全生命周期，通过使用建筑信息模型（BIM）进行创建和管理项目信息，从而实现数字化建造的过程。参与者应具备在通用数据环境中使用计算机和BIM 技术创建和编辑项目三维数字模型的技能，熟悉并能够应用相关的 BIM 标准，根据业主要求创建建筑模型，协调和更正模型，将其可视化。这些技能包括项目组织和管理技能、计算机硬件和软件的使用、客户需求的理解、建筑建模、结构建模、模型协调、模型校正、数据分析、模型输出以及可视化等。

比赛模块

模块 1：BIM 初始设置

模块 2：建筑建模

模块 3：结构建模

模块 4：机电建模与协调

模块 5：BIM 模型应用

模块 6：装饰与可视化

人员名单

裁判长：古娟妮　　裁判长助理：张海霞

序号	参赛代表团	裁判员	选手	序号	参赛代表团	裁判员	选手
1	天津	姚　远	王梓鉴	16	湖北	徐德峰	郭　烽
2	河北	刘　娜	姚志豪	17	湖南	杨洪杰	程振威
3	山西	李显辉	王淼天	18	广东	李　璐	蓝宇航
4	内蒙古	郭志峰	房　伟	19	广西	谢　华	李亮树
5	辽宁	刘晓晨	刘一兴	20	海南	李福龙	刘　雅
6	吉林	孙胜楠	何嘉庚	21	重庆	李晓倩	黎思吟
7	黑龙江	李日强	孔维雪	22	四川	王宇宏	唐伟杰
8	上海	都瑞鹏	陶与同	23	贵州	曹世勇	潘昌龙
9	江苏	李文娟	徐　衡	24	云南	彭智国	毛振宇
10	浙江	钱路宁	王　浩	25	西藏		扎西多吉
11	安徽	连　芸	王力康	26	陕西	张晓晨	万家林
12	福建	卓海旋	林怡薇	27	甘肃	蒋小龙	王盼龙
13	江西	郭玉华	赵耀辉	28	新疆	李　梅	陈田晨
14	山东	朱庆利	胡玉立	29	新疆兵团	左　盛	王秉文
15	河南	王玉卓	狄超奇				

3. 制造与工程技术（20 项）

数控铣

项目介绍

数控铣项目是指利用数控铣床（加工中心）以金属切削刀具去除材料的方式来完成工

件制作的竞赛项目。即由参赛者以给定试题模块图纸及相关技术要求为标准，使用计算机及CAM（计算机辅助制造）软件进行建模、工艺设计及刀路生成、G代码程序输出（包括可以手工编程），应用机用平口虎钳夹持工件并设置工件坐标系，安装刀具并对刀设置刀具参数，使用程序控制数控铣床在规定时间内完成基本的铣削、钻孔、铰孔、镗孔、攻螺纹等加工内容，包括手工常规检测与调整。

比赛模块

模块1：铝合金件

模块2-3：中碳钢件

人员名单

裁判长：鲁宏勋　　裁判长助理：杨登辉

序号	参赛代表团	裁判员	选手
1	北京	吴金强	王明阳
2	天津	李子齐	李卓平
3	河北	律同树	彭金昊
4	山西	王志伟	程　康
5	内蒙古	关海英	张仁博
6	辽宁	尹丹胜	刘忠宇
7	黑龙江	宋江涛	于　浩
8	上海	郜　伟	冼鸿钊
9	江苏	邱洪辉	马明翔
10	浙江	吴敏军	周森锋
11	安徽	魏风景	陈　浩
12	福建	叶祖涛	周志超
13	江西	喻　涛	肖　锟
14	山东	王天磊	刘城瑞
15	河南	郝志敏	冯希骜
16	湖北	孙　啸	李诺轩
17	湖南	谭志明	王书航
18	广东	田镇基	龙伟杰
19	广西	马晓宏	彭德华
20	海南	潘小春	梁　毓
21	重庆	黄　鑫	杨佳烽
22	四川	沈德章	温　鑫
23	贵州	刘　飞	蒋峰东
24	云南	陈家进	刘洪凡
25	陕西	林周宁	张金永
26	甘肃	陈佰旺	王鑫山
27	青海	刘瑞彪	向　春
28	新疆兵团		王瑞杰
29	机械行业	郑玉辉	胡丽超

数控车

项目介绍

数控车项目是指选手依据技术图纸，利用车削中心，设计车削工艺，编制加工程序，选择并配置所需切削刀具，生产以回转体零件为主，铣削工艺为辅的竞赛项目。比赛中对选手的技能要求主要包括：了解制造的质量标准，工程及机械工艺；能使用数控车削中心，并利用 CAM 软件进行程序编写；选择并使用刀具、工装及机床附件；根据条件采用合理的切削参数及技术；对产品进行检测并生产合格零件。

比赛模块

模块 1：批量件加工

模块 2：单套零件加工

模块 3：单套零件加工

人员名单

裁判长：宋放之　　裁判长助理：徐国胜

序号	参赛代表团	裁判员	选手	序号	参赛代表团	裁判员	选手
1	北京	王　帅	邱世龙	16	湖北	秦　卫	郭　政
2	天津	臧成阳	廖俊杰	17	湖南	王进凤	鲁浩轩
3	河北	肖玮康	白路宽	18	广东	陈智民	陈镘冰
4	山西	李　鹏	王佳铭	19	广西	兰松云	贾志聪
5	内蒙古	刘　玲	杨子豪	20	海南	明　兴	吴柏材
6	辽宁	孟　阳	赵柏峰	21	重庆	秦维刚	高廉政
7	黑龙江	韦洪喜	高业凌程	22	四川	杨　涛	杨　涛
8	上海	周为苏	黎俊业	23	贵州	杨维成	胡田森
9	江苏	陈王东	蒋　峰	24	云南	张之强	张晓荣
10	浙江	应　跃	林　轩	25	陕西	刘金亮	李　琛
11	安徽	蒋先伟	武敬如	26	甘肃	魏　鹏	任保嘉
12	福建	林俊发	陈　健	27	青海	毛虎山	郭　磊
13	江西	程少慧	鲁佳庆	28	新疆	赵正强	王昭策
14	山东	尚念鹏	陈发淼	29	新疆兵团	朱承科	练烘全
15	河南	刘　涛	王志昌	30	机械行业	张国华	钟文彬

建筑金属构造

项目介绍

建筑金属构造项目是钳、铆、焊等的复合工种，应用于建筑、桥梁、车辆、造船、机械、冶金、化工、制药、食品及乳制品等行业，涉及制造与工程技术中的金属制品、金属结构、容器以及机械装备的制作、组装、维护和修理、通用五金以及焊接制造等工作。要求按照图纸的结构形式、材料类型、尺寸精度和相应的标准，使用正确的机器、工具和方法，采用提供的材料（碳钢、不锈钢和铝合金板、管、棒）制成一个具有一定功能（如旋转、延伸）的金属结构件。需要的技能包括：识图、放样、切割下料、成形、装配、焊接、调整、检查、标注等。

比赛模块

模块 1：底座

模块 2：上部主体

模块 3：功能总成

人员名单

裁判长：马德志　　裁判长助理：韦　鹏

序号	参赛代表团	裁判员	选手
1	天津	陈　旭	郑　江
2	河北	高　山	杨富霖
3	山西	常　亮	赵孟超
4	内蒙古	王文山	侯佳乐
5	辽宁	王　旭	张佳睿
6	黑龙江	曲英良	王隆耀
7	上海	杨竣凇	张家伟
8	江苏	季文杰	吴　迪
9	浙江	陈　波	周　烽
10	安徽	陈　俊	杨　瑞
11	福建	卢小榕	周佳谊
12	江西	文松涛	魏文洁
13	山东	秦荣健	刘允飞
14	河南	罗树鑫	王梦豪
15	湖北	秦　华	汪乾隆
16	湖南	奉建华	李　勇
17	广东	邹　彬	吴志平
18	广西	雷　肖	韦　盛
19	四川	卞　涛	孙佳银
20	贵州	何　引	罗安静

续表

序号	参赛代表团	裁判员	选手	序号	参赛代表团	裁判员	选手
21	云南	苏　健	李光荣	24	甘肃	王金伟	彭传伟
22	西藏		拉巴次仁	25	新疆	韩继宗	胡浩南
23	陕西	董志成	李文涛	26	住建行业	郑江华	冯鑫凯

电子技术

项目介绍

电子技术项目是从事电子电路设计开发的工作者进行电路设计、PCB（印制电路板）设计、嵌入式编程、原型板故障查找与维修以及原型线路安装与调试的综合比赛项目。选手不仅要运用知识和经验设计电路或程序代码，还要通过熟练的操作实践行业或国际标准的工艺要求。

比赛模块

模块 1：电路硬件设计

模块 2：嵌入式系统编程

模块 3：故障查找与维修

人员名单

裁判长：黄　鑫　　裁判长助理：林煜生

序号	参赛代表团	裁判员	选手	序号	参赛代表团	裁判员	选手
1	北京	毛光荣	张万心	11	浙江	解璐斌	叶成浩
2	天津	侯丽娟	王建钧	12	安徽	杨启健	余俊杰
3	河北	孟凤果	刘博韬	13	福建	郑锦灿	邹　邦
4	山西	郑　鹏	赵　越	14	江西	刘云波	曾　军
5	内蒙古	柳智鑫	张　帅	15	山东	罗　成	张敬伟
6	辽宁	王二小	刘赫晨	16	河南	郭亚楠	卢首融
7	吉林	陈起良	马梓越	17	湖北	郭丽君	曹　博
8	黑龙江	马　乐	王勇凯	18	湖南	肖江泉	邓礼祺
9	上海	邵　瑛	田云泽	19	广东	刘泽龙	邓思忆
10	江苏	成　冲	张顺顺	20	广西	梁宏禄	黄林文

续表

序号	参赛代表团	裁判员	选手	序号	参赛代表团	裁判员	选手
21	重庆	梁　攀	朱政霜	25	陕西	王耀龙	高永乐
22	四川	陈　虎	缪承钊	26	甘肃	侯志伟	景江鹏
23	贵州	孔思琦	颜条杰	27	青海	余琴琴	郭　全
24	云南	杨　峥	孙悦涛	28	新疆	朱　静	哈力木拉提·黑力力

工业控制

项目介绍

工业控制项目是指根据一个（或部分）工业流程做出的模拟解决方案，进行电气设备和工业自动化元件的安装以及程序设计与调试的竞赛项目。比赛中对选手的技能要求主要包括：进行电气及自动化设备的安装与调试；搭建控制中心，并编写控制程序；诊断设备可能出现的故障，通过工具和软件修复错误；设计电路，设置参数。

比赛模块

模块 1：自动控制中心搭建

模块 2：控制系统功能实现

模块 3：电路原理图设计改进

模块 4：电气装置故障检测

人员名单

裁判长：闫虎民　　裁判长助理：宁康波

序号	参赛代表团	裁判员	选手	序号	参赛代表团	裁判员	选手
1	北京	李　智	常亚杰	6	辽宁	王　林	伊家硕
2	天津	武　建	刘益楠	7	吉林	唐金秋	李扬奇
3	河北	李金豪	刘胜飞	8	黑龙江	廉法威	隋心义
4	山西	邓艳丽	马超伟	9	上海	牟智刚	刘　俊
5	内蒙古	李　夜	孙　哲	10	江苏	高　扬	韩　梦

续表

序号	参赛代表团	裁判员	选手
11	浙江	陈晓磊	张典东
12	安徽	沈 娅	程大洋
13	福建	陈楷沁	蒋萧湧
14	江西	董 理	张 豪
15	山东	袁 强	孙健哲
16	河南	贺江涛	刘世行
17	湖北	朱浩然	刘俊东
18	湖南	赵 聪	周孚涛
19	广东	姜 光	肖 创
20	广西	潘协龙	韦文杰
21	海南	王宝弟	谢天赐
22	重庆	蒋志侨	杨 飞
23	四川	曾 鹏	杨 杭
24	贵州	董 新	龙明鑫
25	云南	李慧东	杨 熊
26	陕西	门新会	翟毅菲
27	青海	娜森达丽	张发彪
28	新疆	白国军	苏莱曼江·艾力艾斯卡尔
29	新疆兵团		吕志辉

工业机械

项目介绍

工业机械是对工业机器、机械设备、自动化系统和机器人系统进行安装、维护、维修以及升级改造的竞赛项目。选手根据现场提供的设备、材料、工具等独立完成零部件的加工与装配、动力传动系统装调、自动控制系统设计与安装、工业机械设备预防性维护等竞赛内容。选手要熟练掌握手工加工、装配检测与调试、机加工（车铣）、焊接加工以及电工等技能，具有机械传动技术、气动（液压）传动与控制技术、机电控制技术等方面的专业知识，具备工作组织、自我管理、解决问题的能力。

比赛模块

模块 1：机构制作

模块 2：机械传动装配与检测

模块 3：气动控制技术

模块 4：液压传动与控制技术

模块 5：预防性维护

人员名单

裁判长：宋军民　　裁判长助理：贺琼义

序号	参赛代表团	裁判员	选手
1	北京	李东军	康笑章
2	天津	张维钰	尚永博
3	河北	刘瑞峰	孟繁旭
4	山西	陈泽波	张浩琦
5	内蒙古	王伊东	王耀晨
6	辽宁	李　伟	高恺隆
7	黑龙江	赵跃松	王武奇
8	上海	徐　伟	张容志
9	江苏	戴文博	陈文彬
10	浙江	潘曙明	郑　涛
11	安徽	周佳佳	张程杨
12	福建	苏民伟	李　帅
13	江西	卢培文	严世贸
14	山东	郭郁汀	朱志杰
15	河南	李红波	王子夫
16	湖北	王　伟	宋　严
17	湖南	崔豫军	宋　凯
18	广东	唐培强	孔　锐
19	广西	李文彬	吴锡明
20	重庆	程光亮	王世福
21	四川	王渝涛	谌　佩
22	贵州	李　庆	张锡文
23	云南	谭志远	韩东文
24	陕西	石长国	韩佳博
25	青海	王莲中	韩广发

制造团队挑战赛

项目介绍

制造团队挑战赛项目是指团队运用机械与电路设计、电子装配与编程、机械加工、装配调试、测试验证、成本控制等方面的能力，完成机电类产品的设计与制造，同时完成相关技能的测试模块，实现产品性能和考件质量优而综合成本低的挑战目标。比赛中对团队的技能要求主要包括：制造出满足提前公布的试题规范和参数要求的产品或设备，并且完成一套涉及电控、数铣、普铣、普车等技能的测试项目。

比赛模块

模块 1：产品模块

模块 2：机加模块

模块 3：电控模块

模块 4：成本模块

人员名单

裁判长：周春雷　　裁判长助理：孙红伟

序号	参赛代表团	裁判员	选手	序号	参赛代表团	裁判员	选手
1	天津	王传龙	陈俏锐 黄岳兵 潘 燧	13	山东	王鑫宇	许风哲 王加浩 王子航
2	河北	刘 静	毕学景 王冬宇 徐桂文	14	河南	邹志远	彭竟松 李 坤 杜和宣
3	山西	卫新晶	杨荣杰 杨森伟 卫炳煜	15	湖北	龚文华	雷思阳 刘硕华 夏非凡
4	辽宁	吴 迪	王 洧 吴 波 陈春旭	16	湖南	田正芳	符 桂 胡 粤 刘 杰
5	吉林	赵继伟	黄庭威 覃海军 袁 逸	17	广东	陈泳桓	卢言琳 马佳佳 詹贤达
6	黑龙江	张志朋	王东宇 于 伟 杨吉鹏	18	广西	石高勇	甘海育 谭 耀 苏庆任
7	上海	乐旺锋	季振华 倪 蒙 赵一凡	19	重庆	黄崇富	冯桂林 牛成捡 肖 华
8	江苏	周春然	刘青璞 刘星宇 马悦超	20	四川	蔡昌勇	肖 瑞 王 涛 李鑫帅
9	浙江	杜立波	王佳宁 屠诚泽 黄研鹏	21	贵州	周 华	钱锡锐 尚光朋 韦兴星
10	安徽	董 健	路海杰 黄 盛 黄君豪	22	云南	张彦青	邓洪杨 闵晓钦 陆 正
11	福建	郑棋雨	罗建文 曹学朦 陈 龙	23	陕西	黄孟虎	柴佳雄 崔佳乐 周智康
12	江西	陈 浩	齐雨航 陈祖辉 万 辉	24	甘肃	蔺维鹏	李 怀 张文博

CAD 机械设计

项目介绍

CAD 机械设计项目对选手的要求包括：应用 CAD（计算机辅助设计）软件、三维打印机、三维扫描仪和手工测量工具，为产品设计和制造建立零件和装配模型、详细工程图纸、产品设计和工艺解决方案的数字或纸质文件；使用三维扫描仪结合手工测绘工具创建逆向工程模型；提交含有三维打印件的产品设计原型，并验证预定的功能；所有数字或纸质文件必须遵循中国国家标准或者 ISO 标准。

比赛模块

模块 1：机械设计挑战

模块 2：机械制造

模块 3：装配建模与工程图

模块 4：逆向工程

人员名单

裁判长：杨伟群　　裁判长助理：温广云

序号	参赛代表团	裁判员	选手	序号	参赛代表团	裁判员	选手
1	北京	姜洪峰	赵震楠	13	福建	陈　聪	叶　萱
2	天津	赵玉刚	刘博明	14	江西	丁宇宁	李　翔
3	河北	梁海利	田建才	15	山东	王兴涛	程焕瑞
4	山西	郎晋鹏	宋海钰	16	河南	师小明	肖涵滨
5	内蒙古	张玉梅	张天翔	17	湖北	林利芬	王　俊
6	辽宁	肖琳娜	宋建生	18	湖南	马步智	李紫朝
7	吉林	王众奔	杜　宇	19	广东	谭伟创	黄育森
8	黑龙江	尹云龙	郭庆东	20	广西	邱贤宁	潘州雄
9	上海	卢　红	刘英鸣	21	海南	黄永利	黄绍强
10	江苏	郑旭升	朱天宇	22	重庆	刘雨婷	周志豪
11	浙江	许晨涛	何城柯	23	四川	门正兴	刘建飞
12	安徽	陈永强	徐学骏	24	贵州	喻红中	杨　雨

续表

序号	参赛代表团	裁判员	选手	序号	参赛代表团	裁判员	选手
25	云南	张 伟	那 涛	29	青海	宋 月	吴林钧
26	西藏	张 鑫	达 曲	30	宁夏	毛 涛	赵 伟
27	陕西	刘京辉	张勇祥	31	新疆	马利东	刘发勇
28	甘肃	张田荣	赵锦波	32	新疆兵团		张志伟

机电一体化

项目介绍

机电一体化项目是指利用机电一体化技术、专业技术规范和标准为行业建立自动化工程系统，并对其进行维护、修理和优化的竞赛项目。比赛中对选手的技能要求主要包括：根据行业需求设计开发机电一体化系统；正确配置和使用工业控制器；利用软件编程控制机器和系统运作；故障分析与修复。

比赛模块

模块 1：已知模块安装、编程、调试及运行

模块 2：模块及生产线的安装、编程、调试及运行

模块 3：模块及生产线的安装、编程、调试、运行及优化

人员名单

裁判长：李全利　　裁判长助理：徐伟

序号	参赛代表团	裁判员	选手	序号	参赛代表团	裁判员	选手
1	北京	谢 虎	彭 凯 李昊洋	5	内蒙古	张宇飞	郭智宏 王 满
2	天津	易贵平	邓宗耀 张展锐	6	辽宁	宋 凯	王德民 高宏远
3	河北	刘晓磊	刘 塞 史茂森	7	吉林	闫俊辉	王晨霖 高艺鸣
4	山西	吴洪兵	陈业博 赵哲坤	8	黑龙江	陈 鹏	李悦宁 张埇崎

续表

序号	参赛代表团	裁判员	选手
9	上海	高海华	王　帅 成智磊
10	江苏	孟庆龙	崔远旺 邢启福
11	浙江	卢　望	何　松 倪瑶江
12	安徽	雍加豪	胡俊峰 陈志鹏
13	福建	林邦舜	刘铭杰 肖伟杰
14	江西	陈约奇	廖远火 钟海强
15	山东	谢吉国	张玉辰 于宪哲
16	河南	魏福江	张冰帅 李炜琦
17	湖北	张　涛	尚华鑫 刘嘉鑫
18	湖南	王延方	陈大欢 唐宇冶
19	广东	张宋文	古天福 黄嘉顺
20	广西	石冠芳	黄敬洋 李阿优
21	海南	池昭宏	王扬秀 陈道俊
22	重庆	赵红坤	贺怡宏 杨显文
23	四川	唐　涛	余卓恒 郎健臣
24	贵州	朱俊俊	吴　猛 王庭忠
25	云南	范　纯	李　耀 余淼江
26	西藏	次仁卓拉	旦增伦珠 扎西次仁
27	陕西	穆　婷	金恒光 周若宇
28	甘肃	李　丹	左文建 丁福源
29	青海	刘伟鹏	刘富成 范嘉全
30	新疆	杨　虎	谢文轩 徐飞龙
31	新疆兵团	陈彦泰	白佳晟 张子航
32	机械行业	伍思洪	郑泽鑫 郑永壕

移动机器人项目

项目介绍

移动机器人项目是指运用相关的理论知识和操作实践经验，围绕机器人的机械和控制系统进行工作的竞赛项目。比赛中对选手的技能要求主要包括：具备设计、生产、装配、组建、编程、管理和保养机器人内部的机械、电路、控制系统的能力；安装、操作机器人的控制系统；测试机器人每个部件和整体的性能，确保符合行业标准。

比赛模块

模块 1：工作组织与管理及装配

模块 2：核心性能元素评估

模块 3：已知综合任务测试

模块 4：未知综合任务测试

人员名单

裁判长：郑　桐　　　裁判长助理：林佳鹏

序号	参赛代表团	裁判员	选手	序号	参赛代表团	裁判员	选手
1	北京	崔凯楠	王　翔 张　硕	14	江西	吴钰琳	黄宇晨 宋晨磊
2	天津	王春光	王　宇 孙　威	15	山东	张成凤	高维超 朱风和
3	河北	杨文利	梁　硕 刘振朝	16	河南	孙洪波	介明鑫 白金科
4	山西	杨晋博	李泽瑞 高凯乐	17	湖北	钟　雷	陈　恒 刘胜珈
5	内蒙古	吴高锋	林宏博 邬浩天	18	湖南	何钻敏	周贤亮 黄晶琦
6	辽宁	胡建文	王奕喆 李一鸣	19	广东	章安福	方灿豪 蒋家俊
7	吉林	王立辉	徐子健 许呈瑞	20	广西	李铤蔚	钟诗林 潘建材
8	黑龙江	赵丽娜	郭立嘉 张红超	21	海南	尚升飞	黎昌达 麦树科
9	上海	邵红硕	徐俊豪 谢国梁	22	重庆	李兆琰	汪　政 姚　治
10	江苏	徐才广	桂子豪 张俊杰	23	四川	李明睿	任兴来 凃中皖
11	浙江	倪晨玮	唐刘江 张梦鑫	24	贵州	曲行达	刘裕学 王财维
12	安徽	殷春景	申远宝 黄　睿	25	云南	刘旺才	普国峰 林涵艺
13	福建	黄洪星	陈家顺 陈嘉威	26	陕西	伍　蓉	杨鑫晨 杨政武

续表

序号	参赛代表团	裁判员	选手	序号	参赛代表团	裁判员	选手
27	甘肃	邸　韬	魏　静 韩陆山	29	新疆	赵鹏飞	彭瑞雪 肉孜麦麦提·图尔贡
28	青海	董　翔	饶庆宁 莫少森	30	机械行业	许　骏	王宇杰 林镇凯

原型制作

项目介绍

原型制作项目是指根据给定的原型设计图纸，运用三维 CAD 软件进行原型三维建模与局部自由设计，使用三维激光扫描仪和逆向建模软件对给定的产品零件进行扫描和逆向设计，建立三维数字模型，并按要求生成工程图，选手根据自己设计的图纸使用指定的材料运用普通车削、普通铣削、数控铣削、3D 打印、手工等工艺方法制作模型，并对模型进行表面处理以及喷涂装饰的竞赛项目。

比赛模块

模块 1：原型设计建模

模块 2：原型工程图

模块 3：原型制作

模块 4：原型装饰

人员名单

裁判长：熊志勇　　裁判长助理：刘青宗

序号	参赛代表团	裁判员	选手	序号	参赛代表团	裁判员	选手
1	天津	宋培培	韩希鹏	4	辽宁	代继业	张佳朔
2	河北	胡　伟	赵宇航	5	吉林	刘嘉乐	冯敬爱
3	山西	杜　江	王　浩	6	黑龙江	王翠宝	陈少奇

续表

序号	参赛代表团	裁判员	选手	序号	参赛代表团	裁判员	选手
7	上海	王培军	李春龙	17	广东	赵晓霞	劳家日
8	江苏	黄晓冲	陶赟杰	18	广西	伍贤洪	潘锐辉
9	浙江	朱森权	周祺杰	19	重庆	高承明	许峰源
10	安徽	杨　锋	柴玉先	20	四川	吉　超	李　洋
11	福建	王海平	胡锦兵	21	贵州	徐朝钢	魏利豪
12	江西	张鹏飞	刘爱平	22	云南	凡　敏	张正染
13	山东	赵向阳	韩君强	23	陕西	王　闯	王旭腾
14	河南	刘会明	于孟白	24	新疆兵团		贾烘硕
15	湖北	禹　诚	罗东楠	25	机械行业	杨明道	邵远琛
16	湖南	周学军	万家伟				

焊接

项目介绍

焊接项目是指按照图纸要求进行组装，并按照规定的方法和标准进行焊接操作的竞赛项目。比赛中对选手的技能要求主要包括：能正确使用个人防护装备；理解并掌握图纸及焊接符号的含义；理解并掌握各类母材和焊接材料的性能及焊接特点；能够使用焊条电弧焊（111/SMAW）、熔化极非惰性气体保护焊（135/GMAW）、非惰性气体保护药芯焊丝电弧焊（136/FCAW-G）、钨极氩弧焊（141/GTAW）四种焊接方法对低碳钢、不锈钢和铝及铝合金进行焊接。

比赛模块

模块 1：低碳钢组合件

模块 2：压力容器

模块 3：不锈钢结构件

模块 4：铝合金结构件

人员名单

裁判长：刘景凤　　裁判长助理：敖三三

序号	参赛代表团	裁判员	选手	序号	参赛代表团	裁判员	选手
1	北京	李　晓	韩淏宇	16	湖北	莫芝林	桂玉郎
2	天津	曹　斌	王浩芃	17	湖南	杨文武	董晨阳
3	河北	杨　磊	王天宇	18	广东	曾利崇	王建华
4	山西	宫森森	赵威达	19	广西	唐　豪	黄　健
5	内蒙古	蔡春波	张　俊	20	四川	赵　炜	胡泽宏
6	辽宁	王德军	王良栋	21	贵州	蒙　华	于含含
7	黑龙江	刘　春	王怀龙	22	云南	李仁全	刘　全
8	上海	吴明生	周礼涛	23	陕西	朱锡霞	任　斌
9	江苏	孙　闯	高新和	24	甘肃	张　鹏	李亚龙
10	浙江	夏琦男	徐志勤	25	青海	孙生荣	钟海峰
11	安徽	董留寨	张志远	26	宁夏	刘　强	蒙红亮
12	福建	关　强	彭子康	27	新疆	王定勇	叶尔达纳·别克吐尔逊
13	江西	付正根	龙志江	28	新疆兵团	杨东晖	黄美琳
14	山东	韩光山	颜丙尧	29	住建行业	赵脯菠	王福兴
15	河南	孙　洁	孙亚朋				

水处理技术

项目介绍

水处理技术项目是指对城市或工业供水和废水处理系统进行管理、监控和维护的竞赛项目。该赛项要求选手具有的技能主要包括：能够观察、识别、维护、控制和修理供水及废水处理系统的设备，以及拟定计划和报告等全部工作过程；具备力学、化学、生物、电气、自动化和环境保护方面的知识和专长；能够根据技术文件和规章以及法律要求独立开展工作，并采取措施确保工作中的质量、安全、健康和环境保护。

比赛模块

模块 1：实验室条件下水样混凝优化实验

模块 2：水中氯离子的测定

模块 3：泵站的运行和维护

模块 4：水处理工艺过程自动化 PA

模块 5：EDS 中水的净化单元

模块 6：VR 仿真

模块 7：文档

人员名单

裁判长：王 湛　　裁判长助理：刘 影

序号	参赛代表团	裁判员	选手	序号	参赛代表团	裁判员	选手
1	北京	王 冬	赵 可	17	湖北	王梦湖	黄 娇
2	天津	赵伟伟	魏志远	18	湖南	梁美东	袁 森
3	河北	赵紫涵	宋宇辰	19	广东	魏海翔	陈 锋
4	山西	樊雅欣	丁叮玲	20	广西	梁伟夏	石 宇
5	内蒙古	郭俊刚	刘超宇	21	海南	张潇予	曾建河
6	辽宁	孙 岩	寇仕杰	22	重庆	彭传友	张选强
7	吉林	刘红波	罗 瑞	23	四川	杜 欢	顾子娟
8	黑龙江	刘仁涛	于多多	24	贵州	李燕灵	郭 磊
9	上海	李飞鹏	黄奕阳	25	云南	何金山	赵海根
10	江苏	刘昕雅	杨艺杰	26	西藏	黄 伟	益西尼玛
11	浙江	吴 澄	程梓锋	27	陕西	崔文林	张学平
12	安徽	张祥霖	梁永杰	28	甘肃	赵文青	谢子瑄
13	福建	蔡 珍	林惠杰	29	青海	康 健	黄明奇
14	江西	曾璐锋	陈荣相	30	宁夏	周 洁	魏金乔
15	山东	杨 明	李 丹	31	新疆	崔文明	辛帅帅
16	河南	张小勇	卢 毅	32	住建行业	徐建成	索宝润

化学实验室技术

项目介绍

化学实验室技术项目是指使用现代化学和物理化学原理，确定分析各种天然和合成材料的最佳工具和方法，对组分进行定性和定量测试的竞赛项目。比赛中对选手的技能要求主要包括：了解 HSE 理论及应用；制订分析与合成物质实验方案；运用分析测试技术进行组分分析；撰写规范的测试报告；对实验设备进行维护；运用实验室原理解决出现的复杂问题。

比赛模块

模块 1：有机物质制备及组分分析

模块 2：有机物样品中混合组分分析

模块 3：无机物样品中混合组分分析

人员名单

裁判长：季剑波　　裁判长助理：燕传勇

序号	参赛代表团	裁判员	选手	序号	参赛代表团	裁判员	选手
1	北京	李文忠	林城阳	16	湖南	王织云	陈　艳
2	天津	崔树宝	房宇飞	17	广东	李书贞	陈艺域
3	河北	程彦海	班梓萌	18	广西	胡　蕊	马佳连
4	山西	乔仙蓉	许鑫茹	19	海南	谢良汉	邓荏芳
5	辽宁	付　丹	生子涵	20	重庆	母昭德	宋云雪
6	吉林	张小丽	陈　烨	21	四川	徐　靓	郭建欣
7	上海	陈兴利	李　文	22	贵州	陈万明	黄　旭
8	江苏	孙　桃	姜雪程	23	云南	李学章	陈江会
9	浙江	许凌敏	丰小芹	24	西藏	左航天	普　姆
10	安徽	黄　维	刘鑫然	25	陕西	樊红珍	吴娜娜
11	福建	谢茹胜	林艺坤	26	甘肃	成莉燕	黄　尧
12	江西	陈　静	谢雅茜	27	青海	马占梅	杨永秀
13	山东	白磊磊	郭宇彤	28	宁夏	王淑华	武佳瑶
14	河南	贺攀科	鲁静怡	29	新疆	王　丽	叶强昊
15	湖北	杨文婷	李奕霖				

增材制造

项目介绍

增材制造又称为 3D 打印，是一种通过三维扫描设备或数字建模的方式来获取数字模型文件，并通过材料添加的方式制造的一种新兴技术。它融合了计算机辅助设计、材料加工与成型技术，并通过软件与数控系统将专用的金属材料、非金属材料以及医用生物材料，按照挤压、烧结、熔融、光固化、喷射等方式逐层堆积，制造出实体物品。比赛中对选手的技能要求主要包括：正向设计、三维扫描、逆向设计、3D 打印、后处理等。

比赛模块

模块 1：设计与数据采集

模块 2：制件与数据重构

模块 3：制件与后处理

人员名单

裁判长：陈　娟　　裁判长助理：张瑜胜

序号	参赛代表团	裁判员	选手	序号	参赛代表团	裁判员	选手
1	北京	张　皓	田京宇	15	山东	张　洋	刘萧硕
2	天津	徐　洋	叶铠豪	16	河南	郭公社	王　骥
3	河北	白　洁	宋亿存	17	湖北	刘凯	胡成杰
4	山西	乔　琳	张力伟	18	湖南	龙　干	张中威
5	内蒙古	云　璐	王嘉伟	19	广东	曾浩杰	罗小焦
6	辽宁	于卡尔	张建学	20	广西	李家楼	黄宝源
7	吉林	刘晋廷	冯锦涛	21	四川	杨险锋	杨刘奇
8	黑龙江	谭延宏	陈　鹏	22	贵州	邓海峰	王秀木
9	上海	张利华	段腾飞	23	云南	宋　超	刘建泽
10	江苏	王文景	卞　闻	24	陕西	杨兵兵	程运江
11	浙江	俞　挺	陈雨乐	25	甘肃	车麒麟	毛　斌
12	安徽	王志晨	许文豪	26	宁夏	张晓磊	白　龙
13	福建	刘兴灿	吴坚城	27	新疆	李　磊	肖子牧
14	江西	陈　虎	饶墨轩	28	新疆兵团	郑明理	陈志伟

工业设计技术

项目介绍

工业设计技术项目是指批量生产的工业产品的艺术设计竞赛项目。工业设计技术需要创建具有优美外观、高品质表面处理和良好用户体验的产品。工业设计技术要考虑和分析：产品是否符合功能和技术要求、人机关系、产品的形状和颜色、生产工艺要求、生产的赢利能力等。该项目对选手的技能要求主要包括：设计沟通能力、设计分析能力、艺术设计技能、可视化程序建模、原型制作技能。

比赛模块

模块 1：概念方案草图设计

模块 2：产品设计方案输出

模块 3：产品改良设计

模块 4：产品设计方案模型制作

模块 5：产品设计方案展示

人员名单

裁判长：王方良　　裁判长助理：张　肖

序号	参赛代表团	裁判员	选手	序号	参赛代表团	裁判员	选手
1	天津	刘元寅	马新元	15	河南	张佳欢	李建仓
2	河北	张　虹	王　航	16	湖北	钟亚鸣	邓思月
3	山西	张子祥	李铭坤	17	湖南	周俏晖	郑兴媛
4	内蒙古	顾丽霞	马　东	18	广东	王秀峰	覃秀桃
5	辽宁	孟宪喆	李睿衡	19	广西	陈家俊	潘文晓
6	吉林	吴明伦	邵晓鑫	20	海南	郝晓飞	王康健
7	黑龙江	高云茜	王颜博	21	重庆	郑　正	卢可欣
8	上海	郑德宏	贾慕天	22	四川	杨吉通	刘佳玮
9	江苏	刘智志	刘　娴	23	贵州	肖石霞	罗　迅
10	浙江	方　雪	孙炫政	24	云南	付珍珍	侯思杰
11	安徽	毛祖光	王帅帅	25	陕西	冯　娟	杨茂坤
12	福建	黄加福	张李菁	26	甘肃	张晓刚	黄祺祺
13	江西	谌云霞	杨紫芹	27	新疆兵团		史　帅
14	山东	张俊瑶	伏兆鑫				

工业4.0

项目介绍

工业4.0项目是指利用信息和通信技术，深刻影响制造和生产过程的新型生产制造模式，被誉为“第四次工业革命”。该项目对选手的技能要求主要包括：工作组织与管理、人际沟通和交流、设计组装和调试、软件设计与实现、网络和网络安全、测试维护、故障查找、增强和优化。

比赛模块

模块1：工业4.0系统搭建与调试

模块2：工业组网与网络安全

模块3：智能传感器应用与工业软件开发

模块4：数字孪生技术应用

模块5：生产系统运维管理与优化

人员名单

裁判长：袁海嵘　　裁判长助理：许英杰

序号	参赛代表团	裁判员	选手	序号	参赛代表团	裁判员	选手
1	北京	李　洋	贾震鹏 孙慧轩	7	吉林	赵鹏飞	罗嘉烙 伞景扬
2	天津	钟　平	陆京龙 徐必利	8	黑龙江	李跃峰	陈　斌 张凯文
3	河北	顾迪南	葛紫藤 李浩天	9	上海	吴　强	卢俊威 谢辉铉
4	山西	张　莉	康佳鑫 马郭豪	10	江苏	张　俊	张佳东 徐昌城
5	内蒙古	王　薇	刘　杰 赵嘉乐	11	浙江	陈宏鹏	胡廷敬 黄周亮
6	辽宁	王　坤	宋景柱 姬兴鹏	12	安徽	李修龙	郭成成 张　帅

续表

序号	参赛代表团	裁判员	选手
13	福建	高善平	陈子扬 钟杨福
14	江西	范洪斌	杨青云 钟建豪
15	山东	苏美亭	焦腾达 曹艳龙
16	河南	郭海朝	李越凡 马晨哲
17	湖北	李晓琨	李　岩 文谨宜
18	湖南	金　瑾	张　婕 吴慧婷
19	广东	谢小华	方　韵 杨世忠
20	广西	甘　路	滕恒新 李庆冕
21	海南	王德柳	林　靖 曹　坤
22	重庆	官　伦	罗一恒 张　健
23	四川	初宏伟	陶　尧 付学强
24	贵州	邱　雪	董文浩 赵永舰
25	云南	杨志红	白志华 刘功林
26	陕西	樊　琳	刘　浩 刘毅颉
27	甘肃	马　政	李海成 肖国玉
28	新疆	赵硕伟	高展鹏 马志豪
29	机械行业	花培文	李　泽 袁伟华

光电技术

项目介绍

光电技术项目是指以智能照明及显示相关的光电产品制造及工程应用技术，满足智慧城市对室内外光环境及信息显示需求的项目。该项目对选手技能的要求主要包括：工作组织和管理，人际沟通，智能光电产品的开发、制造与检测，智能照明系统安装、调试、维护及节能，高清显示系统的安装、调试、维修及优化。

比赛模块：

模块 1：光电应用终端的制造、检测与仿真

模块 2：光电应用系统的安装与调试

模块 3：光电应用的维护与优化

人员名单

裁判长：周渝曦　　裁判长助理：李小松

序号	参赛代表团	裁判员	选手	序号	参赛代表团	裁判员	选手
1	北京	安立军	吕军豪	15	山东	王明辉	王　硕
2	天津	范　菡	袁智涛	16	河南	王智峰	周正羽
3	河北	冯　霞	韩　峥	17	湖北	周　威	闵　浩
4	山西	吕　高	李金泰	18	湖南	岑　艺	周智慧
5	内蒙古	付占宇	张祺轩	19	广东	周志文	方舒含
6	辽宁	贺晓阳	赵　壮	20	广西	彭江华	韦　钰
7	吉林	刘　鹏	吴俊隆	21	海南	韩维民	张琼广
8	黑龙江	沈桂军	曹荣华	22	重庆	蔡运富	商峻宁
9	上海	邓海平	李　赛	23	四川	刘海军	向立强
10	江苏	景玉荣	张治豪	24	贵州	冯明扬	龙和金
11	浙江	盛继华	包治超	25	云南	胡向东	李国祥
12	安徽	程　艳	汪嘉捷	26	陕西	黄俊梅	强　帅
13	福建	林文友	黄舒宸	27	青海	刘雨亭	王　锐
14	江西	叶小根	宛怀硕	28	新疆	杜卫平	余　强

可再生能源

项目介绍

可再生能源项目是指为了利用不同的能源，如风能、水能、太阳能、有机物质（生物质）和地核热能（地热），进行可再生能源收集、生产和保障相关电力设备有效运行维护的竞赛项目。可再生能源行业从业人员应具备解决工程安装问题和分析运行问题的能力，具有迅速识别和解决复杂问题的经验和能力，熟悉行业规范和标准，熟练使用工具，熟知操作安全规范。该项目对选手的技能要求主要包括：沟通和人际关系技巧；解决问题，创新和创造力；规划设计；安装；测试和报告；维护，故障查找和维修。

比赛模块

模块 1：工程部署与实施

模块 2：系统的运行与检测

模块 3：系统维护与操作

模块 4：区域可再生能源系统的规划设计

人员名单

裁判长：朱卫军　　裁判长助理：薛　林

序号	参赛代表团	裁判员	选手	序号	参赛代表团	裁判员	选手
1	天津	沈　洁	杨一帆	15	湖北	刘　越	何　钿
2	河北	车一鸣	章敏瑞	16	湖南	段树华	朱　宇
3	山西	周美辰	杨薛斌	17	广东	李永忠	曾振江
4	内蒙古	王春梅	田轹文	18	广西	罗谢飞	韦国伟
5	辽宁	赵　磊	姜　智	19	海南	潘　成	符稀卡
6	吉林	徐　鑫	高　雷	20	重庆	杨启军	付龙辉
7	上海	刘　江	曹俊毅	21	四川	王　忠	陈富员
8	江苏	夏海洵	唐景川	22	贵州	王宽方	张秘宇
9	浙江	蒋　进	应骁伉	23	云南	刘　洋	周　满
10	安徽	王海峰	朱余伟	24	西藏	李斌飞	昂旺绕吉
11	福建	孟　伸	马　地	25	陕西	孟　卓	刘亚凡
12	江西	黄南军	张　聪	26	甘肃	陈志华	杨　博
13	山东	董小玮	张义炜	27	新疆	李　彬	乃比江·阿布都塞买提
14	河南	王永科	周金豪				

机器人系统集成

项目介绍

机器人系统集成项目是指为了发挥机器人的作用，需要一个将其集成（组装）到整体的过程，从而发挥其有效性的竞赛项目。根据机器人的应用，如取放、装卸、堆垛、焊接等，机器人系统集成员必须为整个或部分系统的自动化提供技术解决方案。机器人系统集成员必须了解制造过程、控制系统、多关节手臂的技术发展以及机器人化规则的演变。该项目对选手的技能要求主要包括：人际沟通和交流、布局和设计、安装和连接、自动化与编程、运行维护和故障排除、文档简报和报告。

比赛模块

模块 1：工作组织与管理

模块 2：机械设计与安装

模块 3：电气设计与连接

模块 4：机器人系统编程与调试

模块 5：拓展任务

人员名单

裁判长：李瑞峰　　裁判长助理：李关华

序号	参赛代表团	裁判员	选手	序号	参赛代表团	裁判员	选手
1	北京	王　杰	崔英杰 王　战	13	福建	翁锦华	王　健 郑良滨
2	天津	郝　飞	史景康 张　鹏	14	江西	刘耀元	温忠烨 谢献逸
3	河北	田　超	苑鹏展 何昊东	15	山东	苏子民	刘豪然 向延升
4	山西	高　静	申宇飞 李子翰	16	河南	郝鑫虎	刘超阳 王永康
5	内蒙古	胡月霞	包昕也 王　健	17	湖北	廖开喜	王思睿 张应康
6	辽宁	郭海林	徐建洪 任峻玮	18	湖南	赵业丰	周振宇 周　超
7	吉林	程　雪	李佳奇 王俊博	19	广东	林钦仕	陈敬钦 邵俊豪
8	黑龙江	鲍　敏	聂晓隆 郭佳奇	20	广西	邹火军	蒙清仁 李治彬
9	上海	王振华	帅振杰 缪　磊	21	海南	吴家蓁	黄相玉 甘泰通
10	江苏	于方波	杨　正 张成龙	22	重庆	祝义松	李开航 刘　杨
11	浙江	朱俊杰	叶梦强 郑龙斌	23	四川	肖正洪	杨馥榱 罗　想
12	安徽	徐玉成	杨　震 韩国进	24	贵州	刘　平	韦吉宽 左明鑫

续表

序号	参赛代表团	裁判员	选手	序号	参赛代表团	裁判员	选手
25	云南	朱飞宇	周宝方 余雪冬	28	青海	张鹏鹏	杨守全 文启胜
26	陕西	张　旭	刘新田 杨柳青	29	新疆	王海东	苏克旭 王俊心
27	甘肃		柏潇潇 姚浩庆	30	机械行业	张善燕	周　玮 刘富强

4. 信息与通信技术（8 项）

信息网络布线

项目介绍

信息网络布线项目是指利用熔接机和线缆测试仪以及手工工具，按照用户需求和工业标准，对电信业务和网络通信的缆线和终接设备等基础设施的安装进行设计和施工的竞赛项目。比赛中对选手的技能要求主要包括：现场施工管理和安全操作规范；识图、绘图和工作中的沟通与表达能力；缆线选择与路由的规划设计能力；铜缆和光缆的布线工艺和端接质量；配线设备和智能终端的安装与调试；物联网 / 智能家居或工业物联网无线网络连接和网络应用；数据中心或智能楼宇结构化布线系统的链路传输性能测试和维修维护。

比赛模块

模块 1：光纤布线系统

模块 2：结构化布线系统

模块 3：物联网智能家居 / 互联网工业应用

模块 4：速度测试

模块 5：故障排除

人员名单

裁判长：卢　勤　　　裁判长助理：韦国发

序号	参赛代表团	裁判员	选手	序号	参赛代表团	裁判员	选手
1	北京	韩英华	高　琪	16	河南	任亚西	王明轩
2	天津	林洪伟	李宏宇	17	湖北	罗建超	余思昊
3	河北	刘万昌	郭　鑫	18	湖南	刘建国	阳　恒
4	山西	常建有	李鸿光	19	广东	黄毅明	黄腾昊
5	内蒙古	兰鹏富	崔嘉政	20	广西	区军华	麻喜春
6	辽宁	谷志刚	芦洪源	21	重庆	李　巨	郑盛榆
7	吉林	宫一凡	张春彤	22	四川	马晓强	杨金圣
8	黑龙江	张　恬	马季平	23	贵州	杨春燕	郑再兴
9	上海	彭雪海	张哲铭	24	云南	马　欣	蒋忠何
10	江苏	费　涨	吴岳森	25	西藏	陈　巍	次仁拉达
11	浙江	赵志浩	黄哲华	26	陕西	李若飞	鱼　欢
12	安徽	张　军	杜思锦	27	甘肃	汪小琦	张东鹏
13	福建	林素芹	冯会亮	28	青海	严尔军	顾喜杰
14	江西	胡建红	孙　涛	29	宁夏	康　峰	柳　凯
15	山东	李英奎	王佳辉	30	新疆	葛　斌	李兆翔

网络系统管理

项目介绍

网络系统管理项目是指设计复杂网络，搭建安全可靠的数据传输网络和操作系统及服务平台并对其进行管理和运行维护等的竞赛项目。比赛中对选手的技能要求主要包括：进行新网络系统的设计、安装、升级和配置，能使用相关自动化运维工具进行编码实现网络和系统等基础设施的自动化运维，保证商业云计算平台服务的连续性；处理 IT 系统的崩溃问题，并进行故障排除，保障各类服务的互联互通及网络安全。

比赛模块

模块 1：Linux 环境

模块 2：Windows 环境

模块 3：网络环境

模块 4：基础设施可编程性与自动化

模块 5：排错与秘密挑战

人员名单

裁判长：田　均　　裁判长助理：黄道金

序号	参赛代表团	裁判员	选手	序号	参赛代表团	裁判员	选手
1	北京	姚　雷	王钰喜	17	湖北	黄　栗	丁昌成
2	天津	张守兵	孙小山	18	湖南	尹鹏飞	邓　波
3	河北	张晓珲	董彦博	19	广东	肖　威	莫　天
4	山西	王亚沁	张　腾	20	广西	郭佩刚	刘春辉
5	内蒙古	李　尧	吴伟涛	21	海南	张　雄	胡余辉
6	辽宁	李建光	储佳蕤	22	重庆	袁　杰	王　星
7	吉林	金　山	孔佳阳	23	四川	张纯容	游国立
8	黑龙江	田海宇	任金星	24	贵州	刘　刚	周　文
9	上海	钟建成	滑继铖	25	云南	伏运标	孔令明
10	江苏	储少卿	陈家豪	26	陕西	李鹏树	刘德金
11	浙江	陆炜杰	王　浩	27	甘肃	段小焕	汪浩东
12	安徽	王袁帅	冯中山	28	青海	张志明	胡全福
13	福建	刘炎火	陈嘉盛	29	宁夏	鲁　菁	刘培元
14	江西	辛诚琨	胡信航	30	新疆	张　勇	王　瑞
15	山东	商和福	张正康	31	新疆兵团	王皓宇	韩鑫喆
16	河南	张文库	曹弋凡				

商务软件解决方案

项目介绍

商务软件解决方案项目是指运用软件开发技能以及编程语言、软件工程和数据库等方面的专业知识，使用大赛提供的软件开发平台，分析用户需求，设计软件解决方案，开发 Windows 桌面应用程序、Android 应用程序、Web 应用程序，并进行软件测试，编写技术文档的竞赛项目。

比赛模块

模块 1：Android 应用程序开发

模块 2：Windows 桌面应用程序开发、分析设计、软件测试

模块 3：Android 应用程序开发

模块 4：Windows 桌面应用程序开发、分析设计、软件测试

模块 5：Web 应用程序开发、分析设计、技术文档编写

模块 6：汇报

人员名单

裁判长：韩素华　　裁判长助理：王一栋

序号	参赛代表团	裁判员	选手	序号	参赛代表团	裁判员	选手
1	天津	颜　健	宋昀斐	14	山东	刘丽凤	陈海旺
2	河北	张育才	宋鑫楠	15	河南	宋　欢	赵炯棚
3	山西	孙　波	张　磊	16	湖北	胡成松	吴金鑫
4	内蒙古	杨玮红	张灏天	17	湖南	周士杰	欧阳利
5	辽宁	张　昉	李真旭	18	广东	张泽光	李　政
6	吉林	刘金明	朱冠儒	19	广西	段仕浩	李如宾
7	黑龙江	谭　东	郑子庚	20	重庆	谭晏松	廖　鑫
8	上海	刘海光	侯竣浩	21	四川	张　娅	王少君
9	江苏	杜　润	曹佳豪	22	贵州	张小丽	易　童
10	浙江	宋晓飞	陈俊杰	23	云南	吕琼华	韩艳玲
11	安徽	高　靖	郭　振	24	陕西	张沛强	刘　晨
12	福建	张舜尧	曹晓槟	25	甘肃	李　宁	石佳伟
13	江西	李圣良	杨恩锐	26	新疆	王斐玉	努尔麦麦提·努尔艾合麦提

印刷媒体技术

项目介绍

印刷媒体技术项目是指使用胶印机、数字印刷机和相关设备、软件、仪器来生产满足客户需求的商业或包装印刷品的竞赛项目。比赛中对选手的技能要求主要包括：根据工作要求

进行工艺流程设计；准备所有印刷材料；对印刷印版、文件等进行印刷适性检查或处理；对设备、仪器、工具等进行预设及相关标准化调校；印刷满足质量、数量和印后加工工艺要求的产品；对印刷质量进行持续性监控；根据需求对印刷半成品进行印后加工；对印刷设备进行常规维护保养、故障排除。

比赛模块

模块 1：胶印

模块 2：数字印刷

模块 3：附加任务

人员名单

裁判长：李不言　　裁判长助理：管雯珺

序号	参赛代表团	裁判员	选手	序号	参赛代表团	裁判员	选手
1	天津	孟　婕	刘欣雨	13	河南	杨慧芳	程希豪
2	山西	张在杰	葛江凯	14	湖北	秦　平	阮凌昊
3	辽宁	孔祥岭	韩维博	15	湖南	张哲元	刘成祥
4	吉林	夏正龙	郎民超	16	广东	陈慧昌	刘　彦
5	黑龙江	冀松岩	李英豪	17	广西	黄　江	韦富斌
6	上海	薛　克	罗宇晨	18	重庆	于明伟	邓茂林
7	江苏	张文剑	高亚文	19	四川	余　勇	方　驰
8	浙江	朱志伟	周佳俊	20	贵州	罗　政	程佳新
9	安徽	艾海荣	王礼芸	21	云南	王　佳	李　曼
10	福建	郭燕如	郑东昊	22	陕西	索鹏云	张伟亮
11	江西	肖志敏	郑丽兰	23	甘肃		何艳花
12	山东	陈安宏	姜闻凯	24	新疆	牟　成	雷　霆

网站技术

项目介绍

网站技术项目是使用计算机工具制作网站，包括页面设计、页面重构、交互设计、前端功能开发、后端功能开发、网站二次开发的竞赛项目。比赛中对选手的技能要求主要包括：

能够根据需求设计恰当的网站产品；完成前端交互功能开发；完成后端功能开发；遵守易用性和可访问性标准；注重标准浏览器和软硬件的兼容性；具备一定的调试部署能力。

比赛模块

模块 1：API 后台功能开发

模块 2：信息系统前段开发

模块 3：游戏设计与功能

模块 4：游戏功能与交互

模块 5：团体挑战赛

人员名单

裁判长：张　凌　　裁判长助理：吴迎祥

序号	参赛代表团	裁判员	选手	序号	参赛代表团	裁判员	选手
1	北京	郝金亭	李明宇	15	山东	姜卫东	张伦镁
2	天津	张居彦	卫晓强	16	河南	马梅娜	刘兴来
3	河北	马文静	裴浩杰	17	湖北	刘晓明	构嘉伟
4	山西	韩　慧	宋少华	18	湖南	龙大奇	陈　柴
5	内蒙古	路　颖	周天宇	19	广东	李　骞	伍时杨
6	辽宁	陈　鹏	关延涛	20	广西	高伟锋	朱鑫穗
7	吉林	徐春绵	王相博	21	重庆	冉启蕾	吴思玉
8	黑龙江	李　丽	夏宇航	22	四川	陈　玲	杜俊枫
9	上海	冯家乐	庞泽锐	23	贵州	徐　兴	王乾龙
10	江苏	李　湘	周　龙	24	云南	陶冠华	白峻帆
11	浙江	陆凌艳	井前程	25	陕西	吴　鹃	张　航
12	安徽	都　标	杜浩然	26	甘肃		甘怀恩
13	福建	王燕贞	吴国栋	27	青海	夏美艺	李颖灏
14	江西	吴小华	曾　昊	28	新疆	高　鹏	阿依夏木古丽·阿布都热合曼

云计算

项目介绍

云计算项目是在公有云环境中实现完整的、面向实际工作场景的信息化系统的竞赛项目。主要考核公有云环境搭建、信息化系统部署和运维。对选手的技能要求包括：根据比赛任务描述，依据行业规范和标准，创建、配置适合的公有云服务，部署相应的信息化系统，并对其进行实时或自动化维护；综合运用网络架构搭建、操作系统部署、脚本程序编写等手段，实现系统的高性能、高可用、安全、弹性和低成本。

比赛模块

模块 1：公有云环境搭建

模块 2：云端信息化系统部署与运维

人员名单

裁判长：刘　翔　　裁判长助理：陈小明

序号	参赛代表团	裁判员	选手	序号	参赛代表团	裁判员	选手
1	北京	张建群	马博文	15	河南	陈　涛	韩德岭
2	天津	孙　健	柳添豪	16	湖北	黄秋实	付树弟
3	河北	郭　燚	李少东	17	湖南	肖　英	刘　羿
4	山西	范月祺	裴清洋	18	广东	苏翔宇	黄佳杰
5	内蒙古	哈里白	满久琦	19	广西	许建豪	王　中
6	辽宁	王　军	张琳晞	20	海南	翁启文	岑运程
7	黑龙江	马立丽	商圣晨	21	四川	李　波	张宗盛
8	上海	徐玉清	赵晨阳	22	贵州	袁雪梦	肖　炀
9	江苏	吕轩民	夏嘉旋	23	云南	潘晓俊	税　杰
10	浙江	李　鑫	袁文涛	24	陕西	乔阿美	白泽坤
11	安徽	王俊涛	刘怀斗	25	甘肃		李作昇
12	福建	郑美容	林振鹏	26	宁夏	伍　丹	裴鑫峰
13	江西	曾　俊	李　栋	27	新疆	戴毅清	陈　宏
14	山东	王如意	种家类				

网络安全

项目介绍

网络安全项目是指选手按照相关标准和规范要求对信息系统安全进行检查、分析和评估，发现系统存在的安全隐患，对已经发生的安全事件进行应急响应、调查取证，并采取措施降低系统面临的安全风险，保障系统安全、稳定运行的竞赛项目。比赛中对选手的技能要求主要包括：各类软硬件设备的安全部署和配置；系统安全漏洞的检测、监控和修复；网络安全事件的应急响应、调查取证和系统恢复；新安全技术的跟踪、学习和应用。

比赛模块

模块 1：企业基础设施安全

模块 2：网络安全事件响应、数字取证调查和应用安全

模块 3：夺旗挑战（CTF）

人员名单

裁判长：武春岭　　裁判长助理：张　靖

序号	参赛代表团	裁判员	选手	序号	参赛代表团	裁判员	选手
1	北京	赵桂飞	王润田 颜瑞彬	8	黑龙江	翟健宏	吴雨伦 王逸伦
2	天津	任雁汇	蒋欣毅 李镇海	9	上海	姜开达	庄轶哲 詹云帆
3	河北	吴　杰	张邵文 王　旭	10	江苏	高　杨	王　众 闫彧龙
4	山西	田海鹏	唐震宇 闫利勇	11	浙江	叶雷鹏	李晓龙 陆淼波
5	内蒙古	李宇民	郭文凯 郭治博	12	安徽	李　淼	殷　祥 韩光雷
6	辽宁	刘文志	李　开 何嘉霖	13	福建	危松柏	黄昊翔 王熠亮
7	吉林	马　跃	田　宇 张毅凡	14	江西	吴　晶	邬家豪 聂　昊

续表

序号	参赛代表团	裁判员	选手	序号	参赛代表团	裁判员	选手
15	山东	江健滨	王珏盛 邵吴彧	22	四川	罗晓飞	梁启贤 魏　宇
16	河南	刘继维	万凯阳 杨自坤	23	贵州	麻　雄	周　苇 谢　奇
17	湖北	龙　翔	王博涵 谢世强	24	云南	许永鹏	李俊毅 孙靖淇
18	湖南	李　勇	陈　秋 雷　阳	25	陕西	李卫盟	李银玺 王　卓
19	广东	洪家聪	向　前 庄夏杨	26	甘肃	吴敬文	
20	广西	黎　斌	李慧灵 韦敏豪	27	青海	王　倩	马　申 马　鑫
21	重庆	何　倩	刘志赞 税一卫	28	新疆	崔道江	锁飞虎 赵　聪

移动应用开发

项目介绍

移动应用开发项目旨在创建和构建适用于移动设备的应用程序。选手需要熟悉主流移动操作系统，如 Android 或 iOS，并掌握相应操作系统的应用开发包（SDK），同时具备移动通信和软件编程的基本理论和技能。此外，选手还需要具备使用工程化方法和工具的能力，以完成软件编码和测试任务。在离线环境和受限程序包的条件下，选手能够完成 App 的开发，包括原型设计、界面实现、功能开发和功能测试。

比赛模块

模块 1：原型设计（手机）

模块 2：界面实现（平板）

模块 3：功能开发（手机）

模块 4：功能开发（平板）

模块 5：功能测试（手机）

人员名单

裁判长：蔡立勋　　裁判长助理：陈立准

序号	参赛代表团	裁判员	选手	序号	参赛代表团	裁判员	选手
1	天津	祝文飞	吴　涛	15	河南	张有宽	王一凡
2	河北	李　晶	杨泽宇	16	湖北	刘雄华	王　杰
3	山西	樊斌锋	赵鹏飞	17	湖南	白忠才	谭　锐
4	内蒙古	杨东霞	陈殿青	18	广东	杨书明	马贞鹏
5	辽宁	骆　伟	侯湘婷	19	广西	罗运贞	梁家伟
6	吉林	田　晶	野世杰	20	海南	陈小鹏	符诗诚
7	黑龙江	卢凤伟	王春欣	21	重庆	杨智勇	胡泽民
8	上海	阳国华	仲骏颢	22	四川	夏　汛	雷云腾
9	江苏	倪　伟	赵仕芳	23	贵州	吴茂雪	罗冰心
10	浙江	孙　伟	朱姚飞	24	云南	周智超	高继阳
11	安徽	朱静静	罗知强	25	陕西	冯国良	相里国巍
12	福建	郑志娴	范礼江	26	甘肃	蒲晓妮	马　军
13	江西	毕传林	崔海林	27	青海	林晶晶	刘雨露
14	山东	丁　敏	孔凡乐	28	新疆	丁　宏	萨达木·阿布都热依木

5. 创意艺术与时尚（6 项）

时装技术

项目介绍

时装技术项目是指运用时装材料、搭配、时尚和色彩等方面的专业知识，根据要求完成时装裁剪、缝制和装饰等工作的竞赛项目。比赛中对选手的技能要求主要包括：根据设计主题和流行趋势进行设计；完成技术制图、样板制作和立体裁剪；熟悉各种服饰材料的性能，熟练运用手工缝制和装饰技术完成服装制作；熟练使用专业设备。

比赛模块

模块 1：款式设计

模块 2：半身裙制版排料

模块 3：立体剪裁

模块 4：女装设计制作

人员名单

裁判长：李　宁　　裁判长助理：徐　斌

序号	参赛代表团	裁判员	选手	序号	参赛代表团	裁判员	选手
1	北京	胡　萍	余　娜	15	河南	王明飞	任格格
2	天津	崔学礼	阎　方	16	湖北	孔　莉	张依依
3	河北	牛海波	周立霞	17	湖南	陈立娟	孙福佳
4	山西	蒋　婧	贺肖敏	18	广东	江少容	周芹妃
5	内蒙古	张丽媛	王子兴	19	广西	李丕玉	沈　丹
6	辽宁	祖秀霞	袁　芹	20	海南	乔　晶	白婷婷
7	吉林	张德智	王树苹	21	重庆	谢玲莉	何圆湘
8	上海	卢仁敏	潘雨洁	22	四川	胡　毅	涂文梅
9	江苏	陈义华	吴晶莹	23	贵州	刘　俊	杨春梅
10	浙江	姚林英	宋欣悦	24	云南	程丽华	黄兴跃
11	安徽	邓黎黎	梅梦雪	25	西藏	孙海兴	索南次珍
12	福建	杨　超	汪秀莹	26	陕西	袁丰华	王思洁
13	江西	王明昱	刘梓娟	27	新疆	陈　鑫	米仁萨·伊马木
14	山东	姜华美	刘萧瑞				

花艺

项目介绍

花艺项目是指根据花艺设计的构图、色彩理论、设计理念和技艺，合理选择运用植物以及植物器官（花、叶、果、枝等）和装饰材料，正确使用工具对植物进行再加工和养护，设计制作花艺作品的竞赛项目。比赛中对选手的技能要求主要包括：根据主题、环境、容器以及流行趋势等相关要素设计制作花艺作品；熟悉各种植物材料，熟练运用花艺工具以及相关介质、辅材等，注重作品的创新性和应用性。

比赛模块

模块 1：植物种植设计

模块 2：花束

模块 3：切花装饰

模块 4：新娘花饰设计与制作

模块 5：惊喜盒 1–4

人员名单

裁判长：朱迎迎　　裁判长助理：潘沈涵

序号	参赛代表团	裁判员	选手	序号	参赛代表团	裁判员	选手
1	北京	周　娜	张优冉	17	湖北	吴文霖	朱级雨
2	天津	刘　峄	彭金洋	18	湖南	曹逸瑶	肖　娜
3	河北	吴　昊	田莹彪	19	广东	谢利娟	陈嘉琪
4	山西	宿炳林	张文杰	20	广西	申晓萍	曾广仪
5	内蒙古	杜美娥	袁昕悦	21	海南	王云惠	陈昌翔
6	辽宁	张淑梅	梁潇予	22	重庆	王越惠	袁建涛
7	吉林	吴　莹	李子祎	23	四川	马力为	王　凯
8	黑龙江	苏小霞	朱琳琳	24	贵州	吴雪姣	杨胜城
9	上海	项一鸣	蒋晨琪	25	云南	李　俊	李宗坤
10	江苏	张　虎	卓晨瑞	26	西藏	郭珊珊	旦增拉姆
11	浙江	宋晓军	袁星群	27	甘肃	谢　薇	胡晓燕
12	安徽	韦鸾鸾	翟雨娟	28	青海	李钦俊	马梓豪
13	福建	肖晓梅	周若鸿	29	宁夏	王转莉	金　轲
14	江西	闵　娟	谢文杰	30	新疆	闫春霞	刘昌乐
15	山东	王　新	李嘉瑶	31	住建行业	陆多佳	蒋兆珩
16	河南	于婷婷	许佳佳				

平面设计技术

项目介绍

平面设计技术项目是指在规定时间内完成广告设计、编辑设计、企业和信息设计、包装设计四个竞赛模块工作任务的竞赛项目。比赛中对选手的技能要求主要包括：具有创造力，掌握相关理论知识；操作电脑设计软件；能应用广告创意技巧、图形设计、出版物编辑设计、企业形象设计、印刷包装设计和排版；展示产品及进行图形解读。

比赛模块

模块 1：广告设计

模块 2：编辑设计

模块 3：包装设计

模块 4：信息设计

人员名单

裁判长：徐伟雄　　裁判长助理：李　莎

序号	参赛代表团	裁判员	选手	序号	参赛代表团	裁判员	选手
1	北京	李晓琳	马莫涵	17	湖北	杨佩佳	罗　星
2	天津	王　威	邢鑫梦	18	湖南	贺玲丽	吴冰倩
3	河北	李　飞	李　欣	19	广东	黄玉婷	张梓鸿
4	山西	李丽娜	田恩悦	20	广西	黎倩婷	陆启锐
5	内蒙古	乌日娜	刘星宇	21	海南	黄　静	邱天诚
6	辽宁	周　芃	张资晗	22	重庆	何　明	周芝希
7	吉林	李　昔	韩雯乐	23	四川	张　芳	何思颖
8	黑龙江	杨晓宇	苍靖垚	24	贵州	杨　逍	胡先芳
9	上海	赵　勇	赵添翼	25	云南	张　杰	王正婷
10	江苏	董文心	王紫夏	26	西藏	阿旺多吉	索朗群培
11	浙江	王艺琳	姚思涵	27	陕西	詹秦川	王俊杰
12	安徽	单东军	周知剑	28	甘肃		李嘉泽
13	福建	张　俊	叶书锐	29	青海	魏晓海	马识平
14	江西	张建强	谢　薇	30	新疆	刘雪伦	李金玉
15	山东	孟　昕	李萌萌	31	新疆兵团		侯丽君
16	河南	苏　杭	张　鑫				

珠宝加工

项目介绍

珠宝加工项目是指根据设计图纸，将各种形状的贵金属材料，经过锉削、镂空、锯切、焊接等技术，在规定时间内完成每个模块各部件的成型、拼接等工序，制作出与图纸尺寸、大小、形状一致，层次优美的珠宝首饰的竞赛项目。选手需要有一定的美学修养、珠宝基础、设计能力和对图纸的理解能力，能够使用正确的器具确保工作的安全性和可持续性。

比赛模块

模块 1：制作立体珠宝部件、完成锯切镂空等制作

模块 2：完成珠宝部件制作和镶口制作

模块 3：设计部件制作以及总体的组装

人员名单

裁判长：邹宁馨　　裁判长助理：王泽丹

序号	参赛代表团	裁判员	选手	序号	参赛代表团	裁判员	选手
1	北京	赵恺月	张宇鹏	15	河南	莫云飞	李远隆
2	天津	陈虹儒	姚梦霄	16	湖北	黄思仁	朱旺琪
3	河北	张哲哲	马珍妮	17	湖南	李　蕾	何美兰
4	山西	聂怡博	杨志恒	18	广东	宁水清	李来戈
5	内蒙古	俊　喜	郭育铭	19	广西	沈雁翱	马翠勤
6	辽宁	张作海	张　卓	20	重庆	魏　来	冉　臣
7	吉林	张继龙	段舒畅	21	四川	顾　悦	赵能乐
8	上海	陈福玲	符欣怡	22	贵州	杨燕贞	王勇兵
9	江苏	李苏萍	朱凯盛	23	云南	张国伟	付文骏
10	浙江	董扬德	董　震	24	西藏		央　恰
11	安徽	陈瑞虎	董成成	25	陕西	段丙文	杨文仪
12	福建	刘　娜	宋汶阳	26	甘肃	路　磊	张彦博
13	江西	董　鋆	靖思瑶	27	新疆		热合木图拉·买买提明
14	山东	李和刚	周美丽				

商品展示技术

项目介绍

商品展示技术项目主要是以企业对商品橱窗设计岗位的能力要求为依据，在提供的客户需求与现场耗材工具的基础上完成调研和表达、创造设计和实施、产品和道具展示等系列工作。

比赛模块

模块 1：调研和灵感图片

模块 2：讲故事，草图流程和设计图稿

模块 3：故事板（观和感）和设计原理

模块 4：健康和安全，工作和工位组织

模块 5：道具设计和实施

模块 6：油漆上色，包裹面板和使用背胶

模块 7：产品展示和造型

模块 8：安装，展示和完成橱窗

模块 9：吸引度和顾客互动

人员名单

裁判长：雷　鸣　　裁判长助理：孙楚杰

序号	参赛代表团	裁判员	选手	序号	参赛代表团	裁判员	选手
1	北京	王焕波	任　彤	8	黑龙江	董灵伦	赵子琦
2	天津	傅　兴	李瑞雪	9	上海	阮　涛	仝　谣
3	河北	孙　波	孙学文	10	江苏	李亚男	王宇蒙
4	山西	刘　夏	张家荣	11	浙江	胡蓝予	徐欣怡
5	内蒙古	李　菲	丁宇航	12	安徽	鲍　芳	黎志昊
6	辽宁	曲琳琳	胡振洋	13	福建	林娟娟	庄雅如
7	吉林	胡议丹	谭鑫宇	14	江西	王　鹰	黄宇婷

续表

序号	参赛代表团	裁判员	选手	序号	参赛代表团	裁判员	选手
15	山东	温 馨	郭格格	22	重庆	杨恩德	葛子明
16	河南	张 冰	李结结	23	四川	武新宇	曾玉兰
17	湖北	刘俊伟	杨佳丽	24	贵州	任萍萍	赵 旺
18	湖南	胡毓轩	陈钰芸	25	云南	王怡丁	王麒霖
19	广东	林 荫	姚妮君	26	陕西	王子木	张 杰
20	广西	邓 晖	梁 芸	27	甘肃	穆绮聪	薄嘉乐
21	海南	胡 晓	汤文欣	28	宁夏	冯雪驱	邱子琼

3D 数字游戏艺术

项目介绍

3D 数字游戏艺术项目要求选手具有高超的创意和计算机图形技术技能，熟悉游戏设计生产流程，在规定的时间和压力下完成包括概念设计、3D 雕刻与建模拓扑、UV 拆分与贴图绘制、绑定动画与引擎技术等多个技术模块以及多项细分工作任务。

比赛模块

模块 1：概念设计文档描述

模块 2：3D 建模与雕刻

模块 3：UV 拆分贴图绘制

模块 4：动画与引擎展示

人员名单

裁判长：叶维中　　裁判长助理：葛芳芳

序号	参赛代表团	裁判员	选手	序号	参赛代表团	裁判员	选手
1	北京	张晓明	杨保云	5	内蒙古	刘国伟	张仕豪
2	天津	邢 悦	王星旺	6	辽宁	付力娅	张禹聪
3	河北	雷 晨	刘伏栓	7	吉林	樊星辰	赵思淇
4	山西	李 鹏	张国栋	8	黑龙江	郭 帅	沈慧鑫

续表

序号	参赛代表团	裁判员	选手	序号	参赛代表团	裁判员	选手
9	上海	吴 伟	胡沛然	19	广东	温 昊	刘 静
10	江苏	张 恒	卞泽文	20	广西	刘学谦	黄 文
11	浙江	刘诗雨	陆依能	21	海南	戴敏宏	陈 月
12	安徽	汪 舰	谢良昊	22	重庆	冯启晏	巫妍婷
13	福建	高 彬	黄子行	23	四川	陈思宏	谢雨婷
14	江西	赵华文	毛佳丽	24	贵州	龚 波	胡 娟
15	山东	郭 鑫	张浩颜	25	云南	谢毅飞	刘浩翔
16	河南	王 玮	柴欣童	26	陕西	赵革委	王一诺
17	湖北	王振刚	邓永健	27	甘肃	刘 琦	李文涛
18	湖南	唐瑜珈	谭 容				

6. 社会及个人服务（8 项）

烘焙

项目介绍

烘焙项目是指制作各种烘焙产品并将其投入市场以备商用，制作精致的装饰面包以供展示的竞赛项目。比赛中对选手的技能要求主要包括：制作各种各样的烘焙产品；利用自身技能制作精致的装饰面包；根据原料质量，食品卫生及安全等因素制作产品；调整配方并适应环境变化；工作效率高，用料节俭；有艺术天赋。

比赛模块

模块 1：作业书

模块 2：竞赛过程

模块 3：黑麦圆面包

模块 4：甜面团

模块 5：传统夏巴塔

模块 6：德国碱水面包

模块 7：无糖无油面团

模块 8：客户指令面包

模块 9：全麦芝麻面包

模块 10：起酥发酵面团

模块 11：艺术面包

模块 12：产品摆台

人员名单

裁判长：王　森　　裁判长助理：徐海姝

序号	参赛代表团	裁判员	选手
1	北京	王雪丽	叶　琳
2	天津	穆　丹	王少轩
3	河北	孙振军	刘紫帆
4	山西	郭晓彬	张天欣
5	内蒙古	吕　晶	吴宇森
6	辽宁	于　洁	姜宗辰
7	吉林	田伟强	何佳鑫
8	黑龙江	侯金宇	耿子童
9	上海	仇志俊	朱玉洁
10	江苏	王子太郎	李骏飞
11	浙江	朱宇飞	金思含
12	安徽	李永翠	马宇杰
13	福建	黄明珠	魏宇轩
14	江西	金剑陵	黄佳宇
15	山东	朱春晓	陶佳辉
16	河南	叶　卫	张四坤
17	湖北	廖进忠	沈丹妮
18	湖南	蒋陈敏思	郭万强
19	广东	庄琼芳	黄荣浪
20	广西	杨雄森	骆良辉
21	海南	蒙上文	符　莹
22	重庆	黎　坤	任娜娜
23	四川	冷　帅	李姣姣
24	贵州	吕圆圆	李浩东
25	云南	屈　曲	郑钦元
26	西藏	徐永星	郎加多吉
27	陕西	李　辉	张思涵
28	甘肃	刘永成	贺思雨
29	青海	田发霞	孙发青
30	宁夏	赵莹莹	杨　柳
31	新疆	李　机	阿卜杜喀哈尔·买买提依力
32	新疆兵团	王晓方	韩梦鸽
33	轻工行业	蔡叶昭	侯金辰

美容

项目介绍

美容项目是指综合运用美容、美体、化妆、美甲等方面的专业知识和技能，根据比赛要求并结合顾客实际情况，完成顾客面部和身体护理以及外在形象修饰的竞赛项目。比赛中对选手的技能要求主要包括：皮肤分析及制定护理计划、卸妆清洁、仪器护理、面部按摩、去黑头、涂抹面膜等面部护理，身体皮肤清洁去角质、涂体膜及包裹、身体按摩、手足护理、脱毛等身体护理，化妆、嫁接睫毛、彩绘美甲等修饰美容。

比赛模块

模块 1：高级面部护理、身体瑞典式按摩

模块 2：足部护理、脱毛、眼部护理

模块 3：简单面部护理、身体护理

模块 4：法式甲油胶、种植睫毛

模块 5：美甲、化妆

人员名单

裁判长：王　芃　　裁判长助理：刘嘉嘉

序号	参赛代表团	裁判员	选手	序号	参赛代表团	裁判员	选手
1	北京	白　洁	姚宇航	16	河南	李瑞瑞	张冰燕
2	天津	张秀丽	刘新雨	17	湖北	宋钰琼	杨梓旋
3	河北	刘才丽	只煦琳	18	湖南	梁　燕	黄含芝
4	山西	王李萍	徐亚鑫	19	广东	文小洁	吴欣颖
5	内蒙古	胡晓燕	马　蕊	20	广西	卢　芳	朱贞贞
6	辽宁	王　晶	于雪婷	21	海南	程　雪	林冬玉
7	吉林	刘　菲	隋子涵	22	重庆	李真芹	覃　慧
8	黑龙江	岳洪竹	李浩然	23	四川	徐黎黎	杨思雨
9	上海	杨　韵	冷秋雅	24	贵州	潘群英	张彤彤
10	江苏	姚　姝	王若情	25	云南	杨　芸	李瑞清
11	浙江	孔晶晶	范应欣	26	陕西	陈　蕾	吕　靖
12	安徽	马朝金	沈紫倩	27	甘肃	马晨彬	何文瑾
13	福建	王　微	陈晓燕	28	青海	马艳玲	安　彤
14	江西	张灵莉	邓雨乐	29	新疆	相　利	努尔加玛丽·艾则孜
15	山东	殷惠莉	王馨婕				

糖艺 / 西点制作

项目介绍

糖艺 / 西点制作项目是指通过自身的艺术才能和美食天赋，为各种不同场合制作花样多变的美味糕点的竞赛项目。比赛中对选手的技能要求主要包括：节俭、创新，苛求质量和工效，遵守卫生和安全规范；理解如何通过生产技能加工原材料，理解食材的色彩搭配、口味组合和质地协调；用不同材料制作糖果 / 糕点，并装裱甜点及主糕点。

比赛模块

模块 1：作业书

模块 2：竞赛过程

模块 3：模具巧克力糖果

模块 4：手工巧克力糖果

模块 5：杏仁膏捏塑

模块 6：裱花蛋糕

模块 7：巧克力造型

模块 8：微型甜品

模块 9：整形蛋糕

模块 10：糖艺支架

人员名单

裁判长：黎国雄　　裁判长助理：钟玲轶

序号	参赛代表团	裁判员	选手	序号	参赛代表团	裁判员	选手
1	北京	毛　懋	刘昀琦	5	内蒙古	程海鹰	任怡帆
2	天津	赵　莹	金士欣	6	辽宁	张玉芹	王雨竹
3	河北	张东芸	许君清	7	吉林	冯　南	奚鑫鑫
4	山西	王　尧	杨　烨	8	黑龙江	王　雷	刘嘉鑫

续表

序号	参赛代表团	裁判员	选手	序号	参赛代表团	裁判员	选手
9	上海	张永亮	徐鸶羽	20	广西	彭　程	农赦煜
10	江苏	王　胜	刘欣茹	21	海南	赵福振	李海兴
11	浙江	俞淑芳	周　彬	22	重庆	杨远骏	刘迪木
12	安徽	韦　玲	王天祥	23	四川	朱镇华	杨发群
13	福建	贾　娟	何叶子	24	贵州	李坤洋	康　迎
14	江西	刘兆凯	左美婷	25	云南	李　红	张云勇
15	山东	潘光亭	柳程晖	26	陕西	张艺煌	李文豪
16	河南	李昊佳	卢云龙	27	青海	赵海萍	舒怡凡
17	湖北	常福曾	艾思博	28	宁夏	王婉君	丁佳雪
18	湖南	邓　颖	韦家豪	29	新疆兵团		张铭倩
19	广东	黎彩平	陈婉霖	30	轻工行业	韩　磊	徐钰淇

烹饪（西餐）

项目介绍

烹饪（西餐）是指根据健康和安全法规制作菜单，按照本项目试题文件要求，根据不同类别的食材制作菜肴的竞赛项目。比赛中对选手的技能要求主要包括：根据食谱和标准，准备、加工、烹饪、呈现菜肴。

比赛模块

M1 模块：神秘任务 1

A 模块：备料和神秘香料类手指餐

M2 模块：神秘任务 2

B 模块：神秘禽类主菜

M3 模块：神秘任务 3

C 模块：神秘水果类甜品

人员名单

裁判长：陈 刚　　裁判长助理：居颖辉

序号	参赛代表团	裁判员	选手	序号	参赛代表团	裁判员	选手
1	北京	苗 林	梁思远	16	河南	刘树军	沈彦辰
2	天津	陈世龙	王 磊	17	湖北	王 波	李 天
3	河北	于 冬	陶少杰	18	湖南	王 飞	陈自洋
4	山西	杨 勇	乔彦东	19	广东	邹宇航	刁顾云
5	内蒙古	刘 斌	张金龙	20	广西	尚远新	梁胜利
6	辽宁	李翔鹏	王中豪	21	海南	郃怡菘	云静怡
7	吉林	刘 利	贺东来	22	重庆	刘 雄	孙建川
8	黑龙江	尹贻忠	王 然	23	四川	李 晓	吴伦友
9	上海	张振祝	陆 羽	24	贵州	钱 鹰	喻恒先
10	江苏	郭小粉	张家源	25	云南	李本成	张记军
11	浙江	邵泽东	宋浩男	26	西藏	李天文	妹 妹
12	安徽	费勤民	杨萧剑	27	陕西	韩 超	曹宇航
13	福建	简冰倩	刘 洋	28	甘肃		李 翔
14	江西	涂宇胜	赖明欢	29	新疆	余 兵	唐双双
15	山东	杨永臻	林 坤	30	新疆兵团		祖拜叶尔·阿不都热苏里

美发

项目介绍

美发项目是指参赛人员在日常或商业活动中对客户进行包括洗发、剪发、染发、造型、化学定型、化学改善和特殊头发处理的竞赛项目。本项比赛考查参赛人员对工作的组织与管理的能力、对客户的沟通和关怀的能力、对头发的类型和条件分析的能力、根据产品制造商提供的说明书进行安全操作的能力。

比赛模块

模块 1：女士商业剪发 · 染色及造型 · 三个愿望

模块 2：女士商业接发 · 染色及修剪造型 · 三个愿望

模块 3：男士化学烫发及修剪造型 · 三个愿望

模块 4：女士商业长发向下造型及染色 · 三个愿望

模块 5：女士商业长发向上造型 · 三个愿望

模块 6：男士现代经典修剪造型 · 胡须设计 · 三个愿望

模块 7：男士商业修剪 · 染色及造型 · 三个愿望

人员名单

裁判长：吉正龙　　裁判长助理：聂　凤

序号	参赛代表团	裁判员	选手	序号	参赛代表团	裁判员	选手
1	北京	李文猛	何锦云	15	山东	李　光	刘　倩
2	天津	耿　楠	王　琪	16	河南	张国强	顾红标
3	河北	常拥军	庞泽莹	17	湖北	岳汉桥	程亚林
4	山西	张　凡	尹寒楠	18	湖南	莫　愁	孔景怡
5	内蒙古	王柏松	董家浩	19	广东	李虎翼	李明慧
6	辽宁	杨晓东	王绍满	20	广西	孙文波	曾令军
7	吉林	郇凤龙	吴　茜	21	海南	潘泽林	熊子豪
8	黑龙江	彭建华	周　敏	22	重庆	徐　勇	田飞鸿
9	上海	陈　平	李晟楠	23	四川	曾　丽	邓　燚
10	江苏	胡已雪	何天文	24	贵州	叶　青	谢克月
11	浙江	石　丹	王铭娟	25	云南	韩宪丽	马世运
12	安徽	张开峰	位曼曼	26	陕西	栗红强	张成成
13	福建	贺飞龙	刘耀文	27	青海	刘　华	贺芙蓉
14	江西	罗平文	朱　清	28	新疆	佐日古丽 · 库尔班	阿布都萨拉木 · 吾斯曼

健康和社会照护

项目介绍

健康和社会照护项目是指为不同场合、不同年龄、具有不同健康需求的顾客提供专业照护，促进身心健康，帮助人们预防疾病、舒缓病痛和促进康复，从而提升生活质量的竞赛项目。比赛中对选手的技能要求主要包括：具备促进健康工作的组织和管理能力，评估和计划如何传递关爱、合理利用资源的能力，运用疾病相关知识和干预技术实施治疗、教育、康复、心理慰藉以及营养支持等的能力，创新性、个性化解决健康问题的能力，以及评价照护效果的能力。

比赛模块

模块 1：医院模块

模块 2：长照模块

模块 3：家庭模块

模块 4：日间模块

人员名单

裁判长：周 嫣　　裁判长助理：刘思源

序号	参赛代表团	裁判员	选手	序号	参赛代表团	裁判员	选手
1	北京	刘则杨	兰 玥	17	湖北	李秀芳	李信毅
2	天津	卢 迪	郭 庆	18	湖南	李 敏	凌逸晨
3	河北	李 娜	胡亚婧	19	广东	牛 耿	何鑫楠
4	山西	康红丽	范文睿	20	广西	黄俏丽	黄莉婷
5	内蒙古	徐培青	吴 楠	21	海南	杜素芝	周 佳
6	辽宁	许广军	李艾佳	22	重庆	游建平	韩瑞琦
7	吉林	刘玉和	周思思	23	四川	罗 慧	龚婷婷
8	黑龙江	安雪梅	卢思琪	24	贵州	钟卫兰	任 雨
9	上海	徐淑芹	曾小桉	25	云南	黄晓燕	马 硕
10	江苏	杨 荣	周俊林	26	西藏		普布仓决
11	浙江	潘惠英	蔡奕冉	27	陕西	邵惠英	邓莎莎
12	安徽	张丽莉	王又又	28	甘肃		张亚英
13	福建	罗格莲	吴馨月	29	青海	马一倩	星 玥
14	江西	易智华	刘耀婷	30	宁夏	张娜娜	程 萌
15	山东	来庆专	姚 梦	31	新疆	刘 萍	朱宇鑫
16	河南	张亚丽	马诗薇	32	新疆兵团		王斯颖

餐厅服务

项目介绍

餐厅服务项目是指在不同餐饮场合提供个性化菜肴和酒水服务的竞赛项目。比赛中对选手的技能要求主要包括：具备广泛的国际餐饮知识；掌握不同餐饮场景下的服务规则；沉着、机智、良好的行为举止，能与客人进行良好互动；灵活服务，提供令客人满意的服务；遵循职业健康与安全规范，最低浪费及环保操作的有关规范。

比赛模块

模块 1：酒吧服务

模块 2：咖啡服务

模块 3：零点服务

模块 4：宴会服务

人员名单

裁判长：王　欢　　裁判长助理：陈　蕴

序号	参赛代表团	裁判员	选手	序号	参赛代表团	裁判员	选手
1	北京	杨　静	刘鼎盛	16	河南	陈　初	李天鹤
2	天津	王　楠	王宇瑶	17	湖北	刘　铮	罗　敏
3	河北	盖陆祎	杨美娇	18	湖南	王雨佳	罗杰勋
4	山西	张　翼	庞培利	19	广东	房　厦	李文涛
5	内蒙古	于凯琳	邓宇桐	20	广西	刘　治	吴思阳
6	辽宁	刘　丹	闫　帅	21	海南	杨凤凤	陈嘉康
7	吉林	冯杰华	候潇涵	22	重庆	秦彩凤	曾慧琳
8	黑龙江	邓　英	张　泷	23	四川	鄢　赫	潘谨豪
9	上海	李　鑫	沈圆佳	24	贵州	栾鹤龙	苗啟玥
10	江苏	李　唐	王子桐	25	云南	王丽娟	王仁钰
11	浙江	李　历	申楠楠	26	陕西	龚　磊	王东雪
12	安徽	谌莲莲	袁　韵	27	甘肃	张　超	康江雪
13	福建	邢宁宁	沈佳琦	28	青海	唐海英	何健睿
14	江西	徐孙君	陈延民	29	宁夏	赵爱龙	王妮娜
15	山东	张立俭	许丽莎	30	新疆兵团		阿卜杜扎依尔·阿卜杜热西提

酒店接待

项目介绍

酒店接待项目要求从业人员具备很强的综合职业素养。比赛中对选手的能力要求主要包括：沟通表达艺术及社交技巧，旅游文化信息及当地情况知识，职业形象及礼仪修养，宾客公关关系及销售技巧，良好的口头和书面英语沟通能力，解决问题的能力。同时还要求选手具备良好的酒店专业技能，如计算机应用技能、预定程序、收银知识、接待问询、入住退房等，以便选手能熟练、专业、高效完成酒店客人的接待服务。

比赛模块

模块 1：前台接待

模块 2：后台回复写作

模块 3：竞速模块

模块 4：前后台混合模块

模块 5：综合测评

人员名单

裁判长：胡　晓　　　裁判长助理：李　舟

序号	参赛代表团	裁判员	选手	序号	参赛代表团	裁判员	选手
1	北京	孙　莉	刘　叶	12	安徽	纵兆荣	闻嘉慧
2	天津	徐　萌	宋凯瑞	13	福建	曾　咪	何睿仪
3	河北	王　颖	尹美佳	14	江西	熊铭贵	李悦思
4	山西	王　焱	马慧芳	15	山东	王政军	张宇琛
5	内蒙古	王　淼	张卫娟	16	河南	张金柯	闫文慧
6	辽宁	孟　蕾	周禹谏	17	湖北	王志毅	胡欣怡
7	吉林	张明明	王洪岩	18	湖南	谢宜敏	何思思
8	黑龙江	刘翠萍	卢金爽	19	广东	吕　静	何佩栩
9	上海	宋志培	朱立萱	20	广西	隆晓文	霍梓豪
10	江苏	邹　悦	李逸心	21	海南	万义娟	李志航
11	浙江	向海林	张奕欣	22	重庆	张秀兰	黎晓晓

续表

序号	参赛代表团	裁判员	选手	序号	参赛代表团	裁判员	选手
23	四川	赵静希	赖宇萱	26	陕西	苏金玲	何雅菁
24	贵州	张雪英	徐莺梦	27	青海	袁金虎	宋佩珠
25	云南	张　静	陆　缘	28	新疆	方　方	齐　雪

二、国赛精选项目（47 项）

1. 传统赛项（27 项）

数控车

项目介绍

数控车项目是指依据技术图纸编制加工程序，使用车削加工中心生产带有铣削特征的回转体零件的机械加工竞赛项目。比赛中要求选手在规定时间内根据现场生产条件，选择和使用刀具、工具及机床附件，采用合适的切削参数，生产出合格的零件。对选手的技能要求主要包括：了解机械加工质量标准、安全规定、生产工艺，能利用 CAM 软件进行程序编写，能熟练操作数控机床加工零件，能选择适当的量具对产品进行测量。

比赛模块

模块 1：铝件加工

模块 2：45 号钢件加工

模块 3：45 号不锈钢件加工

人员名单

裁判长：甄雪松　　裁判长助理：刘　洋

序号	参赛代表团	裁判员	选手	序号	参赛代表团	裁判员	选手
1	北京	王展超	徐昊杰	4	山西	申　浩	徐庆红
2	天津	赵海龙	张　旭	5	内蒙古	梁振威	刘　超
3	河北	韩志庆	龚召峰	6	辽宁	姜志胜	张天宇

续表

序号	参赛代表团	裁判员	选手
7	吉林	刘井泽	刘东林
8	黑龙江	郑 宝	任占华
9	上海	常玉成	董 望
10	江苏	孟 维	吴 越
11	浙江	蒋亦楠	高 波
12	安徽	许呈铭	冯梓豪
13	福建	黄少东	陈 顺
14	江西	柳荣华	张洋洋
15	山东	盖 兵	王国兵
16	河南	赵雅启	王子壮
17	湖北	李 钊	王羽翔
18	湖南	周全华	罗淑芬
19	广东	余远杰	李 任
20	广西	张 民	练 庆
21	重庆	熊维陵	张 博
22	四川	王 伟	魏 林
23	贵州	陈寿霞	何朝刚
24	云南	杨成志	宋远生
25	西藏		代寒斌
26	陕西	王彦宏	仝宝强
27	甘肃	张鸿翔	刘永锋
28	青海	公佩波	郑志良
29	宁夏	何春保	赵永彪
30	新疆	沈旭升	曲文宾
31	新疆兵团	崔铁成	郭文龙

数控铣

项目介绍

数控铣项目是根据产业行业发展需求，以实际生产要素进行特征演变，利用三轴数控铣床（加工中心）同时融入多轴加工理念，以切削刀具对金属工件进行材料去除加工的项目。即参赛选手以给定的试题模块图纸及相关技术要求为标准，利用赛场提供的数控机床和自带的刀具、量具，自行设计加工工艺和测量方案，使用计算机及 CAM 软件编程（包括手工编程），在规定的时间内以极高的职业素养和安全文明生产意识完成符合图纸要求的工件。

比赛模块

模块 1：支撑架的制作，赛件材料为 45 号钢

模块 2：升降轮的制作，赛件材料为 2A12

模块 3：防扭臂的制作，赛件材料为 45 号钢和 2A12

模块 4：装配

人员名单

裁判长：江　伟　　　裁判长助理：谭积明

序号	参赛代表团	裁判员	选手	序号	参赛代表团	裁判员	选手
1	北京	郭卫国	王春生	16	河南	刘先生	刘　鹏
2	天津	许　超	王文陶	17	湖北	王东华	刘玉青
3	河北	张凤国	刘校净	18	湖南	曹炎文	万建明
4	山西	张志奇	司彦文	19	广东	林金盛	叶骏祥
5	内蒙古	雷　彪	逯佳磊	20	广西	李昌宝	杨志文
6	辽宁	官旭龙	卢太阳	21	重庆	张　红	王先顺
7	吉林	谷占斌	何光鑫	22	四川	刘东北	苟仕龙
8	黑龙江	王占平	李岳锋	23	贵州	韩德虎	李明扬
9	上海	秦文津	王　龙	24	云南	陈　波	张　鑫
10	江苏	沈建峰	叶伟豪	25	陕西	宋学博	李瑞刚
11	浙江	王海青	胡马涛	26	甘肃	朱建忠	蹇昊江
12	安徽	朱卫胜	高　凯	27	青海	孙　军	晁　良
13	福建	林锦辉	江浩森	28	宁夏	谢婉龙	井　源
14	江西	周安元	郑志伟	29	新疆	余松林	李　强
15	山东	徐金友	管长征	30	新疆兵团		刘志旭

塑料模具工程

项目介绍

塑料模具工程项目是指选手独立运用产品设计、数控编程、数控加工、模具装配以及产品注塑等专业知识和技能，依据比赛图纸和要求，运用 CAD/CAM 软件和操作加工中心等设备，完成产品建模、模具设计、数控加工、模具装调、注塑试模等模具专业全工作过程的竞赛项目。

比赛模块

模块 1：模具设计

模块 2：模具制造

人员名单

裁判长：李克天　　裁判长助理：卢森锐

序号	参赛代表团	裁判员	选手	序号	参赛代表团	裁判员	选手
1	天津	赵　慧	刘　慧	14	湖北	谢桂平	潘　有
2	河北	张立城	王泽阳	15	湖南	陈　涛	刘　军
3	山西	刘东东	李诚君	16	广东	李伟国	邹润东
4	辽宁	杨　涛	王景鑫	17	广西	邓喜飞	吴秉炎
5	黑龙江	潘楚滨	王　旭	18	海南	余水晶	林赞步
6	上海	汪　顺	曹瑞杰	19	重庆	韦光珍	唐小墙
7	江苏	胥祥亮	葛梁宇	20	四川	冷真龙	蔡沁宏
8	浙江	许明明	贺逸航	21	贵州	孙建财	陈　吕
9	安徽	张平栋	何家俊	22	云南	姜　林	曾志瑞
10	福建	林晨晓	孙瑞福	23	陕西	刘彦波	许　鑫
11	江西	吴俊超	李　彬	24	青海	李永斌	王永超
12	山东	李春芳	于骐铭	25	新疆兵团		李纪超
13	河南	尚根宣	陈博文				

电工

项目介绍

电工项目要求选手能够掌握电力拖动、工业变频器技术、电气控制与 PLC（可编程逻辑控制器）技术，具备机械设备电气系统的安装、调试、编程及维护维修等能力。

比赛模块

模块 1：工业电气设备设计与安装调试

模块 2：工业控制系统编程与调试

模块 3：电气设备故障诊断

模块 4：典型模块电子焊接与调试

人员名单

裁判长：张玥红　　裁判长助理：马冬宝

序号	参赛代表团	裁判员	选手	序号	参赛代表团	裁判员	选手
1	北京	王学民	张名海	17	湖北	刘　芳	程志刚
2	天津	贾亦真	孙志远	18	湖南	周明刚	宋唯望
3	河北	王震生	常燕臣	19	广东	邓燚祯	黄宝顺
4	山西	李　红	李世杰	20	广西	吴云艳	李星宏
5	内蒙古	刘　志	刘佳康	21	海南	佟　星	张　珩
6	辽宁	栾成宝	孙恩财	22	重庆	余德均	王　骁
7	吉林	刘　超	王法政	23	四川	郭子平	杨尽义
8	黑龙江	周世强	武　闯	24	贵州	刘建奇	程　超
9	上海	马　丹	曹壮壮	25	云南	史　艳	李雄锋
10	江苏	刘进峰	邵　伟	26	西藏	苏　珩	杨建军
11	浙江	张天林	原瑞彬	27	陕西	辛居敏	柳立宏
12	安徽	杜明慧	徐祥红	28	甘肃	伏根来	贾文鹏
13	福建	蒋景强	林国彬	29	青海	李雪锋	祁占梅
14	江西	肖星星	曾友朋	30	宁夏	马国琛	郭德生
15	山东	王现富	江吉祥	31	新疆	金　璐	买买提艾力·吐尔洪
16	河南	宋永昌	李文航	32	新疆兵团	陈　赞	万晓飞

装配钳工

项目介绍

装配钳工项目要求选手在规定时间内完成零件的手工加工、组装，机械结构装调的数字检测以及机械传动系统的安装、调试、维护、运行、加载试验、机械加工，轴系对中等工作任务。

比赛模块

模块 1：导轨机构制作

模块 2：机械传动系统数字检测与装配调试

模块 3：功能装置装配与加工

模块 4：轴系对中

人员名单

裁判长：杨全利　　　裁判长助理：储燕青

序号	参赛代表团	裁判员	选手	序号	参赛代表团	裁判员	选手
1	北京	赵永刚	赵　亨	17	湖北	赵德勇	王中华
2	天津	丁　洋	徐英斌	18	湖南	谢学民	袁　波
3	河北	彭旭朝	孟　磊	19	广东	孙伟城	张水连
4	山西	霍建军	石岩松	20	广西	梁伟光	陈小刚
5	内蒙古	张学海	孙新宇	21	重庆	汪新军	江治毫
6	辽宁	方文墨	马凤喜	22	四川	罗　武	康　兵
7	吉林	侯春盛	涂　磊	23	贵州	曹　胜	骆礼亮
8	黑龙江	马玉涛	王彦羽	24	云南	李万发	阳俊财
9	上海	徐　剑	顾培杰	25	西藏	刘海升	付　航
10	江苏	邓　敏	马林春	26	陕西	张永乐	马　聪
11	浙江	俞升强	王　杰	27	甘肃	顾宗林	曹海瑞
12	安徽	陈冠男	孙飞翔	28	青海	苟学敏	严万里
13	福建	叶文涛	李德贵	29	宁夏	陶　毅	白虎虎
14	江西	朱朝光	聂文轩	30	新疆	陈祥洪	张　涛
15	山东	张朝辉	于瑞健	31	新疆兵团	李天方	姜　涛
16	河南	郭国伟	赵子健				

焊接

项目介绍

焊接项目是指按照图纸要求进行组装，并按照规定的方法和标准进行焊接操作的竞赛项目。比赛中对选手的技能要求主要包括：能够正确穿戴个人安全防护用品，理解并掌握各类母材的机械性能、物理性能和焊接特点，理解并掌握焊接材料的分类、特点及应用，能够使用焊条电弧焊（111/SMAW）、实心焊丝混合气体（80%Ar+ 20%CO_2）保护焊（135/GMAW）、药芯焊丝混合气体（80%Ar+20% CO_2）保护焊（136/FCAW）、钨极氩弧焊（141/GTAW）等焊接方法进行低碳钢、不锈钢和铝合金的焊接。

比赛模块

模块 1：低碳钢组合件

模块 2：不锈钢管板结构

模块 3：铝合金结构件

人员名单

裁判长：陈振明　　裁判长助理：周云芳

序号	参赛代表团	裁判员	选手	序号	参赛代表团	裁判员	选手
1	北京	韩积冬	张　钊	17	湖北	吴勇刚	朱　桐
2	天津	张振连	尹　森	18	湖南	李　良	刘　过
3	河北	董俊军	徐　磊	19	广东	刘春平	欧双朋
4	山西	郑旭东	田　强	20	广西	易泽武	徐家宝
5	内蒙古	刘文东	高　磊	21	海南	李方全	梁凯鹏
6	辽宁	谷洪新	刘明浩	22	重庆	李成贵	陈国华
7	吉林	李万君	王善更	23	四川	宁显海	王　浩
8	黑龙江	贾　东	张　迪	24	贵州	赵　雷	汪　威
9	上海	毛琪钦	高雨轩	25	云南	孙东平	钱永光
10	江苏	陈　震	李　阳	26	西藏	常青原	黄志龙
11	浙江	陈立虎	丁澄洋	27	陕西	刘　伟	范　磊
12	安徽	章　军	崔银川	28	甘肃		陶　刚
13	福建	邵合川	杨茂松	29	青海	杜锦军	李超业
14	江西	尧海祥	刘宇鹏	30	新疆	张军林	李建峰
15	山东	杨　涛	高君飞	31	新疆兵团	谢亮亮	张俊祖
16	河南	魏龙杰	刘旭灿				

电子技术

项目介绍

电子技术项目是指运用传统技术和新兴技术，按照国家技能标准、电子行业标准以及国际规范，进行电子电路原理及 PCB 设计、原型板安装与调试、原型板故障查找与检修以及单片机系统程序设计的综合比赛项目。选手不仅要掌握电子电路的设计和分析方法，还要具备电子仪器仪表的选用与维护、电子产品的组装调试、设备故障的排查与修复及电子技术程序设计等综合实践能力。

比赛模块

模块 1：电子电路设计与装调

模块 2：故障查找与检修

模块 3：电子技术程序设计

人员名单

裁判长：王为民　　裁判长助理：刘　松

序号	参赛代表团	裁判员	选手
1	北京	梁自旺	杨鹏伟
2	天津	张富华	胡建明
3	河北	刘　博	赵　辉
4	山西	牛河山	李朋浩
5	内蒙古	刘　智	左　浩
6	辽宁	胡庆龙	王家俊
7	吉林	刘玉娥	都育明
8	黑龙江	朱　卓	张　旭
9	上海	李军锋	孙　伟
10	江苏	于韶山	张进成
11	浙江	王晓君	陶　伟
12	安徽	宋　义	贺建军
13	福建	郑晓亮	叶荣华
14	江西	付　晖	刘显玮
15	山东	郑军娜	刘金锏
16	河南	闫泽愿	黄军令
17	湖北	饶　静	周仕林
18	湖南	邓知辉	邹红卫
19	广东	邱吉锋	江　南
20	广西	刘志钢	吴思远
21	重庆	胡继龙	王　松
22	四川	马全福	赵　柯
23	贵州	严峥晖	罗　娟
24	云南	朱　梅	朱绪东
25	陕西	蔡淑姣	冯　伟
26	甘肃	李许军	安国昊
27	青海	张　磊	刘元春
28	新疆	高海涛	郜景帅
29	新疆兵团	刘疆安	杨国璧

CAD 机械设计

项目介绍

CAD 机械设计项目要求运用机械制图、机械设计、机构学相关知识在规定时间内完成机械创新设计、结构设计、装配设计及工程图、逆向工程等工作任务。比赛需要选手进行正逆向建模，结合机械产品的工作原理与功能需求对产品零部件进行开发和设计，制作工程图纸，结合实际工作原理进行机构仿真，按照仿真优化后的结构完成快速原型验证，并根据指定的工况进行产品性能验证，锻炼选手研究应用机械产品设计的能力。

比赛模块

模块 1：逆向工程

模块 2：产品结构设计

模块 3：装配设计仿真分析

模块 4：工程设计与验证

人员名单

裁判长：曹彦生　　裁判长助理：林泽生

序号	参赛代表团	裁判员	选手	序号	参赛代表团	裁判员	选手
1	北京	韩富平	俞清辉	16	湖北	杨　宋	车福星
2	天津	姚继蔚	李松岳	17	湖南	黄　琪	谢景文
3	河北	白利平	耿诗垚	18	广东	刘　剑	王浩培
4	山西	张　森	郭瑜涛	19	广西	谢旺盛	赵树晨
5	内蒙古	包斯琦	王　杰	20	重庆	杨　阳	江若鑫
6	辽宁	孙翀翔	刘钰杰	21	四川	任红兵	宋乾坤
7	吉林	王　壮	孙　豪	22	贵州	林武全	杨义慧
8	黑龙江	闫金龙	张化雨	23	云南	杨双吉	邹　驺
9	上海	张青雷	高亚波	24	西藏		巴　果
10	江苏	王　棚	张艳伟	25	陕西	张亚福	乔　旭
11	安徽	戴晓东	林静辉	26	甘肃		唐小强
12	福建	周明香	张春明	27	青海	马海芳	王传义
13	江西	温金龙	温　晴	28	新疆	林志强	党国栋
14	山东	栾虔勇	韩成国	29	新疆兵团		肖宇星
15	河南	于　淼	吕浩浩				

汽车维修

项目介绍

汽车维修项目要求在规定时间内借助合适的检测和诊断设备，完成汽车发动机管理系统、发动机机械系统、车身电气系统与底盘系统的故障诊断与维修工作任务。

比赛模块

模块 1：发动机管理系统故障诊断与维修

模块 2：发动机机械系统故障诊断与维修

模块 3：车身电气系统故障诊断与维修

模块 4：底盘系统故障诊断与维修

人员名单

裁判长：李　雷　　裁判长助理：郭宗泽

序号	参赛代表团	裁判员	选手
1	北京	李　兵	陈　猛
2	天津	陈　越	李春鹏
3	河北	侯淑梅	董顺志
4	山西	尉庆国	文森淼
5	内蒙古	高志强	王　祥
6	辽宁	石未华	毛金贵
7	吉林	刘德旭	乔　伟
8	黑龙江	王忆文	吴华鹏
9	上海	王利国	林创创
10	江苏	黄　何	陈志强
11	浙江	金俊凯	曾志鹏
12	安徽	王俊杰	林　涛
13	福建	余先文	黄浩秋
14	江西	毛建峰	朱华生
15	山东	胡　博	曹志伟
16	河南	何海龙	石玉华
17	湖北	贾建波	王旭东
18	湖南	卢鸿义	郑子文
19	广东	秦启武	刘元柱
20	广西	李爱萍	覃　强
21	海南	蔡　军	李明忠
22	重庆	郭景福	李盛源
23	四川	谢　振	任　东
24	贵州	谭泽伦	班显臣
25	云南	张小兴	张　宇
26	西藏		格桑扎西
27	陕西	孙文平	康高峰
28	甘肃	赵　磊	施吉琦
29	青海	刘立国	郭文彬
30	宁夏	秦怀成	李　瑞
31	新疆	田　荣	赵子云
32	新疆兵团		俞治水

新能源汽车智能化技术

项目介绍

新能源汽车智能化技术项目依托雷达探测、机器视觉、车辆姿态感知、协同感知、车载网络与通信和自主规划、决策、控制等技术，以新能源汽车为载体，选手在比赛中完成智能网联汽车智能化装备装调、智能网联汽车仿真验证和智能网联汽车综合道路测试三项任务，并演示比赛任务的完成度，重点考查参赛选手在新能源汽车智能化应用关键技术和实际操作技能方面的熟练程度。通过比赛展示对智能网联汽车智能装备的安装调试、功能测试与实现和故障确认与排除等实践应用能力。

比赛模块

模块 1：智能网联汽车智能化装备装调

模块 2：智能网联汽车仿真验证

模块 3：智联网联汽车综合道路测试

人员名单

裁判长：于效宇　　裁判长助理：陈纪钦

序号	参赛代表团	裁判员	选手
1	北京	赵　郁	刘　豪 马腾飞
2	天津	刘　军	李　昊 李　欢
3	河北	赵永磊	刘　旭 刘浩丰
4	山西	卫云贵	曹杨洋 范焱虎
5	内蒙古	陶春成	蒋雪斌 刘　璐
6	辽宁	王　蔚	宫岩峰 张初旭
7	吉林	高　飞	张芝川 王椿龙
8	黑龙江	开百军	张　帆 马　光
9	上海	周志巍	姚　钧 林金地
10	江苏	吴书龙	黄成磊 刘爱志
11	浙江	秦世环	杨　野 陈林宁
12	安徽	任城龙	王仕雄 许王勇
13	福建	朱建风	陈家城 邱晨曦
14	江西	宋志良	杨　阳 邱志卓
15	山东	欧迎春	刘建洲 张富坤
16	河南	张凯娟	崔　华 刘红亮
17	湖北	曹剑波	陈　帅 李　航
18	湖南	谢勇波	陈　标 舒　望
19	广东	陈丽华	陈健伟 陆海明
20	广西	黄楚峰	郑　坤 宛　东

续表

序号	参赛代表团	裁判员	选手	序号	参赛代表团	裁判员	选手
21	海南	张明华	唐晶晶 李国文	26	陕西	黄珊珊	任春晖 朱布博
22	重庆	陈果真	郭　强 郑　静	27	甘肃		康昌盛 许鹏善
23	四川	刘福华	郭文倩 黄　龙	28	青海	孙成宁	黄　伟 田介春
24	贵州	韦德峰	黄　杰 龙通宇	29	新疆	董　静	董乘志 寇星源
25	云南	刘祖柏	杨仕清 白鹏飞	30	新疆兵团	陈明杰	李国柱 杨新豪

木工

项目介绍

木工项目是指参赛人员根据图纸进行放样、木料加工、节点制作、杆件连接、组装、安装等，熟练使用手工工具和机械设备进行制作的竞赛项目。

比赛模块

模块 1：测量、放样、切割

模块 2：凿眼、制榫、部件制作

模块 3：表面处理、安装、精度控制

人员名单

裁判长：曹永宏　　裁判长助理：唐亮亮

序号	参赛代表团	裁判员	选手	序号	参赛代表团	裁判员	选手
1	北京	刘更生	张瑞强	6	辽宁	鲁恩侨	田校博
2	天津	牛江洋	史江涛	7	吉林	焉域金	胡　洋
3	河北	梁　壮	付宗烨	8	黑龙江	刘保滨	陶　然
4	山西	蔚建元	武志鹏	9	上海	曹育梅	蒋志发
5	内蒙古	薛振华	丛培源	10	江苏	袁建明	张国旗

续表

序号	参赛代表团	裁判员	选手	序号	参赛代表团	裁判员	选手
11	浙江	胡家轩	任齐明	19	广东	潘永坚	关高文
12	安徽	朱志国	浦强松	20	广西	王　璐	刘家铭
13	福建	张　实	朱晓瑶	21	重庆	何　明	钟礼祥
14	江西	陈　臻	刘　鑫	22	四川	耿　新	唐建英
15	山东	解鸿翔	吕　皓	23	贵州	穆子龙	常潇阳
16	河南	张绍杰	王　银	24	云南	段四兴	张　伟
17	湖北	周晋超	黄　飞	25	陕西	袁　林	张　波
18	湖南	胡　波	吴　伟	26	甘肃	边　颖	梁柏林

砌筑

项目介绍

砌筑项目是按照设计图纸，在规定时间内使用规定的材料通过测量放线、识图放样、切割精加工等，进行顺砖、丁砖、竖砌砖、侧砌砖的操作，完成墙体砌筑的项目，展现砌筑人员专业技术功底和手工技能，以及专注力、忍耐力等。

比赛模块

模块 1：天津之眼

模块 2：津津有味

人员名单

裁判长：周果林　　裁判长助理：毛晓兵

序号	参赛代表团	裁判员	选手	序号	参赛代表团	裁判员	选手
1	北京	田胜力	姜新竞	8	黑龙江	张　怡	穆国新
2	天津	刘　杰	盛新旭	9	上海	许　瑾	张　兵
3	河北	张树元	刘　宁	10	江苏	张喜平	杨新钰
4	山西	贾　赟	申红瑞	11	浙江	叶节霖	许　琰
5	内蒙古	尹　波	梁　斌	12	安徽	陆寿勇	杨世龙
6	辽宁	李盛楠	延　森	13	福建	卢振龙	卢周鑫
7	吉林	杨　光	李庆瑞	14	江西	罗振威	管智强

续表

序号	参赛代表团	裁判员	选手	序号	参赛代表团	裁判员	选手
15	山东	房俊静	宋锡健	23	贵州	汪　建	刘喜洋
16	河南	周琳霞	路世宽	24	云南	刘　滔	蒋　伟
17	湖北	王延该	王忠明	25	西藏		郭金星
18	湖南	李　皑	罗　杰	26	陕西	王　维	张伟凡
19	广东	林晓滨	覃谋富	27	甘肃	闫治中	鲁协伟
20	广西	覃学溥	梁锦涛	28	新疆	阿里木·亚森	肉孜买买提·亚森
21	重庆	郭长春	王　鑫	29	新疆兵团	王元峰	龚　剑
22	四川	沈　洋	周　宇				

室内装饰设计

项目介绍

室内装饰设计项目是在规定时间内，用不同颜色的瓷砖，通过切割拼花并利用胶泥镶贴完成指定图案墙面的项目，展现选手建筑装修专业技术功底和艺术审美能力。

比赛模块

模块 1：墙面　汉字切割镶贴

模块 2：墙面　图形切割镶贴

模块 3：地面　数字 2023 切割镶贴

人员名单

裁判长：张国华　　裁判长助理：杨常嘉

序号	参赛代表团	裁判员	选手	序号	参赛代表团	裁判员	选手
1	北京	韩居峰	孙佳靓	7	吉林	钟清闲	寇文博
2	天津	马鑫弟	毕志亮	8	黑龙江	李　卓	刘政欣
3	河北	邢学生	郭子凡	9	上海	李　勇	杜　贇
4	山西	冯　涛	薛　锋	10	江苏	冒春林	温　杰
5	内蒙古	吴　凡	于　庆	11	浙江	朱伟军	李杭铖
6	辽宁	刘长华	程金亮	12	安徽	张大武	班子豪

续表

序号	参赛代表团	裁判员	选手	序号	参赛代表团	裁判员	选手
13	福建	陈良金	张尚文	21	重庆	徐世彪	王崇杨
14	江西	周　誉	宋振文	22	四川	罗　卫	贾国兵
15	山东	臧国才	张雪枫	23	贵州	吴嘉毅	詹长顺
16	河南	刘锦豪	岳　钊	24	云南	翟柃丞	王正标
17	湖北	张春霞	徐松松	25	陕西	陈　佳	李军科
18	湖南	朱　洋	高　菲	26	甘肃		贾鸿儒
19	广东	张　静	王佳杰	27	青海	张雪青	牟纷纷
20	广西	韩祖丽	吴志华	28	新疆兵团		靳　洋

网络系统管理

项目介绍

网络系统管理项目要求在规定时间内完成网络系统设计与规划、网络设备连接与配置、网络服务调试与升级网络系统安全防护、网络故障检测与排除等工作，考核选手搭建和管理网络系统的技能和职业素养。

比赛模块

模块 1：数据中心网络搭建

模块 2：Windows 网络服务与信息安全

模块 3：Linux 网络服务与信息安全

模块 4：网络与系统故障排除

人员名单

裁判：吴多万　　　　裁判助理：黄新颖

序号	参赛代表团	裁判员	选手	序号	参赛代表团	裁判员	选手
1	北京	高　杉	刘长昊	4	山西	陈够喜	王晓红
2	天津	闫　明	王喜妹	5	内蒙古	孙汝光	齐冬冬
3	河北	关艳魁	万相涛	6	辽宁	孙　阳	吴　赫

续表

序号	参赛代表团	裁判员	选手	序号	参赛代表团	裁判员	选手
7	吉林	魏茂娟	李建国	20	广西	朱 伟	雷承鑫
8	黑龙江	曹立志	刘建宇	21	海南	陈 光	符 宇
9	上海	朱 峰	何学杨	22	重庆	罗元成	李 聪
10	江苏	陈加春	唐国光	23	四川	王宏旭	向 阳
11	浙江	周宇杰	王登州	24	贵州	彭士威	李 智
12	安徽	吴修庆	谢李沿	25	云南	方云红	杨 凡
13	福建	谢寿衡	蔡加柳	26	西藏		尹念根
14	江西	魏文萍	陈年亮	27	陕西	邢莹强	赵 介
15	山东	代树强	周 鹏	28	甘肃		刘 航
16	河南	袁 帅	闫海鹏	29	青海	杨 晶	李永惠
17	湖北	汤 荻	陈 启	30	宁夏	杨晓伟	胡志俭
18	湖南	季 红	李 固	31	新疆	孙睿涛	周向虎
19	广东	曾扬朗	朱东方	32	新疆兵团	陈 铁	袁金堂

信息网络布线

项目介绍

信息网络布线项目是指利用熔接机和线缆测试仪以及手工工具，按照用户需求和工业标准，对电信业务和网络通信的缆线和终接设备等基础设施的安装进行设计和施工的竞赛项目。对选手的技能要求包括：现场施工管理和安全操作规范；沟通与表达能力及英语能力；缆线种类的选择与路由的规划设计能力；铜缆和光缆的布线工艺和端接质量；物联网 / 智能家居或工业物联网无线网络连接和网络应用的实施；链路传输性能测试和维修维护技能。

比赛模块

模块 1：光纤布线系统

模块 2：结构化布线系统

模块 3：物联网布线系统

模块 4：速度测试

人员名单

裁判长：杨　阳　　裁判长助理：梁嘉伟

序号	参赛代表团	裁判员	选手	序号	参赛代表团	裁判员	选手
1	北京	单树明	汤金明	17	湖北	李亦伟	马定红
2	天津	阮维卓	信连通	18	湖南	彭建阳	盛镇归
3	河北	王林浩	李　兆	19	广东	刘冬冬	蔡世平
4	山西	汪洪法	邵　巍	20	广西	覃敏焱	罗仪新
5	内蒙古	李　宏	陈　宏	21	海南	魏琼辉	邓保祥
6	辽宁	杨　娜	董　毅	22	重庆	余建军	张　曼
7	吉林	贾浩宇	韦东全	23	四川	陈良维	张　华
8	黑龙江	吴佳祥	王井双	24	贵州	张　红	孟　鑫
9	上海	贾　璐	陈刘兴	25	云南	黄旭辉	李汶忠
10	江苏	丁　亮	陶开兵	26	西藏		平措郑堆
11	浙江	沈根海	朱骏骜	27	陕西	杨永刚	汪　杰
12	安徽	彭泽军	杜方定	28	青海	张　伟	武　滨
13	福建	郭木阳	洪嘉俊	29	宁夏	吴学红	张磊磊
14	江西	王　扬	刘华森	30	新疆	黄子彬	张瑞乾
15	山东	许友涛	高子见	31	新疆兵团	张振宇	程　永
16	河南	曹　玥	段煜晖				

珠宝加工

项目介绍

珠宝加工项目主要考核在规定时间内按照图纸要求完成首饰起版镶嵌制作，涵盖锯、锉、焊、锤、钳、镶嵌以及表面处理、相似度、尺寸等技术要点，要求分别制作首饰工艺品的不同部件，并组合成一件手工成品首饰工艺制品。此次比赛地址在天津，因此以天津的多个标志性建筑的元素为灵感，设计比赛主题——《津门印象》。

比赛模块

模块 1:《津门印象》第一部件的制作

模块 2:《津门印象》第二部件的制作

模块 3: 整体组合及镶石、修执

人员名单

裁判长：李勋贵　　裁判长助理：何　涛

序号	参赛代表团	裁判员	选手	序号	参赛代表团	裁判员	选手
1	北京	霍凯杰	杨　鹏	14	山东	赵　杰	朱小龙
2	天津	王　鹏	张庆龙	15	河南	贾珍珍	李　瑞
3	河北	牛晓红	王　晶	16	湖北	吕平平	郭健彤
4	山西	徐宏锦	闫晋花	17	湖南	闫　冬	刘潇女
5	辽宁	于　杰	鲍科文	18	广东	胡　凡	黄苑斌
6	吉林	张　玲	姜　拓	19	广西	徐明煜	林鼎辉
7	黑龙江	秦鸿波	王　畅	20	重庆	陈　果	沈于力
8	上海	沈荣锋	杨逸飞	21	四川	陈其余	杜运飞
9	江苏	方　韦	陆杨佳	22	贵州	谢白杨	潘帮贤
10	浙江	郭志鹏	包家鸣	23	云南	母炳林	文　铁
11	安徽	李晓敏	李　麟	24	陕西	同彦庄	郭　霁
12	福建	胡蔓玲	陈宪林	25	甘肃		曹　鑫
13	江西	杜中文	王楚仪	26	新疆	卡哈尔曼·加帕尔	阿卜杜凯尤木·麦提图尔荪

时装技术

项目介绍

时装技术项目是在规定时间内完成服装制版、样衣制作、立体裁剪和款式局部设计等的竞赛项目。本次竞赛以女装作为考核方向。

比赛模块

模块 1：款式局部设计

模块 2：服装 CAD 制版

模块 3：样衣制作

模块 4：立体裁剪

模块 5：安全生产

人员名单

裁判长：阳　川　　裁判长助理：何　琪

序号	参赛代表团	裁判员	选手
1	北京	陈碧华	游仁林
2	天津	杨勤玉	闫　硕
3	河北	郭　哲	王亚楠
4	山西	张彩萍	任　波
5	内蒙古	杨智雅	田海蓬
6	辽宁	李　君	蒋美霞
7	吉林	张　恒	李亦乔
8	黑龙江		石　华
9	上海	雍　飞	洪木芳
10	江苏	瞿　慧	卞　燕
11	浙江	吴　娟	全小兰
12	安徽	朱　静	王莹莹
13	福建	肖立志	刘艳艳
14	江西	徐　缓	韩　圆
15	山东	史东升	孙萌宇
16	河南	许继红	王孟丹
17	湖北	陈汉东	李儒锋
18	湖南	鲁一妹	黄苏子
19	广东	潘晓梅	余嘉雯
20	广西	兰伟华	覃息球
21	海南	田亮东	刘美妗
22	重庆	马小锋	朱建锋
23	四川	陈　勇	朱兆惠
24	贵州	丁　崧	曾　彬
25	云南	严亚梅	何仆丽
26	西藏		杨　榕
27	陕西	杨　华	曹　锋
28	新疆	黄发柏	姜　楠
29	新疆兵团	张延辉	于奇彦

餐厅服务

项目介绍

餐厅服务项目主要考核在规定时间内完成宴会主题设计方案（文字和图片）、现场主题摆台、主题造型设计、现场主题说明和答辩、综合评价及展台展示等。

比赛模块

模块 1：主题方案设计 主题造型

模块 2：主题宴会台面设计、摆放

模块 3：服务技能斟酒 餐巾折花

模块 4：现场分餐服务

模块 5：综合素质

人员名单

裁判长：熊久香　　　裁判长助理：王文英

序号	参赛代表团	裁判员	选手	序号	参赛代表团	裁判员	选手
1	北京	杨德才	马　会	16	河南	宋　娇	徐东来
2	天津	郭成月	任诗童	17	湖北	李　俊	鞠小琦
3	河北	刘大伟	李　雪	18	湖南	肖　赅	郑德成
4	山西	胡丽娜	徐俊霞	19	广东	陈衍怀	马睿婷
5	内蒙古	王琳娜	吴松前	20	广西	苏　莉	薛桂芳
6	辽宁	阎文实	栗欣阳	21	海南	陈海华	周　婷
7	吉林	刘　鸽	钱美玲	22	重庆	郭小曦	曾　鑫
8	黑龙江	刘　萍	张宏欣	23	四川	李　佳	杜　欣
9	上海	陈亦凡	李　浩	24	贵州	陈庆梅	黄　敏
10	江苏	徐桥猛	胡莉莉	25	云南	叶冬梅	段晓雪
11	浙江	张建红	曹　睿	26	西藏	杨　征	赵　娟
12	安徽	晏文娟	吴凌云	27	陕西	袁晋锋	张　越
13	福建	张清影	吴艺梅	28	青海	雷榜琴	石　晶
14	江西	郑　巍	邹雪梅	29	新疆	刘堪才	苏比力努尔·帕尔海提
15	山东	冷雪艳	郭贵荣	30	新疆兵团	宋玉	王晓芳

烹饪（中餐）

项目介绍

烹饪（中餐）项目对应国家职业技能等级三级的标准，主要考核选手冷拼与雕刻、热菜、面点等综合技能水平，以及标准食谱的制定、职业素养、食材选择运用、规范正确的烹饪过程、设备设施的有效使用、良好的卫生习惯、食品安全控制、高效的工作与时间管理。

比赛模块

模块 1：冷拼与雕刻

模块 2：热菜

模块 3：自选油酥点心 1 道

人员名单

裁判长：邹志平　　裁判长助理：李加红

序号	参赛代表团	裁判员	选手
1	北京	王海东	周艳宾
2	天津	袁　林	周文达
3	河北	吴国印	王　勇
4	山西	韩跃飞	段　玮
5	内蒙古	刘旭明	单　彪
6	辽宁	姜　军	黄振宇
7	吉林	李浩莹	李　东
8	黑龙江	董长江	蔡广程
9	上海	彭　军	徐佳杰
10	江苏	高恩奎	王　玉
11	浙江	卢红华	李小明
12	安徽	张根东	杜　斌
13	福建	杨伟华	刘锦冬
14	江西	董思明	殷建军
15	山东	石　韦	周建龙
16	河南	邢丙寅	赛　森
17	湖北	周　卫	李夏薇
18	湖南	刘　晟	肖　冰
19	广东	马健雄	陈毅华
20	广西	万都和	梁宇锋
21	海南	李学深	纪宽宏
22	重庆	张　钊	李海权
23	四川	兰明路	冉　伟
24	贵州	杨绍宇	成　伟
25	云南	鄢　赫	肖　啸
26	西藏	沈建兵	旦增达娃
27	陕西	周华成	白冬宇
28	甘肃	邱　宇	王　春
29	青海	黄建忠	雷有来
30	新疆	杨　兵	王　鸿
31	新疆兵团		孔云飞

烘焙

项目介绍

烘焙项目要求在规定时间内完成原料、器具、设备的准备工作及清洁卫生；按照配方平衡的基本原理，使用搅拌、醒发、成型、装饰、发酵、烘烤等工艺，完成软质面团、无糖无油面团、酥性面团和非发酵面团等营养健康面包的制作；具备对成品质量鉴定与分析的能力；能够在掌握成本核算的同时进行技术创新，并投入生产商用，带动行业发展。

比赛模块

模块 1：作业书

模块 2：竞赛过程

模块 3：软质面团制作

模块 4：无糖无油面团制作

模块 5：酥性面团制作

模块 6：三明治制作

模块 7：艺术面包制作及摆台

人员名单

裁判长：干文华　　裁判长助理：于焕楼

序号	参赛代表团	裁判员	选手
1	北京	吴　昊	候少鹏
2	天津	胡广义	高　阳
3	河北	赵亚冬	杨　帆
4	山西	张升扬	李　恒
5	内蒙古	张振霞	马智辉
6	辽宁	于　鹏	吴　琪
7	吉林	孟繁宇	张诗雨
8	黑龙江	张高杰	张呈彪
9	上海	陈玉翔	张政海
10	江苏	俞嘉毅	龚　鑫
11	浙江	杨晓蝶	黄明晓
12	安徽	陶　东	李　硕
13	福建	赵　霖	倪　达
14	江西	林业强	徐伟男
15	山东	徐文建	孙子桓
16	河南	王　莉	罗珂涵
17	湖北	宋宜兵	吕霄鹏
18	湖南	余志勇	何秀满
19	广东	王真娣	王话帆
20	广西	赵志权	黄庆安
21	海南	周　斌	童振娟
22	重庆	周占富	李　哲
23	四川	薛民乐	张甜甜
24	贵州	鄢益龙	杨鸾飞
25	云南	潘希超	何兴伟
26	西藏		田蔚然
27	陕西	王亚运	王　刚
28	青海	吴耀林	孙　博
29	宁夏	杨玫玭	宋世炎
30	新疆	徐克强	张亚兰
31	新疆兵团	李　庆	郭永丰

茶艺

项目介绍

茶艺项目是以中国茶道精神为指导，以泡好一杯茶和呈现茶艺之美为目的，通过择水选器与水温、茶水比、浸泡时间等参数的科学设计与调控，充分展示茶的色、香、味、形等性状，强调茶汤质量和泡茶过程美结合的竞赛项目。

比赛模块

模块 1：规定茶艺演示

模块 2：茶叶品质评鉴

模块 3：茶汤质量比拼

模块 4：自创茶艺演示

模块 5：点茶

模块 6：口试

人员名单

裁判长：周智修　　裁判长助理：潘　蓉

序号	参赛代表团	裁判员	选手
1	北京	黄丽英	杨诗雯
2	天津	郝连奇	李姝梦
3	河北	冯春艳	王　茜
4	山西	王　燕	王　微
5	内蒙古	郗存德	辛　欣
6	辽宁	爱新觉罗毓叶	谭临溪
7	吉林	宋子跃	周　靖
8	黑龙江	任　洪	周　薇
9	上海	常　静	金丽萍
10	江苏	章柏平	刘月蓉
11	浙江	李静珠	徐邢燕
12	安徽	汪　芬	方丽彦
13	福建	郭雅玲	吴健民
14	江西	李　捷	王　倩
15	山东	张晶晶	周艳华
16	河南	谈书畅	王琳东
17	湖北	何　洁	罗　杰
18	湖南	朱海燕	杨　清
19	广东	许　玫	罗丽芳
20	广西	黄家琪	覃　友
21	海南	邓兰萍	谭　雁
22	重庆	曾　亮	雷雨婕
23	四川	蒋　伟	陈　铭
24	贵州	龚　雪	冉　琼
25	云南	周　玲	周玉珠
26	西藏	王　晴	韦力丹
27	陕西	高运华	王世倩
28	甘肃	徐文霞	王　陆
29	青海	刘　欣	严　晓
30	新疆	张　园	麦尔斯耶·艾赛提
31	新疆兵团	黎杰强	侯俊莉

社会体育指导（健身）

项目介绍

社会体育指导（健身）项目主要考查健身基础知识、体能、体适能评估、运动计划制定、教学指导等职业能力。

比赛模块

模块 1：体能比拼

模块 2：动作教学

模块 3：知识竞答

模块 4：小团体课程

模块 5：姿态与动作评估

模块 6：运动计划设计

人员名单

裁判长：陈 超　　裁判长助理：陈 亮

序号	参赛代表团	裁判员	选手	序号	参赛代表团	裁判员	选手
1	北京	周 佳	朱建安	16	河南	韩俊峰	崔楠楠
2	天津	孟子平	陈 梅	17	湖北	鲍善军	胡 旗
3	河北	王延超	张德超	18	湖南	魏华祝	李 实
4	山西	许常强	王晓飞	19	广东	魏晓伟	李 洋
5	内蒙古	王弘翊	特木尔	20	广西	陈振起	林伟健
6	辽宁	马兰兰	韩 晟	21	海南	李新华	沈新雨
7	吉林	孙俊青	孙喆鑫	22	重庆	刘玉琳	王 鹏
8	黑龙江	张秀丽	娄 凯	23	四川	郭宇远	孙全振
9	上海	徐希杰	陈浩然	24	贵州	谢 锋	肖劲欢
10	江苏	俞 鸿	徐 寅	25	云南	聂真新	杨 林
11	浙江	吴财和	黄凤翔	26	西藏		陈鹏飞
12	安徽	马少纯	墨 林	27	陕西	许 磊	董甜甜
13	福建	张云臻	丁树榕	28	甘肃		潘哲明
14	江西	黄 伟	叶自青	29	青海	隆志凌	韩兴伟
15	山东	王迎迎	徐伟波	30	新疆兵团		张新崇

起重设备应用技术

项目介绍

起重设备应用技术项目对标起重装卸机械操作工国家职业技能标准高级工、技师内容，同时参考起重装卸机械智能控制员新工种、新技术要求，重点考核门式起重机集装箱岸边吊（桥吊）操作和集装箱场吊（龙门吊）操作，使用视频监控系统和数据传输技术，远距离监控、操控起重装卸机械吊运、装卸、搬运集装箱。

比赛模块

模块 1：远程集装箱场桥操作

模块 2：远程集装箱岸桥操作

模块 3：安全文明生产，安全操作

人员名单

裁判长：竺士杰　　裁判长助理：马成彬

序号	参赛代表团	裁判员	选手
1	北京	张　晖	贾志芳
2	天津	郭　伟	尹　明
3	河北	刘立山	王晓伟
4	山西	王米兰	陈康妍
5	内蒙古	潘学武	刘学义
6	辽宁	孙世锋	温善元
7	吉林	姜　维	张金亮
8	黑龙江		隋　毅
9	上海	黄　华	柯　谦
10	江苏	惠永明	张　红
11	浙江	陈新乔	吴　飞
12	安徽	刘朝斌	何正骅
13	福建	王晓华	吴文峰

序号	参赛代表团	裁判员	选手
14	江西	易　群	徐　敬
15	山东	王永发	王　鹏
16	河南	黄丽丽	李　伟
17	湖北	许华松	董　运
18	湖南	罗小进	刘　新
19	广东	江运发	梁邦祯
20	广西	曾志伟	梁海明
21	重庆	唐知安	郭伶杰
22	四川	韩　勇	苏　杰
23	贵州	莫　箐	苏　鑫
24	云南	马自跃	代荣娇
25	陕西	强天林	董江鸿

石油钻井技术

项目介绍

石油钻井技术项目根据钻井工国家职业技能标准中的相关技能要求，选取综合分析、应急器具检查与使用、设备检查、钻具螺纹识别、钻机操作等技能为考查方向，重点考核选手佩戴正压式空气呼吸器、复杂情况下的压井操作、检查地面防喷器控制装置、钻具接头螺纹扣型识别、起放空游车能力。

比赛模块

模块 1：佩戴正压式空气呼吸机

模块 2：复杂情况下的压井操作

模块 3：检查地面防喷器控制装置

模块 4：钻具接头螺纹扣型识别

模块 5：起放空游车

人员名单

裁判长：饶开波　　裁判长助理：史永伟

序号	参赛代表团	裁判员	选手
1	天津	李爱忠	安　阳 韩　波
2	河北	马振华	张建龙 黄　震
3	山西	曲　铭	席　亮 高　严
4	辽宁	盛宗刚	李鑫哲 何小龙
5	吉林	王东方	冯孝纯 侯天宇
6	黑龙江	杨明利	杨季冰 李瑞峰
7	上海	王伟军	文招军 单亮良
8	江苏	黄志安	王冬冬 高　健
9	浙江		郑伊健 郑　科
10	安徽	尹德战	张　强 刘　宁
11	山东	王建军	王新佳 刘承业
12	河南	李元化	别　筝 韩彭举

续表

序号	参赛代表团	裁判员	选手	序号	参赛代表团	裁判员	选手
13	湖北	陈祖萍	张东辉 焦世彦	19	四川	冯志军	陈习民 青　荣
14	湖南	刘文辉	王振虎 马前进	20	贵州	罗　建	孙开河 丁一品
15	广东	杨　毅	王市委 耿　强	21	陕西	李　缨	庞三保 王亚涛
16	广西		陈元吉 杨显平	22	青海	张德海	胡宗山 赵玉蛟
17	海南		周圆圆 王小帅	23	新疆	潘鹏飞	陈　旭 石　强
18	重庆	邓永义	田　民 周　明				

电力系统运营与维护

项目介绍

电力系统运营与维护项目对接电力电缆安装运维工国家职业技能标准高级工至高级技师内容，涵盖中压及高压电缆，以电缆附件安装、电缆运行维护与检修为考查方向，重点考核选手:（1）64/110 kV 电缆终端制作核心技能;（2）8.7/15 kV 电缆中间接头制作技能;（3）电缆带电局部放电检测及分析能力;（4）电缆故障点预定位能力。

比赛模块

模块 1、模块 3：给定工艺图 电缆接头与终端剥切及部分组件安装

模块 2、模块 4：给定测试任务 电缆故障点预定位与局部放电缺陷判断

人员名单

裁判长：黄嘉盛　　裁判长助理：张淑琴

序号	参赛代表团	裁判员	选手	序号	参赛代表团	裁判员	选手
1	北京	李华春	熊　俊 冀　然	2	天津	吕红开	武旭光 于连坤

续表

序号	参赛代表团	裁判员	选手	序号	参赛代表团	裁判员	选手
3	河北	李皓然	张兴然 赵　志	17	湖北	姜　伟	李彦彰 严一涛
4	山西	张世杰	冯志敏 栗泽林	18	湖南	段肖力	贺子琦 张　誉
5	内蒙古	樊明园	王志强 王　强	19	广东	陈文教	慕容敞华 韩卓展
6	辽宁	朱　波	杨孝磊 刘　洋	20	广西	韦　军	邓永标 周家成
7	吉林	姚　楠	黄思宇 谭宏亮	21	重庆	肖兴淦	叶　练 乔运松
8	黑龙江	王　欣	刘继元 王　欣	22	四川	甘开毅	张昊霖 杨丰任
9	上海	姜　芸	王东源 马凯波	23	贵州	曾宪武	王秋丰 曾稳植
10	江苏	陈德风	郭　通 童　斌	24	云南	龙　斌	杨红明 蔡　超
11	浙江	叶　蕾	周旭东 王劭均	25	陕西	杨　博	毛新成 任波涛
12	安徽	吴　祺	刘　斌 李　根	26	甘肃	周　娟	袁冬胜 张志强
13	福建	严丹昭	朱臻伟 孙志鸿	27	青海	潘美君	余全昌 王占仓
14	江西	王　斌	李泰伟 罗　旭	28	新疆	赵晓东	张家保 帕肉合·阿力木
15	山东	姜　涛	谭邵卿 程　杨	29	新疆兵团	邵培新	姜伟豪 王鲁星
16	河南	陈邓伟	李鹏超 王　路				

计算机软件测试

项目介绍

计算机软件测试项目对标《中华人民共和国职业分类大典（2022 年版）》中计算机软件测试员内容，选取计算机软件系统、计算机附属设备、测试工具，以验证计算机软件产品功能、性能等为考查方向，着重考查参赛选手：（1）软件系统测试环境搭建、部署的能力；（2）功能测试用例设计、查找功能缺陷的能力；（3）单元测试设计及程序代码执行的能力；（4）测试工具的使用能力；（5）编写、编制测试报告的能力。

比赛模块

模块 1：功能测试

模块 2：接口测试

模块 3：性能测试

模块 4：自动化测试

模块 5：单元测试

人员名单

裁判长：徐　浩　　　裁判长助理：陈志坚

序号	参赛代表团	裁判员	选手
1	北京	张治斌	赵　赫
2	天津	赵　磊	陈　静
3	河北	陈维华	胡金扣
4	山西	孔德瑾	王义钊
5	辽宁	孙　伟	张　栋
6	吉林	李　季	于艳华
7	上海	罗保国	郑雪辉
8	江苏	邹伟民	胥　鹏
9	浙江	胡青玲	余　彬
10	安徽	许　敏	饶慧敏
11	福建	陈自力	吴　金
12	江西	万可谦	单文增
13	山东	魏宝亮	祝锦泰
14	河南	高沛鑫	关　昕
15	湖北	李玉玲	钟　锐
16	湖南	戴　臻	陈湘龙
17	广东	陈静君	叶重涵
18	广西	梁　禹	梁维梅
19	重庆	杨　杉	张　盼
20	四川	简显锐	李爱民
21	贵州	徐　欣	邵　毅
22	云南	臧　霞	郝仁健
23	陕西	刘　华	魏苗苗
24	甘肃	吕福海	周　滢
25	青海	朱新成	姜丽君
26	新疆	王　惠	梁　栋

机器人焊接技术

项目介绍

机器人焊接技术项目按照焊工国家职业技能标准三级及以上要求，重点考核选手运用焊接机器人进行焊接的技能，选手需要掌握的能力包括示教编程、工件装夹、控制面板操作、焊接参数调用等，并能针对不同的焊接结构和焊接形式，合理设定尺寸，调整焊接工艺，并熟练掌握安全操作规程，具备一定的手工焊接操作能力。该项目要求操作人员既熟练掌握机器人编程，又具备丰富的焊接技术理论及实际应用经验，能在机器人运动轨迹、姿态、速度、焊接参数中相互协同从而获得合格焊缝。

比赛模块

模块 1：手工焊接低碳钢板

模块 2：机器人焊接低碳钢板

模块 3：机器人焊接低碳钢容器

模块 4：机器人焊接钢结构低碳钢

人员名单

裁判长：谢　琦　　裁判长助理：胡永忠

序号	参赛代表团	裁判员	选手	序号	参赛代表团	裁判员	选手
1	北京	张铁民	郑一俊	15	山东	刘丙臣	梁凯强
2	天津	李朋朋	赵海龙	16	河南	李兆祥	吕　锴
3	河北	周世雄	李　伟	17	湖北	单　军	袁　飚
4	山西	王文先	刘清伟	18	湖南	谢春强	黄杏风
5	内蒙古	李　雪	李佩员	19	广东	曹永雄	黄东柏
6	辽宁	杜　强	张　强	20	广西	孙虎杰	赵春禧
7	吉林	谢元立	李　明	21	海南	洪朝晖	吴　鹇
8	黑龙江	王　博	张厚强	22	重庆	牟红军	周　鹏
9	上海	凌　炜	王　潇	23	四川	文仲波	杨圣廷
10	江苏	肖　轶	钟伟才	24	贵州	李莉娅	罗剑锋
11	浙江	陈　杰	陈其涛	25	云南	李　飞	单显胜
12	安徽	祁　林	任海洋	26	陕西	党晓龙	张飞周
13	福建	吴钦钊	张堂标	27	新疆	刘建成	李文平
14	江西	皮　梁	习博文				

2. 新职业赛项（20 项）

智能制造工程技术

项目介绍

智能制造工程技术项目注重专业技术和解决实际问题能力，通过新一代信息技术等赋能技术和先进制造技术融合，实现智能制造装备与生产线开发与应用，以及生产管控和智能运维。比赛中对选手的技能要求主要包括：生产线开发与应用，系统建模与仿真，数字孪生，工业大数据，远程运维，工业人工智能，工业云，生产与管控，系统设计、集成、调试与优化。

比赛模块

模块 1：数字孪生建模与虚拟调试

模块 2：生产系统集成、调试与运维

模块 3：工厂规划，仿真，优化

模块 4：智能生产管控

模块 5：工业大数据与人工智能应用

人员名单

裁判长：周光辉　　裁判长助理：刘　欢

序号	参赛代表团	裁判员	选手	序号	参赛代表团	裁判员	选手
1	北京	李凤波	李艳茹 苏安鹏	6	辽宁	赵　臣	吕洪力 赵莹莹
2	天津	郝立果	董　舰 荣建翾	7	吉林	高　楠	张　鹏 姜中华
3	河北	刘江波	黄　静 高　亮	8	黑龙江	施雪燕	王法龙 仲健维
4	山西	郭海青	崔俊杰 马　臻	9	上海	杨　敏	田　涛 郭吉明
5	内蒙古	田　琳	王　政 杨　丽	10	江苏	陆齐炜	姜利彬 汤　配

续表

序号	参赛代表团	裁判员	选手	序号	参赛代表团	裁判员	选手
11	浙江	钱一宏	朱　坚 茅银樑	19	广东	张友能	廖　辉 毛诗柱
12	安徽	董富强	徐大帅 刘丹丹	20	广西	罗　赟	艾　妮 郝涌岐
13	福建	江世文	葛武成 罗智骁	21	重庆	何高法	冯　伟 孟明辉
14	江西	黄　辉	贺宇成 田国甲	22	四川	左培良	李　欢 郑　鑫
15	山东	李德雷	高　鹏 炅向淋	23	贵州	龚　飞	曹　祥 汪云志
16	河南	王　岩	远学磊 张　飞	24	陕西	赵　鹏	牛增慧 魏啸桐
17	湖北	周俊杰	邓伟明 刘珊珊	25	甘肃	王正义	张国绪 张天虎
18	湖南	宋福林	赵世俊 刘　稳	26	新疆兵团		时夕然 李洪波

集成电路工程技术

项目介绍

集成电路工程技术项目是指按照要求开展集成电路设计、集成电路工艺实现和集成电路封测的竞赛项目。比赛中对选手的技能要求主要包括：模拟与射频集成电路设计，数字集成电路设计，集成电路工艺开发与维护，集成电路测试设计与分析。

比赛模块

模块 1：模拟集成电路设计与仿真

模块 2：数字集成电路设计与仿真

模块 3：集成电路工艺开发与维护基础

模块 4：集成电路测试设计与分析

人员名单

裁判长：赵毅强　　裁判长助理：赵建中

序号	参赛代表团	裁判员	选手	序号	参赛代表团	裁判员	选手
1	北京	鲁佳宝	李静怡 陈萧静	14	山东	李兴鹏	崔维豪 丁宏宇
2	天津	王　爽	宫纯青 胡　凯	15	河南	张坤平	胡凯利 王帅军
3	河北	姚洪平	张洪国 孟广双	16	湖北	王世刚	魏　来 张胜兰
4	山西	邢小软	贾茜茜 裴萌萌	17	湖南	唐亚平	谭传武 龚江涛
5	内蒙古	袁桂珍	杨耀东 李俊平	18	广东	余　菲	王晓婷 曾启明
6	辽宁	胡国柱	李　闯 魏元焜	19	广西	苏炳银	黄建盈 钱兆翰
7	吉林	齐嵩宇	吕绍东 尹星淇	20	重庆	庞　宇	陈凯让 李志贵
8	上海	姜来新	杨舒捷 安雪娥	21	四川	丛久滨	杨超智 李　玲
9	江苏	尤正建	刘锡锋 吴孔培	22	贵州	周　靖	黄龙亮 钟龙怀
10	浙江	戚耀亮	沈金隆 项万明	23	云南	李学娟	李　卓 李天梅
11	安徽	万　里	张　娉 田寿恒	24	陕西	黄　巾	王　茜 魏璁琪
12	福建	王　婷	邱文挺 张　英	25	新疆	刘小勇	程　远 谭　斐
13	江西	付　裕	范艺超 熊京京				

人工智能工程技术

项目介绍

人工智能工程技术项目旨在解决人类重复性劳动以及难以解释的信息分析能力的难题。选手需要综合利用计算机视觉、自然语言处理、策略生成技术解决现实生产生活中的问题。题目包含但不限于对图像内容的技术化理解、对自然语言的分析和理解，以及根据特定场景对未来进行预测，并生成最有价值的策略建议组合。涉及的技术包括机器学习、深度学习以及强化学习。应用场景也会考虑到小样本分析以及多场景适应方面的能力，选手需要尽可能多地考虑条件限制和场景变化情况下模型的可靠程度。

比赛模块

模块 1：自然语言处理技术应用

模块 2：计算机视觉技术应用

模块 3：综合工程技术应用

人员名单

裁判长：杨晴虹　　裁判长助理：马宇晴

序号	参赛代表团	裁判员	选手	序号	参赛代表团	裁判员	选手
1	北京	林　瑜	闫　硕 邢亚英	12	安徽	徐廉	吕志峰 殷希中
2	天津	张　波	耿韶光 孟江曼	13	福建	王军祥	蔡振华 陈小娥
3	河北	于琦龙	康　健 梅成芳	14	江西	饶伟博	王兆文 黄建承
4	山西	杨立波	冯志茹 徐宏斌	15	山东	张　峰	陈伟杰 许春秀
5	内蒙古	孙　欢	沈宇春 孙德伟	16	河南	任越美	曹纪磊 李润钺
6	辽宁	宋真君	贾　睿 张　弢	17	湖北	张松慧	吴梦婷 邓　柳
7	吉林	许春艳	李春梅 王壹博	18	湖南	秦念稳	杜义康 蒋　亮
8	黑龙江	卢长鹏	张业男	19	广东	许　辉	刘　磊 孙　菁
9	上海	魏俊生	付　豪 彭青松	20	广西	苏健渊	付志鸿 谢　锋
10	江苏	赵慧慧	姚　银 吴　秀	21	海南	马　红	赵　俊 谢　磊
11	浙江	李四明	任秋宇 陈天昊	22	重庆	汪　应	王璐烽 赵　杰

续表

序号	参赛代表团	裁判员	选手	序号	参赛代表团	裁判员	选手
23	四川	谢　宇	谢崇波 胡将军	26	陕西	丁　瑾	卫星君 贾　靖
24	贵州	林健胜	赵大磊 熊齐超	27	新疆	张世亮	李转玲 高双印
25	云南	王　佳	张　航 曾晓雯				

工业互联网工程技术

项目介绍

工业互联网工程技术项目是指利用网络、标识、平台、安全等技术，结合企业数字化转型需求，进行工程实施、数据分析、应用开发的竞赛项目。比赛中对选手的技能要求主要包括：集成工业网络，采集工业设备数据，实施标识解析应用场景，利用工业大数据分析技术解决工业生产问题，面向企业生产管控开发工业 App，完成工厂内网安全防护实施。

比赛模块

模块 1：工作组织与管理

模块 2：工业互联网设备安装与调试

模块 3：工业互联网平台应用集成与调试

模块 4：工业互联网平台运营维护

人员名单

裁判长：王宝友　　裁判长助理：张　昂

序号	参赛代表团	裁判员	选手	序号	参赛代表团	裁判员	选手
1	北京	于福华	魏仁胜 曹玉龙	3	河北	李会英	刘　洁 杜　薇
2	天津	姚希文	陈　展 许康为	4	山西	常镭民	张建珍 席红雷

续表

序号	参赛代表团	裁判员	选手	序号	参赛代表团	裁判员	选手
5	内蒙古	张尼奇	薛小倩 宋飞燕	18	湖南	蒋 波	唐 蓉 杨翔宇
6	辽宁	曲 涛	杨晶升 王世龙	19	广东	王鸿博	刁建忠 陈志涛
7	吉林	刘 丹	姚雪松 徐 健	20	广西	李 进	黄世德 陈榆文
8	黑龙江	郭 鑫	李 勇 刘 昊	21	海南	刘宜茹	汪 丽 胡新慧
9	上海	李 韩	雷 蔺 邱岳文	22	重庆	侯 杰	万 杰 肖富刚
10	江苏	周海飞	倪骏程 赵文军	23	四川	彭永杰	邵治传 王 岗
11	浙江	王振起	赵 鹤 范胜文	24	贵州	赵景涛	陈 宁 王俊琦
12	安徽	朱启军	高 辉 于慧君	25	云南	李葵福	李粉珍 谢欣融
13	福建	阳 宾	何建华 葛炎风	26	陕西	王 青	韩 征 韩家伦
14	江西	谢晓明	黄 威 袁 杰	27	甘肃	祁贤业	王瑞芳 马平安
15	山东	李 川	孙晓东 刘 冰	28	青海	蔡雅娟	蔡世元 黄 翔
16	河南	冯振华	朱哲煜 刘顺华	29	新疆	周 春	马 威 周琪玮
17	湖北	涂贵军	许恢斌 王 建	30	新疆兵团		段博潇 李 旭

虚拟现实工程技术

项目介绍

虚拟现实工程技术项目主要对典型虚拟现实人才（及团队）能力进行考查，要求选手团队依据命题内容，自行设计应用形式与交互功能，完成场景构建与功能开发，并能够实际部署应用。比赛中对选手的技能要求主要包括：在提供的规定环境与时间内，完成硬件环境的搭建、规定功能的设计与开发、规定模型与场景的构建，以及系统运行流畅度与体验的综合优化。选手需要协同完成项目开发，妥善进行版本管理，清晰讲解使用过程。

比赛模块

模块 1：资产构建与功能开发

模块 2、3：根据需求情境及目标，设计、构建所需资产与交互功能，并部署应用

人员名单

裁判长：刘　越　　裁判长助理：宋维涛

序号	参赛代表团	裁判员	选手
1	北京	匡红梅	刘　伟 从宝川
2	天津	刘　明	纪美仑 宋　洁
3	河北	田博坚	郑寿纬 王　默
4	山西	李　强	王琼苑 景璐杰
5	内蒙古	娜日苏	康　利 蒙　鲲
6	辽宁	白瑞双	翁　楠 张　磊
7	吉林	戴微微	吕岳海 王瑰琦
8	黑龙江	冯明玲	宁子苗 王海涛
9	上海	朱文华	石　健 杨　欢
10	江苏	张　维	张　磊 王　颖
11	浙江	邵　恒	孔玉珍 王浩冰
12	安徽	李华峰	李超峰 闫庆国
13	福建	江　荔	游　宁 张　丹
14	江西	李　民	胡　清 周立经
15	山东	程　亮	贾兆颍 纪玉川
16	河南	张　瑾	王　龙 姚宇英
17	湖北	周晓莹	李　然 祁江源
18	湖南	李婷妤	徐　蜜 肖云飞
19	广东	张　坡	陈友滨 蔡小娜
20	广西	周　巍	朱孟伟 陈佳材
21	重庆	张　剑	陈　冲 李传帅
22	四川	刘　源	陈　锐 曾　敏
23	贵州	黄丽娜	陈　佳 李　婷
24	云南	刘　丰	邓雪龙 唐弘胤
25	陕西	任加维	李　樊 骆　阳
26	青海	杜天华	郝　刚 朱　亮
27	新疆	卢国强	陆　赟 赵　梅
28	新疆兵团	张暑军	杨　帅 张　锐

互联网营销

项目介绍

互联网营销项目是指在数字化信息平台上，运用网络的交互性与传播公信力，对企业产品进行多平台营销推广的项目。比赛中对选手的技能要求主要包括：图文推广、视频推广、搜索引擎推广、市场信息分析、直播规划、脚本策划、创建直播、直播装修、直播推广、直播售卖、直播互动、直播复盘、方案策划等。

比赛模块

模块 1：数字营销推广

模块 2：直播营销

模块 3：方案策划

人员名单

裁判长：薛茂云　　裁判长助理：时应峰

序号	参赛代表团	裁判员	选手	序号	参赛代表团	裁判员	选手
1	北京	李志刚	张　瑾 王海青	9	上海	崔丽丽	吴　岚 钟一杰
2	天津	孙金一	刘　琛 鲁　瑶	10	江苏	李　想	单　宁 尹　倩
3	河北	齐　凤	蒋　颖 何丽丽	11	浙江	朱华德	毛佳斌 王廷美
4	山西	白东蕊	邓琳佳 白虎雯	12	安徽	倪莉莉	沈　珺 陈　林
5	内蒙古	苏慧杰	张雯瑾 李　军	13	福建	陈　华	陈　倩 张真真
6	辽宁	马冬梅	胡　洋 于　瑶	14	江西	李颖芬	程桢雯 胡曼妮
7	吉林	祖可新	李清泉 卢　奇	15	山东	王彬彬	姜琳琳 郝　婕
8	黑龙江	柳凤娇	徐鹏云 于　淼	16	河南	吴芷菁	张瑞娟 陈涛民

续表

序号	参赛代表团	裁判员	选手	序号	参赛代表团	裁判员	选手
17	湖北	胡　莹	吴兰兰 赵　苗	25	云南	邹　超	李洁婷 朱　琳
18	湖南	田　帅	钟　晴 李洪娟	26	西藏	刘立基	李　杨 旦增依珍
19	广东	郑丽莉	杨　莹 张文超	27	陕西	徐宝勤	魏甜妮 易　梦
20	广西	杨巨恩	覃惠春 莫恬静	28	甘肃	马锁生	方佳瑞 陈　娟
21	海南	罗开源	段淑丽 吴　鹏	29	青海	李晓龙	李　婧
22	重庆	吴　兰	赵　凯 刘　姝	30	宁夏		彭　丽 苏　媛
23	四川	张　彦	黎文一 黄　曦	31	新疆	徐曼玲	徐二静 姜　丽
24	贵州	徐　殊	胡光宇 杨丽芳	32	新疆兵团		傅　冬

连锁经营管理

项目介绍

连锁经营管理项目充分体现连锁零售行业数字化转型趋势，对标连锁经营管理师国家职业技能标准三级 / 高级工相关要求，通过实操模拟形式进行。项目对选手的技能要求主要包括商品管理、营销管理、营运管理、信息与数字化管理、人员管理、财务管理等门店综合管理技能。选手需在规定的时间内完成虚拟门店建设、案例汇报与答辩、数字化沙盘博弈的任务。

比赛模块

模块 1：虚拟门店建设

模块 2：案例汇报与分析

模块 3：数字化沙盘博弈

人员名单

裁判长：聂 华　　　裁判长助理：周建荣

序号	参赛代表团	裁判员	选手	序号	参赛代表团	裁判员	选手
1	北京	王若军	李 靖 刘安英	15	山东	满中国	王晓耕 吴昕樾
2	天津	李方文	吴晓娟 刘晶晶	16	河南	李国莉	杨路遥 牛 童
3	河北	杨高英	李墨溪 赵 叶	17	湖北	罗银舫	周 敏 张 静
4	山西	张卉卉	吴宇花 徐京京	18	湖南	方颂东	王思益 刘雅晴
5	内蒙古	吴秀奎	隋昕禹 霍 霞	19	广东	樊飞飞	刘伟文 易 旋
6	辽宁	邢学鹏	翟金芝 吕 银	20	广西	刘艳飞	陈世辉 韦任嫣
7	吉林	赵 倩	王 洋 孟祥玉	21	海南	林华瑾	赵素霞 陈声廉
8	黑龙江	战佳娜	邱 宇 杨 扬	22	重庆	邱 云	杨春平 孟子媛
9	上海	曹 静	胡勤鹏 汪 平	23	四川	冯一娜	姜 庆 代兰垒
10	江苏	陈 晖	魏晓宇 张伟杰	24	贵州	王 微	向胜男 肖 卉
11	浙江	陈南旭	曹芳英 张 星	25	云南	张亚薇	马 瑾 赵 璐
12	安徽	高 辉	肖付森 李 论	26	陕西	刘海斌	陈 戈 樊 超
13	福建	沈文馥	许正平 吴晓玲	27	新疆	杨晓红	付晓艳 魏博凝
14	江西	陶剑华	黄 燕 李翔翔				

供应链管理

项目介绍

供应链管理项目是以供应链管理师国家职业技能标准中三级 / 高级工的工作内容及相关技能、知识要求为依据，基于生产制造型或商贸流通型企业的经营案例和数据来完成供应链管理作业任务的竞赛项目，考查选手的供应链管理综合职业能力。比赛中对选手的技能要求主要包括：需求预测处理、客户订单分析、库存计划处理，采购订单分析、供应商管理，生产计划执行支持、物料控制，运输与配送运营、仓储运营、逆向物流运营和物流外包监控。

比赛模块

模块 1：技能竞赛

模块 2：展示汇报

人员名单

裁判长：王晓艳　　裁判长助理：李俊峰

序号	参赛代表团	裁判员	选手	序号	参赛代表团	裁判员	选手
1	北京	杨　涛	王晓华 段　旭	12	安徽	黄　弟	宋荣荣 李婷婷
2	天津	薛立立	李　剑 王海燕	13	福建	林朝朋	程晓玲 温妙红
3	河北	师　鹏	郭　怡 孙明贺	14	江西	黄传禄	叶晶晶 张　引
4	山西	狄华军	李　璟 胡丽丽	15	山东	刘　强	王　雷 孙宜彬
5	内蒙古	李改桃	蔡琳雅 张国卫	16	河南	吴　娟	牛波瑞 杨利峰
6	辽宁	赵东明	杨　帆 刘树娟	17	湖北	盛　夏	刘　靖 刘晓娜
7	吉林	崔　媛	张子龙 李　禄	18	湖南	陈小娥	罗娅文 邱立国
8	黑龙江	王金莲	马凌云 宫宇娟	19	广东	史祎馨	周　荃 杨联鑫
9	上海	刘建林	王　赟 翁丽贞	20	广西	陈　刚	周　洁
10	江苏	顾　静	李淑芳 王兴旺	21	海南	张修志	陈焕南 李　华
11	浙江	毛宁莉	王武剑 陈再波	22	重庆	金渝琳	马春梅 宋玉阳

续表

序号	参赛代表团	裁判员	选手	序号	参赛代表团	裁判员	选手
23	四川	张 议	卓晓芸 兰 聪	27	陕西	李红卫	刘欣萌 陈 磊
24	贵州	滕丽娜	杨礼美 袁瑗瑗	28	甘肃		程 霞
25	云南	周永飞	谭 睿 王 岑	29	新疆	姜 萍	潘俊影 冯宜英
26	西藏		彭兴梅				

人工智能训练

项目介绍

人工智能训练项目对标人工智能训练师国家职业技能标准，选取数据采集及清洗、模型训练及优化、算法测试、模型部署及应用等典型人工智能工作任务作为竞赛内容。该项目结合人工智能、深度学习、智慧感知、人工智能边缘计算及嵌入式系统应用等技术，考查参赛选手对人工智能全工具链的应用能力，培养人工智能领域高素质知识型、复合型、技能型人才。

比赛模块

模块 1：人工智能应用数据集制作

模块 2：人工智能应用模型训练

模块 3：智能自动驾驶场景综合运用

模块 4：安全意识与职业素养

人员名单

裁判长：周述苍　　裁判长助理：付少华

序号	参赛代表团	裁判员	选手	序号	参赛代表团	裁判员	选手
1	北京	司 斌	侯佳丽 李宗远	2	天津	杨 旭	李占仓 毛福新

续表

序号	参赛代表团	裁判员	选手
3	河北	王 磊	田杰宇 郭顺美
4	山西	赵 毅	魏 瑾 闫 帅
5	内蒙古	席讴婕	胡秀丽 姜 鑫
6	辽宁	陈玉勇	关 星 刘美佳
7	吉林	任天琳	陈立博 李 峰
8	黑龙江		崔艳坤 张湘雨
9	上海	刘 艳	孙鑫鑫 周劼人
10	江苏	薛 冷	丁亚楠 李佳琳
11	浙江	周启育	毛宏光 邱建忠
12	安徽	陶 伟	刘利宁 陈克宗
13	福建	黄金凤	高国栋 庞文宇
14	江西	唐燕影	邓艳菲 陈以淮
15	山东	栾东丽	时 辉 于静斐
16	河南	常 鹏	魏苗苗 张心德
17	湖北	吴 建	肖 林 杜 妍
18	湖南	张 志	李友敏 宋安宁
19	广东	于永忱	彭源秋 詹吉彬
20	广西	王洪广	谢振津 李桂强
21	海南	布 丹	赵亚迪 王颜莹
22	重庆	胡云冰	陈文杰 秦长春
23	四川	陈运军	田正卫 张 阳
24	贵州	胡平志	彭爱泉 丁泽发
25	云南	邵 雪	白春涛
26	陕西	董 奇	朱金坛 王 菲
27	甘肃	康筱彬	高政霞
28	新疆	杨功元	姚居文 陈景超
29	新疆兵团		马春芝

健康照护

项目介绍

健康照护项目是指健康照护从业人员运用基本医学护理知识与职业技能在家庭、医院、社区、养老机构等场所，为照护对象提供健康照护及生活照料的竞赛项目。选手基于真实情境案例，评估照护对象的身心照护需求；基于评估结果并按照工作任务要求，完成实操技能；按照特定情境制定照护计划、健康教育海报或撰写反思报告；将安全照护、沟通交流、心理支持、健康教育、人文关怀、职业安全与防护等贯穿于照护服务全过程中。

比赛模块

模块 1：养老机构场景

模块 2：医院场景

模块 3：社区场景

模块 4：家庭场景

人员名单

裁判长：单伟颖　　裁判长助理：宁艳娇

序号	参赛代表团	裁判员	选手	序号	参赛代表团	裁判员	选手
1	北京	霍春暖	李琼琼 李　佳	11	浙江	张晓军	王文文 方　甜
2	天津	薛　梅	景建玲 苑晶晶	12	安徽	杨爱琴	熊　娟 赵宏宇
3	河北	卢思英	李　馨 贾红力	13	福建	龚国梅	吴嫩萍 简舒平
4	山西	杨　颖	贾　玲 王变变	14	江西	梅赣红	宋思蓓 杨宏慧
5	内蒙古	李利霞	张璐璐 白　璐	15	山东	马承梅	焦文文 井艺蓓
6	辽宁	魏迎东	黄冬冬 梁　青	16	河南	白　洁	李琳琳 吴亚琳
7	吉林	姜海威	赵玉霜 雷立立	17	湖北	严　新	冯甜甜 李繁星
8	黑龙江	孙联伟	郭万如	18	湖南	颜丽霞	张　威 李玉芳
9	上海	朱爱勇	陈慧勤 林秀怡	19	广东	凌淑芬	罗少龙 白淑娟
10	江苏	朱芬芬	张俊贤 张婷婷	20	广西	邱雪珍	吴林秀 周玉华

续表

序号	参赛代表团	裁判员	选手	序号	参赛代表团	裁判员	选手
21	海南	韩宏霞	顾路艳 朱莉娜	27	陕西	雷海茹	韩　莎 王晨曦
22	重庆	邓　辉	沈　娇 张真容	28	甘肃	李惠菊	高　静
23	四川	邓小利	才　华 王英南	29	青海	卢晓东	付金英
24	贵州	李红波	郑　雪 胡　毅	30	宁夏	陈　姗	刘婷婷
25	云南	张琼梅	顾　佳 崔　迪	31	新疆	玛　力	阿依古再丽·伊敏 苏文彦
26	西藏	谢晓凤	谢小华 吕澳清	32	新疆兵团	李敏慈	王　琴

物联网安装调试

项目介绍

物联网安装调试项目是指对接应用场景，利用检测仪器和专用工具，安装、配置、调试物联网产品和设备的竞赛项目。比赛中涉及智慧农业、智能家居、智慧工厂等领域中物联网基础应用点，根据客户需求，选手制定实施方案，合理选用现场提供的多种物联网设备，按照产品使用说明书，配置相关软件、硬件，按照工程施工规范搭建物联网系统，实现相应功能。

比赛模块

模块 1：物联网方案设计与实现

模块 2：物联网云平台应用开发

模块 3：项目前期调研与实施后设备维护文档整理

人员名单

裁判长：李晓五　　裁判长助理：田凤霞

序号	参赛代表团	裁判员	选手	序号	参赛代表团	裁判员	选手
1	北京	江素颖	寇翰星 王小永	17	湖北	綦志勇	关婷婷 曹　廷
2	天津	杨孟青	刘　磊 夏瑞滨	18	湖南	周　虹	湛剑佳 杨功银
3	河北	张宝慧	王广平 霍　然	19	广东	刘思雨	陈外平 郑伟贞
4	山西	徐向军	王　彪 刘　鑫	20	广西	张　青	杜立婵 王　彪
5	内蒙古	秦　涛	王艳春 乌云达来	21	海南	谢　斌	王建晓 杨　勇
6	辽宁	肖洪波	张祥泰 曲　艺	22	重庆	易国键	洪　政 李春玲
7	吉林	高小淋	吕春雨 王　莹	23	四川	成友才	丁向美 罗轶蕾
8	黑龙江	刘纬林	关宝金 胡立军	24	贵州	刘　明	苏雪寒 陆光培
9	上海	徐军明	余　洋 赵鑫亮	25	云南	杨栩生	王志昆 杨宇皓
10	江苏	张　晴	刘　慧 刘家成	26	西藏	张　森	张文波 旦巴杰增
11	浙江	许钱江	邓逸鸣 孟光毅	27	陕西	刘　星	贾　佳 周　挺
12	安徽	李珍红	郭猛猛 高俊峰	28	甘肃	南永新	任　静 文　晖
13	福建	杨　玲	柯昌锵 吴慧谦	29	宁夏	马晓虎	王　敏 王　刚
14	江西	夏　昕	梁　丽 糜修尘	30	新疆	温军利	张力唯 郑　涛
15	山东	宋　尚	韩秀红 李　伟	31	新疆兵团	孙　娟	张生涛 郭　龙
16	河南	周胜利	李亚哲 徐佳毅				

工业机器人系统操作

项目介绍

工业机器人系统操作项目是指依据工业机器人系统操作员国家职业技能标准三级工作内容及相关技能、知识要求，使用示教器、操作面板等人机交互设备及相关机械工具对工业机器人、工业机器人工作站或系统进行装配、编程、调试、工艺参数更改、工装夹具更换及其他辅助作业的竞赛项目。比赛中对选手的技能要求主要包括：完成工业机器人机械及电气系统装调，利用工业机器人离线仿真软件完成离线程序编制及优化实施，对工业机器人系统及工作站进行编程与调试及系统规划与调整。

比赛模块

模块 1：工业机器人系统硬件安装与调试

模块 2：工业机器人数字孪生虚拟调试

模块 3：工业机器人系统编程与调试

模块 4：系统综合应用

模块 5：职业素养

人员名单

裁判长：羊荣金　　裁判长助理：骆书芳

序号	参赛代表团	裁判员	选手	序号	参赛代表团	裁判员	选手
1	北京	常　锋	张　彪 牛梦洁	6	辽宁	马宏骞	时　佳 夏金伟
2	天津	祁宇明	袁海亮 何琳锋	7	吉林	宋立武	刘　威 贾福贺
3	河北	苏剑策	王文栓 施政伟	8	黑龙江	许　郢	乔　阳 杨宏帅
4	山西	李思锐	余成凯 成　超	9	上海	吴燕琳	秦　意 张渊民
5	内蒙古	马　强	吕　英 何立新	10	江苏	韦　俊	何子卿 张　成

续表

序号	参赛代表团	裁判员	选手
11	浙江	陈 弢	陈东旭 薛倩倩
12	安徽	张文武	杨金国 宋子根
13	福建	苏士超	纪荣火 魏龙建
14	江西	黄贤振	易 锟 张丽红
15	山东	李 峰	王雷雷 窦 航
16	河南	王 亮	王枫清 卫家鹏
17	湖北	杜 娇	黄 攀 张紫递
18	湖南	刘志辉	陈 攀 邓存贵
19	广东	黄景良	王贤辰 张健锋
20	广西	张叶茂	黄宇婧 周文军
21	海南	高宇斌	李海胜 曾兆奎
22	重庆	邱 庆	蒋 川 张 波
23	四川	胡 丹	李玉龙 崔世良
24	贵州	程 静	王海军 裴 松
25	云南	孙成顺	王 熙 马佩志
26	陕西	田小静	刘临鑫 王 军
27	新疆	孙东东	李 杰 刘焕海
28	新疆兵团		王 鹏 苑国伟

工业机器人系统运维

项目介绍

工业机器人系统运维项目是指选手使用工具、量具、检测仪器及设备，对工业机器人、工业机器人工作站或系统，完成数据采集、状态监测、故障诊断与维修、运行维护保养等作业的竞赛项目。比赛中对选手的技能要求包括：工业机器人机械及电气系统检查、故障诊断与处理，工业机器人系统保养与运行维护，工业机器人系统数据采集与状态检测。

比赛模块

模块 1：工业机器人周边设备安装

模块 2：工业机器人系统检查与故障处理

模块 3：工业机器人系统参数设定与测试

模块 4：工业机器人系统运行维护

模块 5：工业机器人系统数据采集与远程状态监测

人员名单

裁判长：王春峰　　裁判长助理：冯　骥

序号	参赛代表团	裁判员	选手
1	北京	贾明伟	刘晓伟 王　欣
2	天津	蒋永翔	刘世坤 张俊山
3	河北	樊启永	张会华 马子奕
4	山西	王洪亮	马文斌 薛文斌
5	内蒙古	吴　婧	张占伟 裴秀峰
6	辽宁	李　琦	高　帅 金昊磊
7	吉林	尚　军	于春盛 牛兆军
8	黑龙江	胡江川	孙福才 邱志新
9	上海	周俊妩	唐江微 杨利静
10	江苏	朱　曦	杨丁弘扬 王村伟
11	浙江	李震球	曾玉平 张寅锋
12	安徽	张小明	马永杰 张盼盼
13	福建	吴　贤	辛顺强 罗　钶
14	江西	殷　欢	罗大海 田　泉
15	山东	孙晓东	王俊涛 王　超
16	河南	刘日晨	寇　爽 刘振兴
17	湖北	詹思阳	陈俊文 刘　政
18	湖南	王霄腾	蒲英钊 谭会平
19	广东	林剑斌	吴　延 黄泽海
20	广西	叶远坚	王荔檬 莫名韶
21	海南	陈　瑾	杜开星 王启名
22	重庆	郎小波	陈晨阳 李海涛
23	四川	龙　江	黄　巩 恒非非
24	贵州	陈安武	肖　港 韩　寒
25	云南	周东升	王　彤 李志杰
26	陕西	刘　萍	韩　帅 王　峰
27	新疆	刘艳荣	王俊娜 施福贵
28	新疆兵团		侯志强 陈　海

无人机装调检修

项目介绍

无人机装调检修项目对标无人机装调检修工国家职业技能标准高级工、技师内容，以无人机装调检修实际工作为项目背景进行设计，以无人机选型、装配、调试、检修与维护等技能为考查方向，重点考核选手无人机零部件选型、整机装配、系统调试、性能测试及故障检修等无人机装调检修综合应用技术的运用能力。

比赛模块

模块 1：无人机零部件选型与装配

模块 2：无人机系统调试

模块 3：无人机功能和性能测试

模块 4：无人机故障检修

人员名单

裁判长：张春芝　　裁判长助理：吴恩铭

序号	参赛代表团	裁判员	选手	序号	参赛代表团	裁判员	选手
1	北京	陈振军	解赞冉 王　乐	8	黑龙江	陆静静	杜佩桐 赵孝民
2	天津	李鹏辉	张月新 宋光坤	9	上海	郑豪杰	陈　彬 王小强
3	河北	宋亚夺	李　飞 张文英	10	江苏	王雨峰	白小文 刘永学
4	山西	侯永飞	逯晓琪 杨宇涛	11	浙江	陈一鑫	苗威力 杨永翔
5	内蒙古	夏季风	呼和巴特尔 石磊	12	安徽	王德高	朱俊菊 张　翼
6	辽宁	刘文华	李　伟 刘东兴	13	福建	朱来发	金昌锦 林宗炮
7	吉林	杨　超	李凯瑞 姜　涛	14	江西	漆　罡	邓　鑫 魏　帆

续表

序号	参赛代表团	裁判员	选手	序号	参赛代表团	裁判员	选手
15	山东	贾天洪	李玉伟 柴守立	23	四川	邢君臣	周　炜 贺震圳
16	河南	刘艳菊	冯文鑫 焦　腾	24	贵州	王运成	龚寿涛 杨发文
17	湖北	王古常	付炳翔 曹建龙	25	云南	吴　峻	虎　枭 赵长宇
18	湖南	杨　刚	王怀超 杨国文	26	陕西	谢　辉	李少栋 姚朝曦
19	广东	洪玉祥	张　凤 郑建奇	27	甘肃		吴永春 岳小博
20	广西	甘　勍	刘　成	28	青海	李　强	赵四平
21	海南	王　微	王　发 符芳涌	29	新疆	李茂辉	王成波 胡　怡
22	重庆	夏　扬	陈小兵 何　涛	30	新疆兵团		王　挺

建筑信息模型（BIM）技术

项目介绍

建筑信息模型（BIM）技术是用于在整个建筑项目生命周期中创建和管理建筑项目信息的技术。通过对建筑的数据化、信息化模型整合，实现项目设计、建造和运营全生命周期过程中的信息共享和传递，在提高生产效率、节约成本和缩短工期方面发挥重要作用。本次技能大赛对选手的技能要求及考核主要包括：通用数据环境，模型创建与编辑，模型更新与协同，模型注释与出图，专业应用，实施策划，模型成果输出。

比赛模块

模块 1：结构建模

模块 2：建筑建模

模块 3：协调分析

人员名单

裁判长：何兵裁　　判长助理：林闪宇

序号	参赛代表团	裁判员	选手
1	北京	朱溢镕	朱玉婷 吴成宇
2	天津	刘智绪	刘晴阳 张晓艳
3	河北	赵子亮	杨羽利 张立增
4	山西	段素萍	张振东 韩太文
5	内蒙古	王　凯	李东升 俄　北
6	辽宁	刘新月	刘　东 穆家峰
7	吉林	韩风毅	李厚萱 段　羽
8	黑龙江	英鹏程	李秀凤 李云平
9	上海	王万平	陈冬梅 崔锡虎
10	江苏	梁　效	许　晖 朱建威
11	浙江	相明钰	张　吉 冯芬芬
12	安徽	丁　飞	杨　沛 陈宇博
13	福建	吴晓园	林建昌 蔡钰铭
14	江西	杨　宁	伍岳青 符元颢
15	山东	朱月红	于　莉 陈书霞
16	河南	张志伟	李　祯 王亚楠
17	湖北	安　娜	孟德颖 陈　卓
18	湖南	许　磊	曾奕伟 段　帅
19	广东	傅　楠	李炽彬 李　兵
20	广西	王少辉	徐莹莹 袁　平
21	海南	方宝朝	殷泽毅 赵凯丽
22	重庆	刘清菊	沈久方 吴　彬
23	四川	韦秋杰	张　颖 陈良樟
24	贵州	曹　鹏	李雨阳 李圣鑫
25	云南	涂兴剑	郭成俊 孟格卉
26	西藏		巫笑宇 李启顺
27	陕西	王　茹	贾　鑫 王振峰
28	青海	朱　娜	桑凤玉
29	新疆	丁　勇	张成杰 库尔班·哈德尔
30	新疆兵团		候　悦

增材制造设备操作

项目介绍

增材制造设备操作项目依据增材制造设备操作员国家职业技能标准三级要求制定竞赛内容。具体为：使用现场提供的三维扫描设备完成给定产品三维数据采集和逆向建模；给定有缺陷零件的三维点云数据，完成零件数据修复；根据给定的情景，完成设计某一产品，应用 FDM（熔丝沉积成形）、光固化两种 3D 打印设备打印组成产品的所有零件，通过后处理后进行装配，实现要求的功能；使用现场提供的另一款三维扫描设备对指定零件进行扫描，获取三维点云数据，通过数据比对，检测该零件尺寸、几何公差，并出具检测报告。比赛中对选手的技能要求包括：三维数据采集与建模，零件缺陷修复，产品设计，产品 3D 打印与后处理，零件三维数字化检测。

比赛模块

模块 1：零件三维数据采集与建模

模块 2：零件缺陷修复

模块 3：产品设计

模块 4：产品 3D 打印与后处理

模块 5：零件三维数字化检测

人员名单

裁判长：刘永利　　裁判长助理：刘志宏

序号	参赛代表团	裁判员	选手	序号	参赛代表团	裁判员	选手
1	北京	郝永刚	关　豹 张　勇	4	山西	杨宜宁	杨　冰 张红志
2	天津	王　涛	刘世雄 吴超辉	5	内蒙古	刘月琴	王晓波 赵　磊
3	河北	杨立云	任晨旭 张良贵	6	辽宁	吴文奇	吕佳楠 刘　宇

续表

序号	参赛代表团	裁判员	选手	序号	参赛代表团	裁判员	选手
7	黑龙江	杨书婕	卢天奇 高莹莹	19	广西	杨向军	梁诗雨 杨武和
8	上海	曾绍连	徐佳文 许梓谦	20	海南	王厚省	王 露 马经远
9	江苏	张中海	陈 健 戴 逸	21	重庆	胡 建	邱 波 徐永杰
10	浙江	范建锋	韩瑞生 李方争	22	四川	陶 华	费国胜 白晶斐
11	安徽	王 飞	纪申申 武明月	23	贵州	杨文龙	黄立宏 徐文超
12	福建	黄必兴	高艺惠 郑 瑜	24	云南	章 莉	孙海林 念改生
13	江西	郭维昭	罗志良 文 颖	25	西藏		尼玛潘多 白玛措姆
14	山东	张莉娟	孙明越 徐雪彦	26	陕西	吴 兵	孔 琳 谢国印
15	河南	刘永明	王文超 张焕琪	27	甘肃		张 昊 徐生龙
16	湖北	谢 丹	王 龙 张庭雅	28	宁夏		张兴兴
17	湖南	许孔联	孙中柏 刘 波	29	新疆	阿迪力· 阿不力克木	张智鑫 张智枭
18	广东	谢信强	陈梦园 凡 伟	30	新疆兵团		柴金伟

全媒体运营

项目介绍

全媒体运营项目主要依据全媒体运营师职业技能素养和专业要求，重点评测全媒体职业技能核心工作流程的策、采、编、发、评等能力。赛项引入企业真实媒体工程应用案例，参赛选手通过对文本、音频、影像、动画、网页等媒体信息内容进行加工制作，完成全媒体作品的创作与发布，并通过数据分析等方式，展现信息传播的匹配度与精准度，最后依据任务整体完成情况进行成绩评判。

比赛模块

模块 1：全媒体文案策划

模块 2：全媒体素材加工处理

模块 3：全媒体网页制作与开发

模块 4：全媒体数据分析

模块 5：全媒体传播与运营

人员名单

裁判长：淮永建　　裁判长助理：张　艳

序号	参赛代表团	裁判员	选手	序号	参赛代表团	裁判员	选手
1	北京	温亮宝	周燕华 吴亚娟	13	福建	朱雪莲	赵　哲 郑明明
2	天津	马朝东	纪　全 张丹艳	14	江西	陈　亮	钟惠平 刘远晗
3	河北	黄　芳	孟　萌 冯　宁	15	山东	曲新笛	刘　哲 王艳丽
4	山西	陕晋军	杨志伟 赵　熠	16	河南	秦　乐	李西菡 梁贞贞
5	内蒙古	王　美	杨妍琼	17	湖北	李　瑞	邓华丽 陈德瑞
6	辽宁	王中兴	马迦南 文　佳	18	湖南	孔繁晓	周婷婷 莫诗鋆
7	吉林	白永星	邢雅婷 董思铭	19	广东	林子舜	葛　蓝 何　华
8	黑龙江	柴方艳	蔡敏强	20	广西	邓　伟	张　晔 龙　妍
9	上海	高　贤	熊路娜 沈　媛	21	海南	张　舒	占志欢 许玲玲
10	江苏	陈晓燕	季俊杰 邢科云	22	重庆	易　军	汪丹丹 余龙江
11	浙江	陈　春	王法辉 孔丹虹	23	四川	卓先德	易仁杰 任宝锴
12	安徽	朱正国	许　昆 孙山春	24	贵州	刘丹丹	李林倩 官雪英

续表

序号	参赛代表团	裁判员	选手
25	云南	张峻旗	尹梓涵 陈　静
26	西藏		卓玛拉姆
27	陕西	黄志宏	黄　晨 温卓方
28	甘肃	赵淑巧	张克柱
29	宁夏	周丽雯	唐　燕 张　鑫
30	新疆	张文明	李　娜 宋真真
31	新疆兵团		白　璐

区块链应用操作

项目介绍

区块链应用操作项目围绕区块链产业落地应用中的人才和岗位需求，对标区块链应用操作员国家职业技能标准等相关标准。比赛中对选手的技能要求主要包括：了解区块链基础和应用操作知识，能够开展区块链应用运维、应用测试和应用操作等工作。

比赛模块

模块 1：应用运维

模块 2：应用测试

模块 3：应用操作

模块 4：职业素养

人员名单

裁判长：李　鸣　　裁判长助理：李　腾

序号	参赛代表团	裁判员	选手
1	北京	冯秀娟	王雅蔷 刘学工
2	天津	刘秀龙	井庆华 王　旭
3	河北	许焕新	范亚宁 王　妍
4	山西	乔　霞	王瑞花 冯　瑞

续表

序号	参赛代表团	裁判员	选手	序号	参赛代表团	裁判员	选手
5	内蒙古	郭进元	金耀辉	18	湖南	唐　俊	黄　海 王　敏
6	辽宁	云　健	崔　满 于　润	19	广东	徐汉文	冯子贤 易海博
7	吉林	赵　佳	翟玉楠 丁　言	20	广西	李先贵	朱　广 关志广
8	黑龙江	刘　阳	宋　磊	21	海南	王四海	陈印霁 韩　薇
9	上海	刘百祥	唐　坤 郭书生	22	重庆	陈　易	卢建云 杨　睿
10	江苏	周　坤	张　南 陈晓云	23	四川	吕　波	赵牟兵 张　生
11	浙江	沈金强	张道国 许溜溜	24	贵州	吴玉海	夏红松 罗雯秋
12	安徽	涂成娟	李　辉 李小虎	25	云南	余翠兰	宋东翔 董　琪
13	福建	刘子盟	孙云峰 张　晨	26	西藏		程焱林
14	江西	李安裕	谭灿云 晏志鹏	27	陕西	王双明	赵恩毅 张　拓
15	山东	董芳菲	刘家奇 彭福荣	28	甘肃	武文廷	张宝元
16	河南	赵小伟	杜　鹃 芦治国	29	新疆	王红梅	梁　潇 孔钰婷
17	湖北	赵海波	董燕燕 刘　川				

服务机器人应用技术

项目介绍

服务机器人应用技术项目对标国家职业技能标准，选取医疗、商业、物流、家庭服务、公共服务等多种生活应用场景，结合人工智能、物联网、5G 通信、语音交互、自主导航、设备自我管理等技术，着重考查参赛选手的以下能力：（1）集成服务机器人软件及硬件的能力；（2）复杂场景应用服务机器人的能力；（3）优化智能服务机器人的软件及硬件的能力。

比赛模块

模块 1：服务机器人关键模块调测

模块 2：服务机器人智能导览场景应用

模块 3：服务机器人自主消毒场景应用

模块 4：服务机器人综合配送场景应用

模块 5：安全规范与职业素养

人员名单

裁判长：庞 春　　裁判长助理：江智莹

序号	参赛代表团	裁判员	选手
1	北京	朱 政	吴 昊 赵 楠
2	天津	方晓群	姚振贤 赵 卿
3	河北	李亚汝	彭 鹏 路 静
4	山西	张晓梅	邢水红 张倩倩
5	内蒙古	白文荣	高荣贵 雷厉霆
6	辽宁	王 维	任娜龙 王 琳
7	吉林	高 微	李婉珍 王 欢
8	黑龙江	孙希强	唐哲卿
9	上海	赵 军	李东澳 李泽坤
10	江苏	施 琴	元军伟 陈 嘉
11	浙江	王 琪	丁 浩 成利江
12	安徽	徐阳阳	许文亮 李世玉
13	福建	廖应生	林恒青 罗志涛
14	江西	夏源渊	张雯晖 张 奕
15	山东	杨兆柱	毕延乐 张 敏
16	河南	郝 军	姜富宽 荆 昆
17	湖北	肖 静	张 力 涂 浩
18	湖南	周 楠	陈揆能 刘苏庆
19	广东	甘学沛	梁伟超 宁 青
20	广西	万选明	秦鸿翔 张 帅
21	海南	单继周	云 铸 刘树林
22	重庆	卢婵娟	王泽良 夏于琴
23	四川	夏宇阳	陈润源 李德军
24	贵州	罗 芳	李继学 黄 祥
25	云南	王 云	李 建 郭炫杰
26	陕西	赵连娟	李研伟 石宝刚

续表

序号	参赛代表团	裁判员	选手	序号	参赛代表团	裁判员	选手
27	甘肃	移康英	李小军	29	新疆	关艳翠	杨振元 赵　乾
28	青海	周　伟	马明龙				

家政服务（整理收纳）

项目介绍

家政服务（整理收纳）项目要求按照技能标准与规范操作流程，遵循以人为本的原则，对居住空间、物品、商业空间、商品、办公空间环境与办公用品及生活、工作需求规划设计制定整理收纳方案，根据方案进行整理收纳服务，形成动线合理、扩容增质、陈列美观、物尽其用、美观舒适的空间。比赛对选手的技能要求主要包括：制定整理收纳空间与微空间规划设计方案、工具使用、微空间尺寸运用与计算、商业环境设计、色彩搭配、陈列布置，独立完成区域整理收纳的全流程——区域清空、物品分类、标准化整理、物品收纳、物品陈列与色彩搭配等标准流程操作，并能够指导与配合完成整理收纳工作。

比赛模块

模块 1：衣橱空间整理收纳、梳妆台空间整理收纳

模块 2：厨房空间整理收纳、书柜空间整理收纳

模块 3：露台楼房空间整理收纳

人员名单

裁判长：谈　檀　　　裁判长助理：魏婉晴

序号	参赛代表团	裁判员	选手	序号	参赛代表团	裁判员	选手
1	北京	潘玉明	杨　楠 金妍花	3	河北	张慧芳	宁晓莉 杨　倩
2	天津	左春雨	高静梅 翟　凤	4	山西	李爱红	邓平平 逄晓霞

续表

序号	参赛代表团	裁判员	选手	序号	参赛代表团	裁判员	选手
5	内蒙古	王淑英	陈慧娟 荆建茹	18	湖南	袁 虹	粟 喜 曾中秀
6	辽宁	王 兰	刘向娟 杨 卓	19	广东	林少记	孙 璐 林晓珊
7	吉林	卢迎春	刘雅彤 韩晶娟	20	广西	王冬梅	余诗圆 郑 玲
8	黑龙江	赵 欣	郭玮婷 赵莲花	21	海南	林 莉	李文文 潘 蕾
9	上海	许定丽	辜 井 李珂珂	22	重庆	魏 欣	刘玲媛 王 骏
10	江苏	李振宇	张晓雅 王子璇	23	四川	姜 旭	袁中华 唐宽琦
11	浙江	华云飞	梅 芳 李一弘	24	贵州	罗 戎	陈 怡 贺 娟
12	安徽	陈 晨	程修丽 李觅雯	25	云南	刘丹迪	刘明菊 汤 蕊
13	福建	廖丽珍	肖菁华 潘 燕	26	西藏		索 朗 格桑卓嘎
14	江西	邓 菲	曾鹏云 吕利云	27	陕西	向小凤	吕瑞娜 梁 凯
15	山东	蔡建华	刘 川 王丽华	28	甘肃	牛 悦	关 婧 韩柏南
16	河南	程 黎	朱俊杰 王 锦	29	新疆	马 淼	柴淑兰 李慧萍
17	湖北	顾 琳	罗 欣 别 蓉	30	新疆兵团		许阿雪 武桂芬

比赛现场

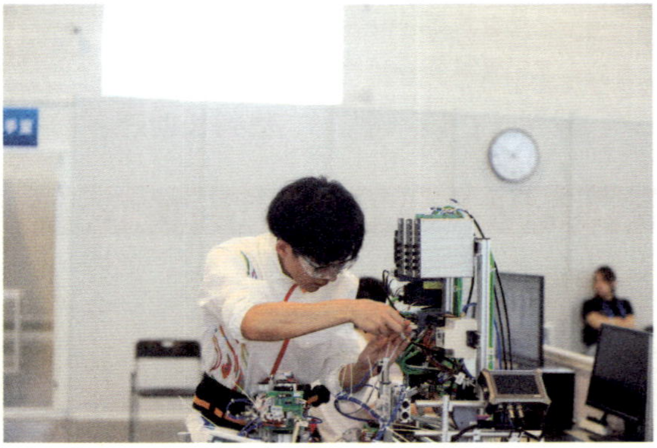

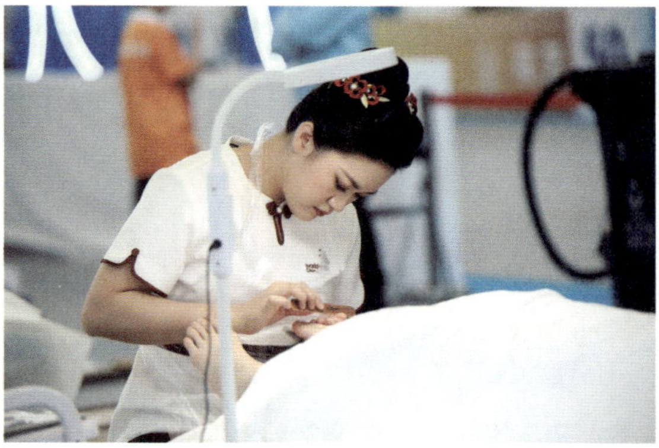

中华人民共和国第二届职业技能大赛组委会机构和人员名单

一、领导机构

（一）主任

王晓萍　人力资源社会保障部部长

张　工　天津市人民政府市长

（二）副主任

俞家栋　人力资源社会保障部副部长

李文海　天津市人民政府副市长

杨　兵　天津市人民政府副市长

（三）委员

贾怀斌　人力资源社会保障部办公厅主任

王晓君　人力资源社会保障部职业能力建设司副司长、一级巡视员

李金生　人力资源社会保障部专业技术人员管理司司长

吕玉林　人力资源社会保障部国际合作司副司长、国际交流服务中心主任

郭开军　人力资源社会保障部直属机关党委副书记、机关纪委书记、一级巡视员

王明政　人力资源社会保障部宣传中心主任

吴礼舵　中国就业培训技术指导中心主任

张　斌　中国人力资源和社会保障出版集团党委书记

刘新昌　人力资源社会保障部职业能力建设司副司长

王栩冬　天津市人民政府副秘书长

于鹏洲　天津市人民政府副秘书长

沈　超　天津市人力资源和社会保障局局长

刘华珊　天津市人力资源和社会保障局一级巡视员

刘　宇　天津市人力资源和社会保障局副局长

陈　晖　天津市人力资源和社会保障局副局长

李惠廷　天津市人力资源和社会保障局副局长

郑巴音　天津市人力资源和社会保障局副局长

赵春意　天津市人力资源和社会保障局二级巡视员

各省、自治区、直辖市及新疆生产建设兵团以及住建、交通、机械、轻工行业代表团团长

二、工作机构

（一）秘书处

秘 书 长：王晓君（兼）

沈　超（兼）

副秘书长：刘新昌（兼）

刘　宇（兼）

成　　员：翟　涛　人力资源社会保障部职业能力建设司技能竞赛管理处处长

吴立国　天津市人力资源和社会保障局职业能力建设处处长、一级调研员

（二）技术工作组

组　　长：吴礼舵（兼）

副 组 长：袁　芳　中国就业培训技术指导中心副主任、一级巡视员

高　擎　人力资源社会保障部专业技术人员管理司二级巡视员

李惠廷（兼）

成　　员：蔡　兵　中国就业培训技术指导中心技能竞赛处处长、二级巡视员

张明强　人力资源社会保障部专业技术人员管理司继续教育处处长

孙臣玮　天津市就业服务中心主任

（三）活动指导组

组　　长：吕玉林（兼）

副 组 长：李征宇　人力资源社会保障部国际交流服务中心副主任

陈　晖（兼）

成　　员：李　敏　人力资源社会保障部国际交流服务中心技能竞赛服务保障处处长

郭晓军　人力资源社会保障部国际交流服务中心出国（境）事务处处长

谭　垚　人力资源社会保障部国际交流服务中心技能人才交流处副处长

王　坤　天津市人力资源和社会保障局办公室主任

田海嵩　天津市人力资源和社会保障局专业技术人员管理处处长、一级调研员

（四）新闻宣传组

组　　长：王明政（兼）

副 组 长：龚南香　人力资源社会保障部宣传中心一级巡视员

郑巴音（兼）

成　　员：吴渊渊　人力资源社会保障部宣传中心新闻处处长

牛　琳　人力资源社会保障部宣传中心新闻处副处长

高志强　天津市人力资源和社会保障局政策研究室主任

（五）会议组

组　　长：王晓君（兼）

副 组 长：陈　玮　人力资源社会保障部办公厅副主任

赵春意（兼）

成　　员：王　维　人力资源社会保障部办公厅协调二处处长

翟　涛　人力资源社会保障部职业能力建设司技能竞赛管理处处长

李　伟　天津市人力资源和社会保障局安全应急处处长

（六）外事组

组　　长：吕玉林（兼）

副 组 长：钱晓燕　人力资源社会保障部国际合作司副司长

　　　　　陈　晖（兼）

成　　员：贾　捷　人力资源社会保障部国际合作司国际组织处处长

　　　　　张世举　天津市人力资源和社会保障局人事教育处处长

（七）市场推广组

组　　长：张　斌（兼）

副 组 长：蔡学军　中国人力资源和社会保障出版集团监事会主席

　　　　　刘　宇（兼）

成　　员：朱　丹　中国人力资源和社会保障出版集团期刊中心主任

　　　　　张　峰　天津市人力资源和社会保障局法规处处长

三、监督仲裁委员会

主　　任：郭开军（兼）

副 主 任：刘新昌（兼）

　　　　　葛恒双　中国就业培训技术指导中心党委副书记、纪委书记

　　　　　刘华珊（兼）

成　　员：张　雷　人力资源社会保障部职业能力建设司技能竞赛管理处二级调研员

　　　　　张明强　人力资源社会保障部专业技术人员管理司继续教育处处长

　　　　　应　炜　人力资源社会保障部机关党委（纪委）纪委办处长

　　　　　郭　奎　中国就业培训技术指导中心行政财务处处长

　　　　　刘永盛　天津市职业技能公共实训中心主任

中华人民共和国第二届职业技能大赛执委会机构和人员名单

一、执委会主任

李文海　天津市人民政府副市长

二、执委会副主任

杨　坡　天津市人民政府副秘书长

沈　超　天津市人力资源和社会保障局局长

三、执委会成员

张津生　天津市委组织部副部长、市公务员局局长（兼）

王立文　天津市委宣传部副部长

李　磊　天津市委网络安全和信息化委员会办公室副主任

罗延安　天津市教育委员会副主任

谷云彪　天津市工业和信息化局副局长、一级巡视员

赵　刚　天津市公安局副局长

王　洪　天津市司法局党委副书记、副局长

王春霞　天津市财政局二级巡视员

刘　宇　天津市人力资源和社会保障局副局长

宋　国　天津市住房和城乡建设委员会一级巡视员

王艳玲　天津市城市管理委员会副主任

刘道刚　天津市交通运输委员会副主任

杨建图　天津市水务局二级巡视员

顾廷新　天津市商务局二级巡视员

李　茁　天津市文化和旅游局副局长

韩金艳　天津市卫生健康委员会副主任

张晋华　天津市应急管理局二级巡视员

于　梅　天津市人民政府外事办公室副主任

刘桂林　天津市市场监督管理委员会副主任

王建军　天津市人民政府国有资产监督管理委员会党委副书记、一级巡视员

王路华　天津市体育局副局长

吴　越　天津市机关事务管理局副局长

张炳军　天津市人民政府信访办公室副主任

李志刚　天津市人民政府政务服务办公室党组成员、市公共资源交易中心主任

陈继江　天津市知识产权局副局长

金双龙　天津市大数据管理中心副主任

王以革　天津市消防救援总队副总队长

张秀强　天津市总工会副主席（挂职）、党组成员

席一政　共青团天津市委员会副书记

刘　敏　天津市地震局副局长

孙治贵　天津市气象局副局长

卞春荣　天津市通信管理局副局长

朱国璋　天津市国家安全局副局长

杜卫建　天津海河传媒中心副总裁

么　军　国家电网天津市电力公司总工程师

薛　彤　天津市津南区副区长

四、执委会办公室

组建执委会办公室，设在天津市人力资源和社会保障局，负责执委会日常工作开展，负责统筹管理和推动第二届全国技能大赛各项准备工作的组织实施，负责做好各竞赛项目的具体组织实施工作。

中华人民共和国第二届职业技能大赛参赛代表团

序号	参赛代表团	团长	副团长	领队	领队助理
1	北京	王清旺	吴晓军　王小兵	蔡　仑	孙澄宇　何　燕
2	天津	沈　超	刘　宇	吴立国	刘丽洁　王　健　孙臣玮
3	河北	杨燕伟	赵爱平	王　亮	饶立昌　杨卫洲　靳彦丽
4	山西	常建忠	吴海亮　张国旺	郜保军	祁慧丽　赵　军　刘　江
5	内蒙古	翟瑛珺	王　林　伏凌涛	张晓东	王　卿　郝志荣　杨硕荣
6	辽宁	李安财	吴秀君　唐晓东	钱　妡	王新宇　蔡　迎　王　雨
7	吉林	王　冰	杨如军　秦锡春	崔高嵩	蔡宏伟　杨　彬　尚绪更
8	黑龙江	沙广华	左志斌	苏盛刚	王淑范　蒋志强　于恩泽
9	上海	杨佳瑛	张　岚　谭友林	李　鹰	李　晔　王　波　钱　骏
10	江苏	王　斌	顾　潮　王竹林	杨进保	李建方　陈彦德　汪海云
11	浙江	吴伟斌	刘国富	陈华良	王乙婷　黄晓红　林　琳
12	安徽	王　炜	程连政	吴笑梅	王　海　张维明　徐文军
13	福建	孔繁军	洪长春　陈朱龙	陈　捷	陈　梅　刘丽红　叶立飞
14	江西	蒋　斌	王成兵　郭锦亮	徐云飞	钟阳萍　吴炜东
15	山东	张　涛	潘文勇	张　龙	郭常勇　窦煜明　王兆伟
16	河南	丁同民	李　甄　吕志华	姚　磊	王　远　任海军　支联峰
17	湖北	刘艳红	李一丹　王进军	肖　平	曾九洲　刘华平　叶旭辉
18	湖南	李永军	廖跃贵　何伟文	刘　旸	何静怡　蔡　强　羊国杰
19	广东	杜敏琪	杨红山　刘正让	叶　磊	杨　帆　张碧儿　王　建
20	广西	唐标文	辛卫红	周南屏	姚伦仲　卢有连　李　博
21	海南	李　锋	赵　微　洪日南	李会诚	黄　弘　林森森
22	重庆	黎　勇	苏　静	兰云鹏	易　君　蹇晓林　张洪刚
23	四川	胡　斌	刘晓博　陈　泉	尹　晓	郭晓静　刘　怡　王　东
24	贵州	潘　荣	肖　震　杨天仪	万远茂	罗建军　张禄海　罗亚梅
25	云南	刘立志	胡小兵	杨勇德	洪　胜　高红艳　冯海兵
26	西藏	陈来尼玛	陈可玉　朗　加	付先诚	李文学　蒋苗新
27	陕西	蔡钊利	张虎成	韩晓琴	孟庆明　程才颖　李鸿伟
28	甘肃	周丽宁	何永强	刘万俊	杜　婷　张雅淇
29	青海	胡　斌	鲁　俊	陈亚军	马富海　王雪梅
30	宁夏	李晓波	葛向东　赫金贵	徐建成	徐学温　李　翔
31	新疆	陈志江	孙　戎　李宏武	魏红艳	盛　冬　艾克拜尔·吾尤甫
32	新疆兵团	李鸿强	蔡子童	冯文强	崔永明
33	交通运输行业	李良生	王　韬　孙　海	王　英	李建新　张　巍
34	住建行业	江小群	程　鸿	李海莹	温　欣　胡晓光
35	机械行业	郑丽梅	王志强	曹怀明	史　耀
36	轻工行业	刘江毅	杨曙光　雷　尧	蒋　雯	张新奇　李岳洋

中华人民共和国第二届职业技能大赛吉祥物

2023 年 2 月 28 日，中华人民共和国第二届职业技能大赛（以下简称第二届全国技能大赛）组委会召开第一次新闻发布会，发布“天天”“津津”为第二届全国技能大赛吉祥物。

“天天”“津津”形象为一男、一女两个青年人物造型，具有青春、活力、向上的鲜明特点；色彩以蓝色、红色为主色调，突出“技能蓝、青春红”，与大赛会标“技”字标识相呼应；服饰上通过统一的工装服、安全帽、护目镜、蓝牙耳机等外形设计，形象鲜明地展现新时代技能人才的外表特征；通过人物专注、自信的表情和张开双臂、举手点赞等形态，凸显了技能人才力争上游、奋勇拼搏的精神面貌和天津人民自信包容、乐观好客的性格特质。同时，通过摩天轮造型耳机、特色桥梁、港口、天津新老标志性建筑等形象设计，展现天津城市元素。

“天天”“津津”的命名，直观表达大赛在天津举办。“天天”即“天工开物”“天天向上”，寓意技能人才拼搏进取、追求卓越、顶天立地；“津津”取自“津津有味”的谐音“津津有为”和“津渡启航”，寓意技能人才崇尚技能、大有作为，也寓意技能人才通过天津、通过第二届全国技能大赛成功晋级、独占鳌头。

天天　　　　津津

中华人民共和国第二届职业技能大赛场馆布置

（1）主赛场

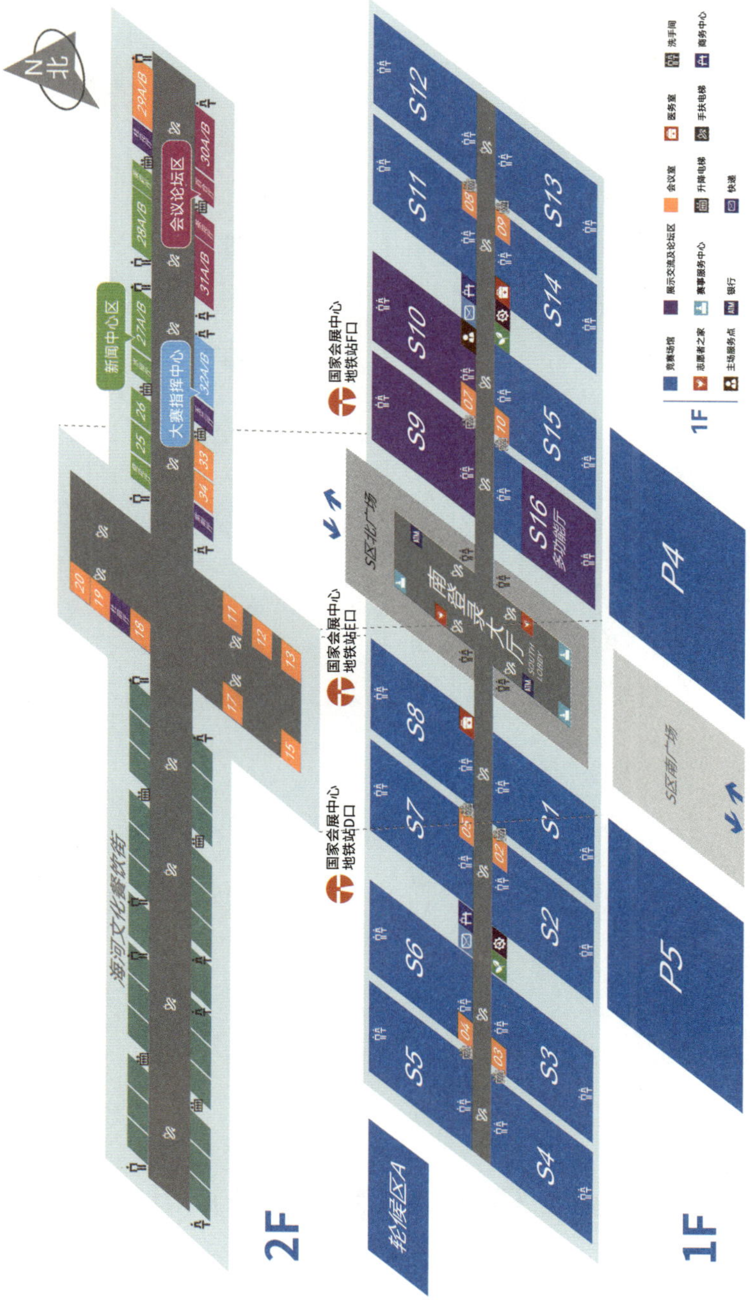

国家会展中心（天津）主赛场全景图

国展大道
国展大道
国家会展中心
地铁站D口
辛柴路
辛柴路
辛柴路
会展海河通道
会展海河通道
33 水处理技术
34 化学实验室技术
11 混凝土建筑
轮候区A
轮候区B
轮候区C
轮候区D
轮候区E
S5
S6
72 木工（国赛）
21 数控铣
31 原型制作
39 可再生能源
13 精细木工
09 家具制作
66 装配钳工（国赛）
印刷媒体技术
S5馆
S6馆
S4馆
S3馆
63 数控车（国赛）
64 数控铣（国赛）
46 云计算
109 塑料模具工程（国赛）
75 网络系统管理（国赛）
69 CAD机械设计（国赛）
25 工业控制
28 CAD机械设计
76 信息网络布线（国赛）
24 电子技术
38 光电技术
S4
S3
P6
物资集散
危险品
卫生间
医疗点
出入口

主赛场赛项分布图（左侧）

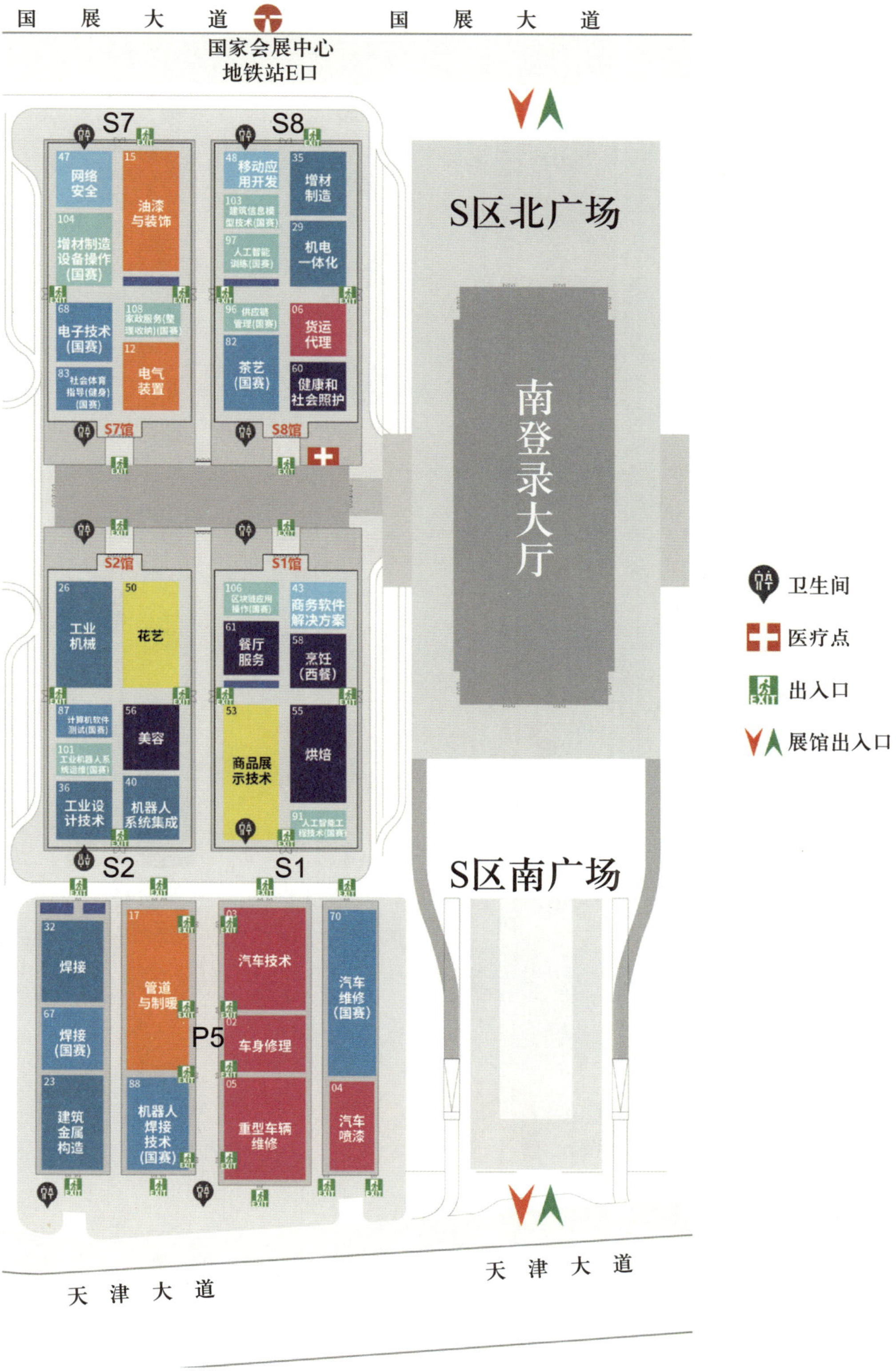

国展大道
国家会展中心
地铁站E口
国展大道
S7
S8
47 网络安全
15 油漆与装饰
104 增材制造设备操作(国赛)
68 电子技术(国赛)
108 家政服务(整理收纳)(国赛)
12 电气装置
83 社会体育指导(健身)(国赛)
S7馆
48 移动应用开发
35 增材制造
103 建筑信息模型技术(国赛)
29 机电一体化
97 人工智能训练(国赛)
96 供应链管理(国赛)
06 货运代理
82 茶艺(国赛)
60 健康和社会照护
S8馆
S区北广场
南登录大厅
S2馆
26 工业机械
50 花艺
87 计算机软件测试(国赛)
56 美容
101 工业机器人系统运维(国赛)
36 工业设计技术
40 机器人系统集成
S1馆
106 区块链应用操作(国赛)
43 商务软件解决方案
61 餐厅服务
58 烹饪(西餐)
53 商品展示技术
55 烘焙
91 人工智能工程技术(国赛)
S2
S1
S区南广场
32 焊接
67 焊接(国赛)
23 建筑金属构造
17 管道与制暖
88 机器人焊接技术(国赛)
P5
03 汽车技术
02 车身修理
05 重型车辆维修
70 汽车维修(国赛)
04 汽车喷漆
EXIT
天津大道
天津大道
卫生间
医疗点
出入口
展馆出入口

主赛场赛项分布图（中部）

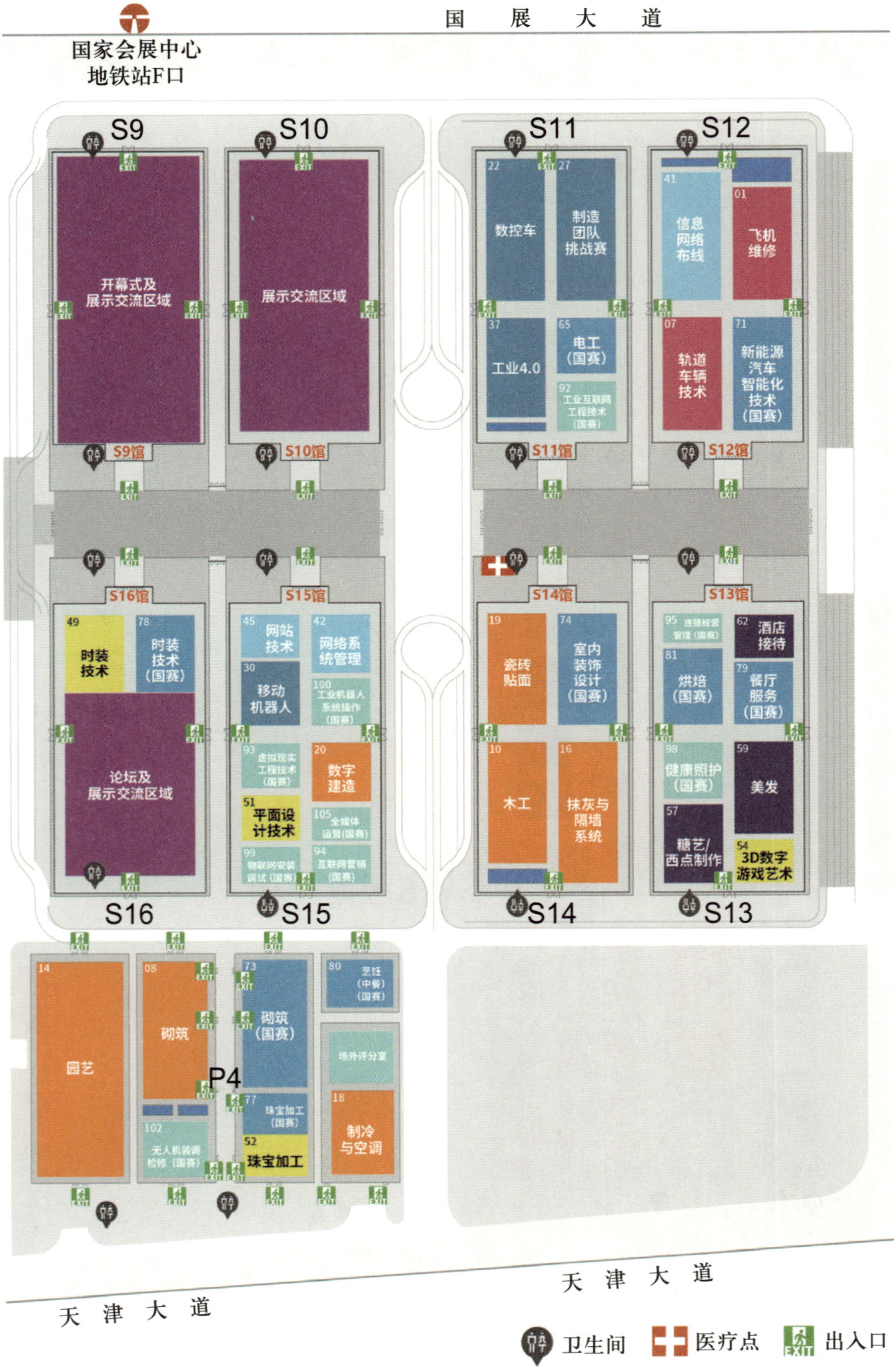
国　展　大　道
国家会展中心
地铁站F口
S9
开幕式及
展示交流区域
S9馆
S10
展示交流区域
S10馆
S11
22 数控车
27 制造团队挑战赛
37 工业4.0
65 电工（国赛）
92 工业互联网工程技术（国赛）
S11馆
S12
41 信息网络布线
01 飞机维修
07 轨道车辆技术
71 新能源汽车智能化技术（国赛）
S12馆
S16馆
49 时装技术
78 时装技术（国赛）
论坛及
展示交流区域
S16
S15馆
45 网站技术
42 网络系统管理
30 移动机器人
100 工业机器人系统操作（国赛）
93 虚拟现实工程技术（国赛）
20 数字建造
51 平面设计技术
105 全媒体运营（国赛）
99 物联网安装调试（国赛）
94 互联网营销（国赛）
S15
S14馆
19 瓷砖贴面
74 室内装饰设计（国赛）
10 木工
16 抹灰与隔墙系统
S14
S13馆
95 连锁经营管理（国赛）
62 酒店接待
81 烘焙（国赛）
79 餐厅服务（国赛）
98 健康照护（国赛）
59 美发
57 糖艺/西点制作
54 3D数字游戏艺术
S13
14 园艺
08 砌筑
P4
102 无人机装调检修（国赛）
73 砌筑（国赛）
77 珠宝加工（国赛）
52 珠宝加工
80 烹饪（中餐）（国赛）
场外评分室
18 制冷与空调
EXIT
天　津　大　道
天　津　大　道
卫生间
医疗点
出入口

主赛场赛项分布图（右侧）

（2）分赛场

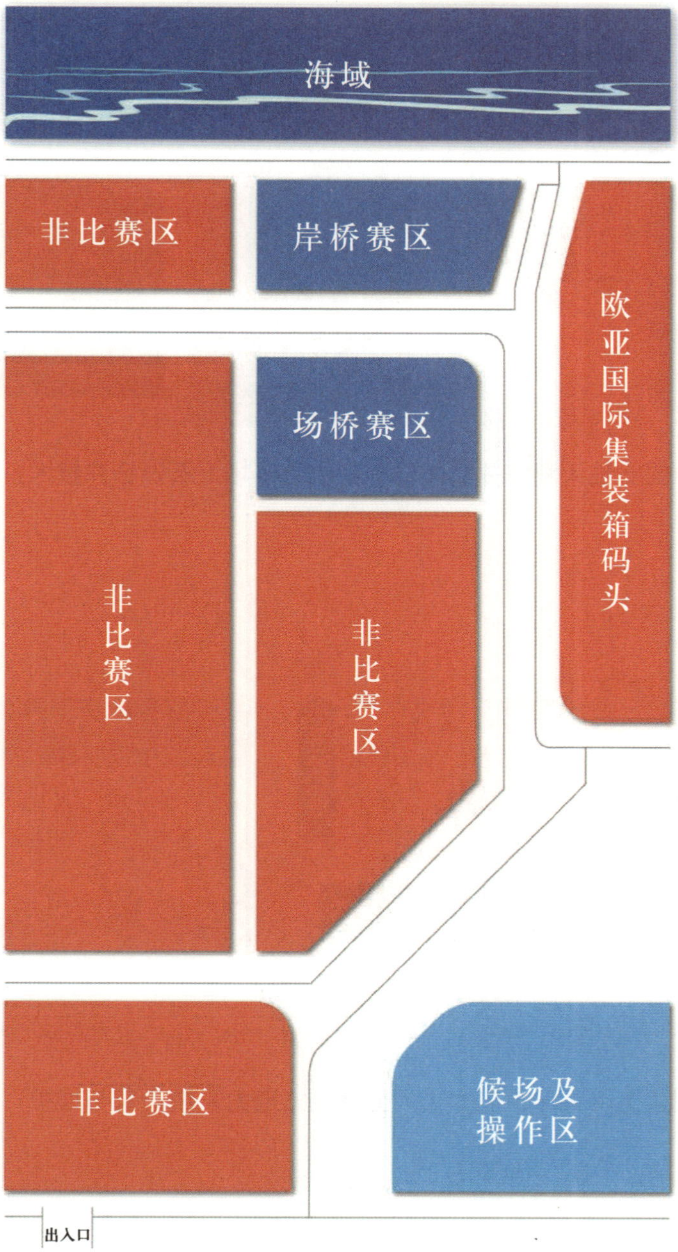

天津港（集团）有限公司分赛场（起重设备应用技术）

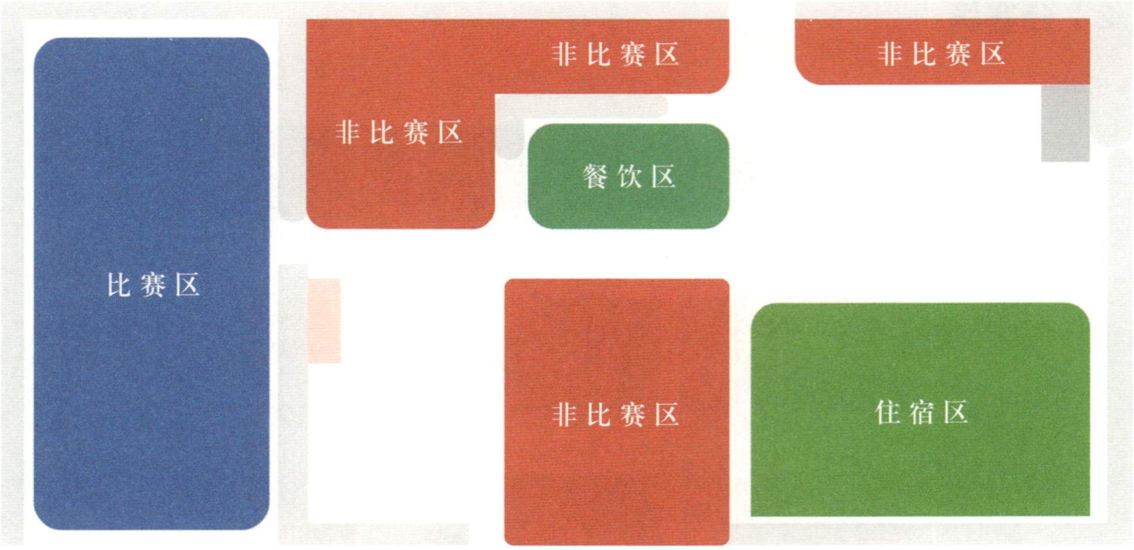

中国石油大港钻井技术培训中心分赛场（石油钻井技术）

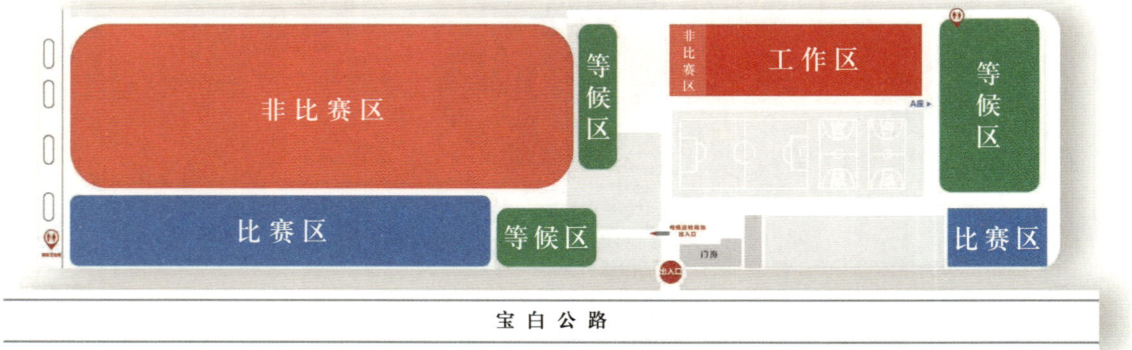

国家电网天津市电力公司分赛场（电力系统运营与维护）

中华人民共和国第二届职业技能大赛实施保障单位

序号	赛项名称	赛项保障单位
世赛选拔		
1	飞机维修	天津港保税区职业技能公共实训中心
2	车身修理	天津交通职业学院
3	汽车技术	天津市劳动经济学校（天津市人力资源和社会保障局第二高级技工学校） 唐山市劳动技师学院
4	汽车喷漆	天津市公用技师学院
5	重型车辆维修	天津市交通学校
6	货运代理	天津滨海职业学院
7	轨道车辆技术	天津铁道职业技术学院
8	砌筑	天津铁道职业技术学院
9	家具制作	天津市劳动保障技师学院 北京市经贸高级技术学校
10	木工	天津市劳动保障技师学院
11	混凝土建筑	天津铁道职业技术学院
12	电气装置	天津市机电工艺技师学院
13	精细木工	天津市劳动保障技师学院
14	园艺	天津农学院
15	油漆与装饰	天津职业技术师范大学 唐山机车技师学院
16	抹灰与隔墙系统	天津渤海职业技术学院
17	管道与制暖	天津渤海职业技术学院
18	制冷与空调	天津渤海职业技术学院
19	瓷砖贴面	天津铁道职业技术学院
20	数字建造	天津国土资源和房屋职业学院（全国房地产行业培训中心）
21	数控铣	天津市机电工艺技师学院
22	数控车	天津市机电工艺技师学院
23	建筑金属构造	中建钢构天津有限公司
24	电子技术	天津市电子信息技师学院

续表

序号	赛项名称	赛项保障单位
25	工业控制	天津市劳动保障技师学院
26	工业机械	天津市职业技能公共实训中心
27	制造团队挑战赛	天津市职业技能公共实训中心
28	CAD 机械设计	天津职业技术师范大学附属高级技术学校
29	机电一体化	天津职业技术师范大学附属高级技术学校
30	移动机器人	天津中德应用技术大学
31	原型制作	天津市机电工艺技师学院 唐山技师学院
32	焊接	中石化第四建设有限公司
33	水处理技术	天津渤海职业技术学院
34	化学实验室技术	天津渤海职业技术学院
35	增材制造	天津职业技术师范大学附属高级技术学校
36	工业设计技术	天津财经大学 唐山技师学院
37	工业 4.0	天津职业技术师范大学 北京轻工技师学院
38	光电技术	天津市电子信息技师学院
39	可再生能源	天津轻工职业技术学院
40	机器人系统集成	天津职业技术师范大学
41	信息网络布线	天津市电子信息技师学院 邢台市技师学院
42	网络系统管理	天津市电子信息技师学院
43	商务软件解决方案	天津电子信息职业技术学院 邢台市技师学院
44	印刷媒体技术	天津市职业大学
45	网站技术	天津电子信息职业技术学院
46	云计算	天津电子信息职业技术学院
47	网络安全	天津电子信息职业技术学院
48	移动应用开发	天津电子信息职业技术学院
49	时装技术	天津市广育专业技术学校
50	花艺	天津农学院

续表

序号	赛项名称	赛项保障单位
51	平面设计技术	天津中德应用技术大学
52	珠宝加工	天津职业技术师范大学
53	商品展示技术	天津职业技术师范大学
54	3D 数字游戏艺术	天津电子信息职业技术学院
55	烘焙	天津市烹饪技术学校
56	美容	天津医学高等专科学校
57	糖艺 / 西点制作	天津市烹饪技术学校
58	烹饪（西餐）	天津市职业大学
59	美发	天津市美发美容行业协会
60	健康和社会照护	天津医学高等专科学校
61	餐厅服务	天津市职业大学
62	酒店接待	天津市职业大学
	国赛精选	
63	数控车	天津职业技术师范大学附属高级技术学校
64	数控铣	天津机电职业技术学院
65	塑料模具工程	天津轻工职业技术学院
66	电工	天津职业技术师范大学附属高级技术学校
67	装配钳工	天津职业技术师范大学
68	焊接	中石化第四建设有限公司
69	电子技术	天津市电子信息技师学院
70	CAD 机械设计	天津职业技术师范大学附属高级技术学校
71	汽车维修	天津交通职业学院
72	新能源汽车智能化技术	天津中德应用技术大学
73	木工	天津市劳动保障技师学院
74	砌筑	天津铁道职业技术学院
75	室内装饰设计	天津铁道职业技术学院
76	网络系统管理	天津电子信息职业技术学院
77	信息网络布线	天津市电子信息技师学院
78	珠宝加工	天津市职业大学
79	时装技术	天津市广育专业技术学校

续表

序号	赛项名称	赛项保障单位
80	餐厅服务	天津市职业大学
81	烹饪（中餐）	天津市职业大学
82	烘焙	天津市烹饪技术学校
83	茶艺	天津市茶叶学会
84	社会体育指导（健身）	天津市体育竞赛和社会体育事务中心
85	起重设备应用技术	天津港（集团）有限公司
86	石油钻井技术	中国石油大港钻井技术培训中心
87	电力系统运营与维护	国网天津市电力公司
88	计算机软件测试	天津电子信息职业技术学院
89	机器人焊接技术	中建钢构天津有限公司
90	智能制造工程技术	天津职业技术师范大学
91	集成电路工程技术	天津职业技术师范大学
92	人工智能工程技术	天津电子信息职业技术学院
93	工业互联网工程技术	天津市电子信息技师学院
94	虚拟现实工程技术	天津中德应用技术大学
95	互联网营销	天津开放大学
96	连锁经营管理	天津渤海职业技术学院
97	供应链管理	天津职业技术师范大学附属高级技术学校
98	人工智能训练	天津职业技术师范大学
99	健康照护	天津医学高等专科学校
100	物联网安装调试	天津市电子信息技师学院
101	工业机器人系统操作	天津机电职业技术学院
102	工业机器人系统运维	天津市劳动经济学校（天津市人力资源和社会保障局第二高级技工学校）
103	无人机装调检修	天津现代职业技术学院
104	建筑信息模型技术	天津国土资源和房屋职业学院（全国房地产行业培训中心）
105	增材制造设备操作	天津职业技术师范大学附属高级技术学校
106	全媒体运营	天津开放大学
107	区块链应用操作	天津市公用技师学院
108	服务机器人应用技术	天津市机电工艺技师学院
109	家政服务（整理收纳）	天津市职业大学

中华人民共和国第二届职业技能大赛圆满闭幕

2023 年 9 月 19 日，中华人民共和国第二届职业技能大赛闭幕式在天津市奥林匹克中心体育馆举行。大赛组委会主任、人力资源社会保障部部长王晓萍宣布大赛闭幕。大赛组委会主任、天津市市长张工致闭幕辞。承办第三届全国技能大赛的河南省省长王凯承接会旗。世界技能组织首席执行官大卫·霍伊发表视频致辞。大赛组委会副主任、人力资源社会保障部副部长俞家栋，大赛组委会副主任、执委会主任、天津市副市长李文海等出席闭幕式。

闭幕式围绕《匠心》《筑梦》《技艺》《未来》四个篇章进行了现场技能展演。来自全国各地各行业的大国工匠、劳动模范、全国技术能手、世赛冠军、大赛合作伙伴等作为颁奖嘉宾，为本届大赛获金、银、铜牌的 393 名选手颁奖。现场揭晓了“最受欢迎的十大绝技”，公布了参赛队最佳奖、西部技能之星和大赛突出贡献奖、优秀组织奖获奖名单。

大赛组委会、执委会成员单位负责同志，各参赛代表团全体成员、参赛选手、裁判员，赞助企业和实施保障单位代表，以及有关媒体记者共 8 000 余人参加闭幕式。

中华人民共和国第二届职业技能大赛闭幕式议程

地　点：天津市奥林匹克中心体育馆

时　间：2023 年 9 月 19 日（星期二）19:00—21:30

时　长：150 分钟

主　题：技能成才　技能报国

议　程：

【**暖场**】闭幕式正式开始前 30 分钟，暖场表演，循环播放国赛期间精彩花絮等。

【**倒计时仪式**】（10 秒）

一、主持人开场。

二、升中华人民共和国国旗，奏唱中华人民共和国国歌。

三、节目展演及颁奖仪式。

（一）第一幕，节目展演《天工开物》。

（二）第一批颁奖：31 个项目金、银、铜牌。

（三）第二幕，节目展演《梦之交响》。

（四）第二批颁奖：31 个项目金、银、铜牌。

（五）第三幕，“最受欢迎的十大绝技”展演《技聚天津》。

（六）第三批颁奖：27 个项目金、银、铜牌。

（七）第四幕，节目展演《共赴未来》。

（八）第四批颁奖：20 个项目金、银、铜牌。

四、宣读参赛团最佳选手奖、西部技能之星、大赛突出贡献奖和优秀组织奖。

五、世界技能组织首席执行官大卫·霍伊视频致辞。

六、天津市委副书记、市长张工致闭幕辞。

七、人力资源社会保障部部长王晓萍宣布中华人民共和国第二届职业技能大赛闭幕。

八、会旗交接。

九、中华人民共和国第三届职业技能大赛举办地节目表演，播放举办地宣传片。

十、谢幕。

世界技能组织首席执行官大卫·霍伊在闭幕式上的致辞

我非常荣幸能与大家一起见证中华人民共和国第二届职业技能大赛闭幕式这一重要时刻。

我谨代表世界技能组织向王晓萍部长和张工市长致以问候。

我衷心祝贺本次大赛取得圆满成功。

感谢中国人力资源社会保障部、世界技能大赛中国组委会及所有合作伙伴。我们正在携手提升技能对推动经济和社会发展的重要意义。

此时此刻的成果，离不开各位选手、专家、支持者、志愿者和大赛组织者的辛勤付出和不懈努力。

你们展现了激情，你们展现出训练有素，你们挑战了自身的极限。

世界技能大赛之所以在推动技能开发方面居于最重要的位置，原因就在于支持那些专注追求卓越的青年。

我们今天在这里看到的才华横溢的选手们是进步的设计者、行业的建设者和创新的倡导者。你们是建设更美好世界所需要的技能人才。

世界技能组织与中国的联系十分牢固。过去多年，我们与中国人力资源社会保障部的同事们建立了深厚的友谊。

我们期待着今年 11 月世界技能博物馆在上海开馆。中国在黄浦江畔创造了一个世界技能组织可以分享其历史的永久性场所，这是我们的荣幸。

展望未来，仅仅在三年后，上海就将举办第 48 届世界技能大赛。这是一个非凡的里程碑，世界技能开发领域的领军人物都将齐聚中国。

在此之前，我们非常欢迎中国代表团参加 2024 年 9 月在法国里昂举行的世界技能大赛。

我感谢今天在场的每个人对技能开发事业的热忱。

我希望你们每个人能够继续你们的技能之旅，拥抱技能创造出的各种可能性。

谢谢！

中华人民共和国第二届职业技能大赛奖牌

奖牌正面以中华人民共和国职业技能大赛会徽为核心，背景为鲁班锁的创意图形，对应技能大赛的特质。奖牌背面以代表天津两个历史时期的显著地标——解放桥与天津站剪影为主元素，桥是能工巧匠的代表作，交通元素寓意通达、通畅、开放；上方点缀海鸥，寓意天津作为滨海城市的地理属性和“生态优先、绿色发展”的理念；下方饰有水波纹，与奖牌挂钩的水纹上下呼应，寓意河海涟漪，心心相融，饱含了对圆满举办本届大赛的美好祝愿。

金牌

银牌

铜牌

展示展演

中华人民共和国第二届职业技能大赛展示交流活动

活动概况

第二届全国技能大赛展示交流活动作为大赛的一项重要配套活动，旨在宣传党和国家对技能人才工作的关心和支持，展示技能人才队伍建设成果，围绕“技能成才、技能报国”主题，交流推广职业能力建设经验，全面提升新时代技能人才工作和职业技能竞赛品牌的社会影响力，大力弘扬劳模精神、劳动精神、工匠精神，营造尊重劳动、尊重知识、尊重人才、尊重创造的良好社会氛围，促进政府、企业、院校间的合作。

活动于大赛同期在天津市国家会展中心举办，分设国家成果展、天津成果展、各省（区、市）及参赛行业部门成果展、天津产业人才联盟技能建设展、企业设备与技术展等 7 个展区，共计 290 多个技能成果展示交流项目，展会面积约 2 万 m^2。

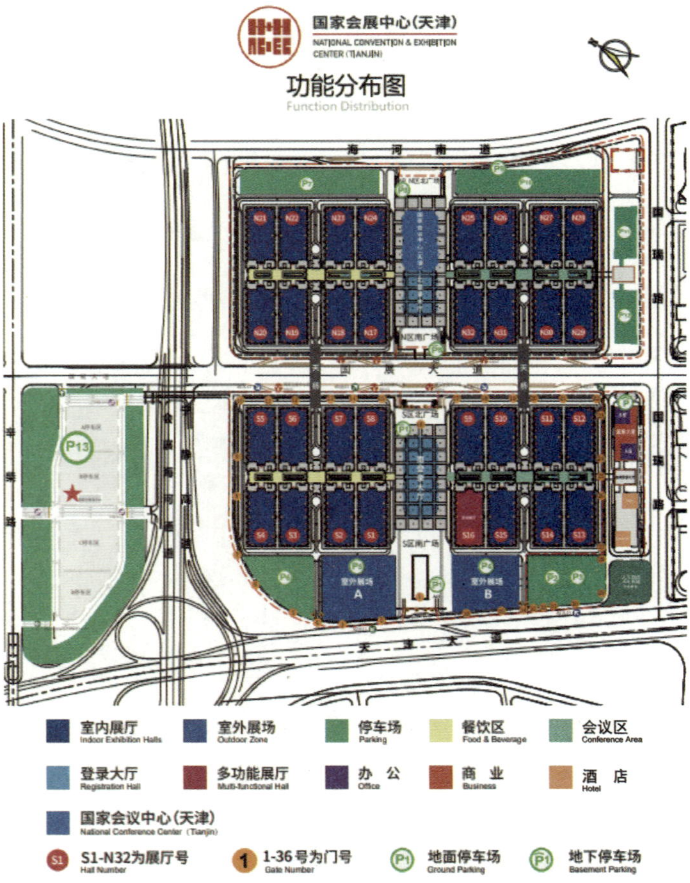

主要展示内容

（一）国家成果展。主要内容包括：一是中央领导同志对技能人才工作的重要指示批示，党中央、国务院关于加强技能人才队伍建设的重要政策措施；二是技能人才队伍建设成就、技工教育和职业技能培训发展情况；三是世界技能大赛情况及我国历届参赛成绩、成果；四是国内职业技能竞赛、技能人才评价和高技能人才表彰工作开展情况；五是“技能中国行 2023——走进天津”活动。

（二）天津成果展。主要内容包括：一是天津的历史文化、城市风貌和经济社会发展成就；二是技能人才工作发展历程和成果、海河工匠风采、技能人才创新创业成果、职业技能竞赛成果；三是职业（技工）院校发展历程和亮点、职业（技工）教育与乡村振兴合作成果；四是具有天津特色的传统技艺、绝技绝活。

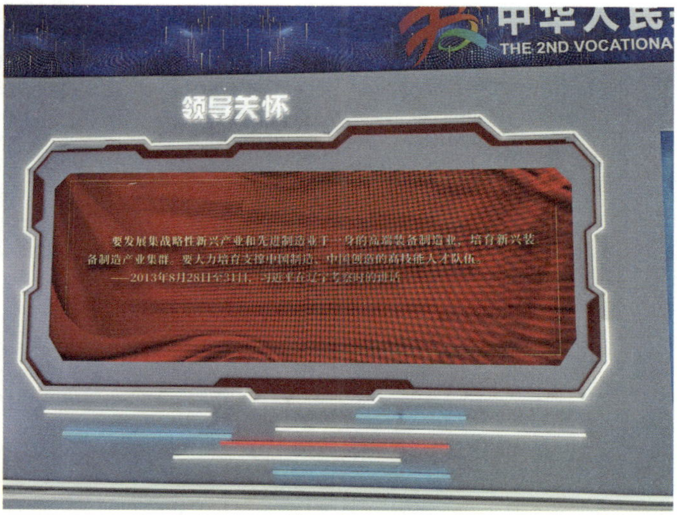

（三）各省（区、市）及参赛行业部门成果展。主要内容包括：一是各省（区、市）技能人才队伍建设工作历程和成果、技能人才创新创业成果、职业技能竞赛成果；二是各地技工院校发展历程和亮点，教材、课程和师资建设成果，技工教育与乡村振兴、技工教育与“一带一路”国际合作等成果项目；三是有关参赛行业部门的技能人才队伍建设工作成果，代表先进科技水平和制造工艺的技术、产品等；四是具有地方和行业特色的传统技艺、绝技绝活。

（四）天津产业人才联盟技能建设展。主要内容包括：天津产业人才联盟的成立背景、发展历程、涉及的重点产业领域、高技能人才培养及创新创业成果、今后的发展规划以及对于高技能人才的需求。

（五）企业设备与技术展。主要内容包括：大赛赞助企业的品牌、产品、人才培养和社会责任，以及对职业技能竞赛的参与和支持。

（六）群众技能体验擂台赛。主要内容包括：创新开发互动性强的非遗项目、体验性强的国赛项目、趣味性强的绝活项目、乡土味强的民间项目。

（七）技能大集。邀请部分艺术创意类、新技术新业态类、手工制作类、社会服务类、餐饮类等绝技绝活项目现场展示，与观众进行交流互动。

（八）观赛打卡活动。在大赛举办期间，在赛场、展馆、公共空间设置一批“网红打卡点位”，吸引群众通过参与“打卡拍照发朋友圈”“集齐赛事纪念章”等互动活动，获得大赛纪念品，进一步提高活动的互动性、趣味性和观展人员参与度。

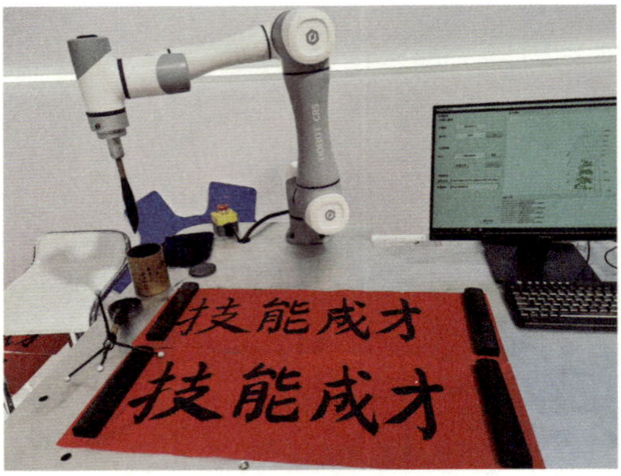

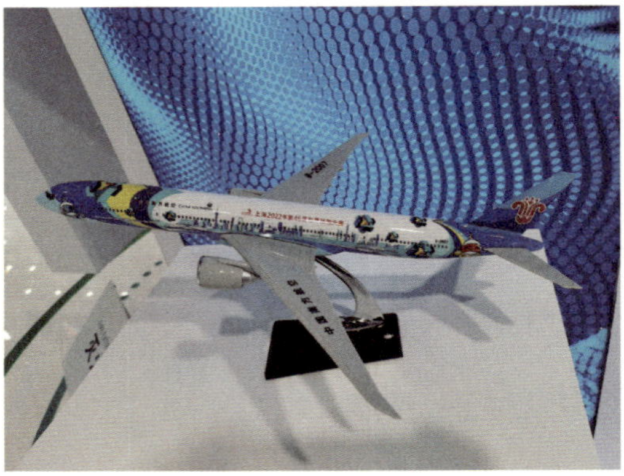

泥塑

安徽·宣纸捞纸

中华人民共和国第二届职业技能大赛“最受欢迎的十大绝技”展演活动

为营造劳动光荣、技能宝贵、创造伟大的良好社会氛围，第二届全国技能大赛举办“最受欢迎的十大绝技”评选活动，31 个省（区、市）、新疆生产建设兵团及参赛行业部门积极参与，共报名 372 个项目，涵盖生产制造类、数字技术类、艺术创意类、美食制作类及其他类共 5 大类，其中 100 个优秀项目，加上上海第 46 届世界技能大赛“中华绝技”海选阶段评选出的 100 个项目，共 200 个项目进入网络展播，并从中遴选出 30 个优秀项目进入现场展演。经网络投票、专家评审、现场观众投票，“微电子手工焊接”等十项技能绝技绝活脱颖而出，被评为大赛“最受欢迎的十大绝技”。

最受欢迎的十大绝技

1. 微电子手工焊接

航天产品内部包含着上百种印制板和成千上万个电子元器件，在技术升级革新过程中，部分印制板线路的改装需要人工进行焊接。有的焊点布设在元器件本体底部，肉眼无法从外部观察到，只能进行“盲焊”；有的微型元器件，只有一粒咖啡粉末的大小。对于如此微小的元件焊接，操作者不仅手要稳，眼睛要准，更要沉得住气，耐得住寂寞。胡万军扎根行业 16 年，能在间距仅为 0.3 mm 的焊锡球中间进行手工焊接，快、准、稳地完成“超密间距倒装芯片飞线改装”，成为打造航天产品“慧眼”的技艺高手。

2. 宣纸捞纸

“轻似蝉翼白如雪，抖似细绸不闻声”，捞纸是宣纸制作108道工序中的关键一步。每一张纸需连续捞两次，“头帘水”上浆形成纸页，“二帘水”补浆平整纸页，最终将纸浆从水中捞出成型。从浆水到纸帘，以无形化有形，薄厚均匀、分量均等。周东红从事捞纸工作近40年，用心揣摩、反复练习，经年累月的手感，使他得以轻松应对光线、浓度、器具等复杂的环境变化，成为宣纸制作技艺中的“大国工匠”。

3. 无人机集群编队

随着中国无人机制造技术的快速崛起，天津云圣智能科技股份有限公司科研人员自主研发无人机集群表演编队操作软件，该套软件将计算机编程、声、光、电等技术有机融合，实现上千架飞机一键控制。操作时，该团队各部门密切协作，数架无人机腾空飞跃，完成不同队形编队转换，整个过程以天为幕，以光为景，星光璀璨，灯火辉煌，漫天飞舞，如梦似幻，被誉为“空中的光影魔术师”。

4. 泥人张彩塑

泥人张彩塑从清朝传承至今，以“塑”为基、以“绘”传神。赵阳的泥人张彩塑技艺将艺术与生活紧密结合，创作风格自由灵动，题材丰富多样，并不断融入时代的潮流。他反复观摩中国传统壁画、连环画，捕捉电视剧《西游记》中人物刹那的神态，并在细节处反复勾勒，一点一点地将泥人的眼神以及衣服上的纹路揉捏出来，使作品活灵活现。

5. 木雕

胡冠军苦练木雕技艺33年，20多次参与国家大型艺术作品设计，拥有国家专利几十项。胡冠军注重材料使用与搭配，充分运用镙花、拉花、琢地技艺，经过圆刀排列、平刀切削，修去细坯中的刀痕凿垢，使作品凹面与凸面、木纹与雕痕、光滑与粗糙完美结合，具有深厚的文化内涵和艺术价值。作品《盛世中华》由如意脚踏底座、牡丹富贵宝座、麒麟瑞兽扶手、精雕后靠背大地屏四部分组成。作品尺寸之大、用料之多、工艺之精、制作之繁、创意之新，为世界之最。

6. 金属錾铜雕刻

贵溪錾铜雕刻技艺代表性传承人黄俊军，从事铜雕技艺36年，获得“百花奖”“金凤凰”等30多个奖项。金属錾铜雕刻技艺以錾刀为笔，以铜为纸，融锻造设计、绘画、錾刻为一体。该技艺利用铜的延展性，用錾刀在铜器物上雕刻出各式图案。錾刻手法有多道工序，制作时要求匠人心、手、力融合，依靠指法、腕力运用各类錾刀在铜板上来回运转，錾刻出不同韵味的作品。成品图案生动立体，形神兼备。黄俊军采用系统化的生产方式，请匠人负责分段工序，既保留了手工錾铜的精美，也提高了产品的生产效率，让铜雕艺术品走进寻常百姓家。

7. 创意菜品设计

创意菜品设计运用先进的厨房设备和工艺将传统中餐菜品的外观、口味提升到更高的境界，综合运用分子料理、3D打印、高压处理、低温烹饪、冷冻干燥、微生物发酵等现代烹饪新技术，将中国传统的烹饪技法与现代饮食文化巧妙结合。中西烹饪技法相融，让美食有了灵魂和内涵，充满艺术灵动。

8. 唐代蒸青茶饼

茶为国饮，传承千年。再现古雅的陆羽煎茶法的前提是复制出饼茶。唐朝实行“贡茶”制度，制茶工艺考究，唐代蒸青茶饼采用的蒸青制茶法是唐朝最主流的制茶工艺。其制作需要经过七道工序，“茶圣”陆羽所著《茶经·三之造》记载：“晴，采之、蒸之、捣之、拍之、烘之、穿之、封之，茶之干矣。”张芬持续深入挖掘和弘扬茶文化，经过复原采茶、蒸青、倒茶、拍茶、焙茶、串茶、存茶等一道道古法传承的工序，蒸青茶饼被小心放入精美的包装盒，一盏香茗承唐韵，飞入寻常百姓家。古法茶汤的幽香穿越千年，历久弥醇。

9. 敦煌壁画修复

曾经的莫高窟飞天华裳蒙尘、眉眼模糊，往日光彩尽掩。壁画修复迫在眉睫。1956 年，李云鹤响应国家号召来到了敦煌。面对斑驳残缺的起甲壁画，文物修复界泰斗、大国工匠李云鹤创立了一套独特的起甲壁画修复工序。首先，清理壁画起甲和表面灰尘，以免在修复中污染壁画；接着，将黏合剂注射到地仗和颜料层中间，此时，要垫上防潮材料用木刀小心回贴；再用一层较为稀薄的黏合材料喷湿颜料层，加固壁画表面，使之与周围未起甲的壁画连成一片；最后，铺上纺绸，用胶棍上下左右滚压按平，方可完成。敦煌壁画修复师，以数十载之青春和精湛的壁画修复技艺，保民族珍宝之延续。历经千年风沙，丝路明珠依旧璀璨。

10. 铅笔芯钻微孔

微小深孔钻削是具有一定难度的钻孔技术，应用于航天等多个重要领域，在各种精密零件的打孔钻削等方面广泛应用。李晓波手持的钻头直径往往小于 1 mm，有时甚至小于 0.5 mm，能在钢、铜，甚至铅笔芯上进行微小深孔钻削。任何一个微小的操作失误都会导致钻头折断、零件报废。通过勤学苦练，李晓波能在直径 2 mm、长 3 cm 的铅笔芯中心钻出直径 1 mm 的轴向通孔，再在侧面钻出 12 个直径 0.2 mm 的微孔，做成铅笔芯微型笛子。李晓波的微小深孔钻削技术解决了生产技术难题，在不断自我挑战中铸就技能报国的工匠精神。

宣　传

中华人民共和国第二届职业技能大赛组委会第一次全体会议在天津召开

2021 年 7 月 23 日，中华人民共和国第二届职业技能大赛组委会第一次全体会议在天津召开，标志着第二届全国技能大赛筹办工作全面启动。会议听取大赛筹办工作情况汇报，安排部署重点工作。组委会主任、人力资源社会保障部部长张纪南，组委会主任、天津市人民政府市长廖国勋出席会议并讲话。

会议指出，举办全国技能大赛是贯彻落实习近平总书记关于技能人才工作重要指示精神的具体行动，是推动高质量发展的重要举措，是弘扬工匠精神、营造“技能中国行动”良好氛围的重要载体。要充分认识举办大赛的重要意义，把思想和行动统一到党中央、国务院的决策部署上来，增强做好筹办工作的责任感、使命感、紧迫感。

会议强调，要进一步发挥全国技能大赛的示范标杆、引领促进和交流互鉴作用，激发广大劳动者学习技能、崇尚技能的热情，形成技能成才、技能报国的社会共识，推动技能人才工作高质量发展。要坚持高水平策划、高标准筹备，项目设置坚持服务发展的理念，赛事参与秉持开放合作的原则，配套活动突出创新共享的特色，办赛全程坚守廉洁公正的底线，提升全国技能大赛办赛水平。

会议要求，要建立部市协同联动机制，加强组织领导，严格工作标准，强化责任落实，完善细化疫情防控常态化应对措施，形成工作合力，努力将第二届全国技能大赛办成对接世赛标准、展现中国特色、体现天津元素的精彩技能盛会。

组委会副主任、人力资源社会保障部副部长汤涛主持会议，组委会副主任、执委会主任、天津市人民政府副市长周德睿出席会议。组委会委员以及执委会有关单位负责同志参加会议。

中华人民共和国第二届职业技能大赛组委会第二次全体会议在天津召开

2023 年 2 月 20 日，中华人民共和国第二届职业技能大赛组委会第二次全体工作会在天津召开。会议深入学习贯彻党的二十大和习近平总书记对技能人才工作重要指示精神，听取大赛筹办工作进展情况，审议总体工作方案等事项，研究部署下一步工作。大赛组委会主任、人力资源社会保障部党组书记、部长王晓萍，大赛组委会主任、天津市委副书记、市长张工出席会议并讲话。大赛组委会副主任、人力资源社会保障部党组成员、副部长俞家栋主持会议。

会议指出，党的二十大将大国工匠、高技能人才提升到国家战略人才的高度。在推进中国式现代化的开局之年，举办第二届全国技能大赛，对壮大技术工人队伍、推动经济社会发展意义重大。要不断提高政治站位，切实把思想和行动统一到党中央决策部署上来，全力以赴做好全国技能大赛各项筹备工作。

会议强调，要立足天津、面向全国、走向世界，全力以赴举办一届规格高、规模大、项目多、影响深的技能盛会。要细化标准，着力提高大赛的制度化、规范化，着力提升大赛的影响力号召力。要狠抓落实，提高管理水平、服务水平，凸显全国技能大赛的办赛实效。要加强组织领导，充分发挥职业技能竞赛引领带动的作用，进一步推动技能人才事业发展、加强技能人才队伍建设。

大赛组委会副主任、执委会主任、天津市副市长李文海，天津市政府党组成员、秘书长孟庆松出席会议，大赛组委会委员、执委会有关同志 90 余人参加会议。

中华人民共和国第二届职业技能大赛第一次新闻发布会

时间：2023 年 2 月 28 日 10:00

地点：人力资源社会保障部东院二楼报告厅

中华人民共和国第二届职业技能大赛组委会委员、新闻宣传组组长，人力资源社会保障部宣传中心主任王明政：

各位媒体朋友，大家上午好！中华人民共和国第二届职业技能大赛将于今年 9 月 16 日至 19 日在天津举办。今天举行第二届全国技能大赛第一次新闻发布会，向大家介绍大赛的筹备情况，并回答大家感兴趣的问题。

出席今天发布会的有：中华人民共和国第二届职业技能大赛组委会委员兼秘书处秘书长、人力资源社会保障部职业能力建设司副司长、一级巡视员王晓君女士，中华人民共和国第二届职业技能大赛组委会委员、大赛执委会副主任、天津市人民政府副秘书长王栩冬先生，中华人民共和国第二届职业技能大赛组委会委员兼秘书处秘书长、大赛执委会副主任、天津市人力资源和社会保障局局长沈超先生。

首先，我们请王晓君女士为我们介绍相关情况。

王晓君：

各位媒体朋友们，大家上午好。欢迎大家参加这次新闻发布会。感谢大家对第二届全国技能大赛的关注。经国务院批准，我部从 2020 年开始，定期举办中华人民共和国职业技能大赛，简称全国技能大赛，这是新中国成立以来，规格最高、项目最多、规模最大、水平最高、影响最广的综合性国家职业技能赛事。第一届全国技能大赛于 2020 年 12 月在广东省广州市举行，设 86 个竞赛项目，2 557 名参赛选手，习近平总书记为大赛致贺信，李克强总理作出批示。

经报国务院同意，第二届全国技能大赛确定由天津市承办。经我部与天津市人民政府认真研究并报请大赛组委会第二次全体会议审议确定，第二届全国技能大赛于今年9月16日至19日举行，16日上午开幕，16日至18日为比赛日，19日晚闭幕。今天正好是大赛开幕倒计时200天。我向大家介绍一下有关的情况。

（一）关于大赛主题

习近平总书记对我国技能选手在第45届世界技能大赛取得的佳绩作出的重要指示和致首届全国技能大赛的贺信中，都明确提出激励劳动者特别是青年走技能成才、技能报国之路，参加全国技能大赛的选手多数是企业青年职工和各类院校的青年师生，经研究，本届大赛主题确定为“技能成才、技能报国”。

（二）关于竞赛项目

本届大赛沿用上届做法，设置世赛选拔项目和国赛精选项目。其中，世赛选拔项目设63[①]个竞赛项目，与上届相同，作为第47届世界技能大赛全国选拔赛；国赛精选项目设46个竞赛项目，比上届增加了一倍。国赛精选项目主要由三部分组成：一是保留了第一届全国技能大赛的国赛精选项目。二是增加新职业和数字技术技能比赛项目。三是按照通用性、广泛性和引领性的原则，遴选在行业中具有先进性、代表性且从业人员广泛、内容具有可展示性的起重设备应用技术、石油钻井技术、电力系统运营与维护等竞赛项目。在此基础上，整合了相近赛项，本届大赛共计109个竞赛项目。

（三）关于参赛选手

第二届全国技能大赛以省（区、市）及新疆生产建设兵团为单位组团参赛，住建、交通、机械、轻工四个行业部门和协会组团参加部分世赛选拔项目的比赛。凡是16周岁以上法定退休年龄以内的中国大陆公民按属地原则，都可以报名参赛。世赛选拔项目按世赛参赛选手报名要求确定，多数项目是22周岁以下，个别项目在25周岁以下。为了切实提高职工的参赛比例，国赛精选项目选手明确为相应的职业的从业人员。近期，我们组织各地进行了

---

① 2023年5月23日，大赛组委会根据世界技能组织公布的第47届世界技能大赛比赛项目，将塑料模具工程项目由世赛选拔项目调整为国赛精选项目。世赛选拔项目共62项，国赛精选项目共47项。

预报名，从预报名情况看，各地非常踊跃，初步统计，参赛选手超过 4 000 多名，选手人数大幅超过上届。

（四）关于奖励政策

本届大赛将延续上届主要的奖励政策。

一是对各竞赛项目获得前 3 名选手，颁发相应的金牌、银牌、铜牌，选手排名不并列。对前 3 名以外但是排名在参赛人数 1/2 以上的选手颁发优胜奖。

二是设“参赛代表团最佳选手奖”“突出贡献奖”“优秀组织奖”“西部技能之星”等奖项。

三是对各竞赛项目前 5 名选手授予“全国技术能手”称号。

四是对优胜奖以上的选手，晋升相应职业技能或专业技术等级。

五是鼓励各地结合职业技能培训和技能人才表彰工作实际，将符合条件的省级、市级比赛选手有关的培训纳入职业培训补贴范畴。制定本地区奖励政策，对获奖选手和专家团队给予奖励。鼓励有关行业部门、协会结合实际，对有关单位和个人给予奖励。

上周，组委会召开了第二次全体会议，组委会主任王晓萍部长、张工市长对加快推进第二届全国技能大赛筹备工作提出了明确要求。接下来，我们将深入贯彻党中央、国务院的决策部署，全力以赴举办一届规格高、规模大、项目多、影响深的大赛。

借此机会，也诚挚邀请各位新闻界的朋友们共同参与和见证第二届全国技能大赛这一技能盛会。谢谢大家。

王明政：

谢谢王晓君女士的介绍。现在请王栩冬先生为大家介绍相关情况。

王栩冬：

各位记者朋友大家上午好，首先我介绍一下大赛筹备工作的进展情况。

自国务院批复天津承办第二届全国技能大赛以来，我们积极推动大赛的筹备工作。按照陈敏尔书记、王晓萍部长、张工市长的指示要求，紧紧围绕“智慧、绿色、安全、特色”的办赛目标，强化部市交流和互动衔接，全力推进大赛筹备的各项工作。

一是成立执委会及工作机构。2021年初，成立筹备工作领导小组，同年9月，天津市政府印发通知，成立第二届全国技能大赛执委会；10月15日，召开执委会成立大会，从天津市各委办局和相关高校选派252名工作人员，组建综合协调、赛务、技术保障、监督仲裁、展示交流、开闭幕式、后勤保障、安全保卫、应急、志愿者、新闻宣传、财务、市场化运作、项目招标、网络技术和接待等16个工作组，形成了一支稳定、高效的策划、运行和管理团队。2022年12月，3 000 m^2的执委会集中办公场地落成，130人组成的骨干团队已入住进行集中办公，全面推动大赛筹备工作提质增效。

二是建立执委会运行管理制度。在人力资源社会保障部的统筹推动下，我们广泛学习借鉴第十三届全运会、第一届全国技能大赛的经验，建立完善了大赛制度和运行体系，制定《第二届全国技能大赛执委会组织运行计划》，梳理细化16个方面408项具体任务，明确了各项任务的路线图、时间表，进一步加强内部制度建设，制定执委会议事决策程序，形成了大赛工作制度汇编，推动各项工作合规运行，正常运转，形成管理闭环。

三是有序推进大赛的筹备工作。印发《第二届全国技能大赛筹办工作总体方案》，明确各阶段工作任务和工作要求，拟定相关计划、方案和预案270余个。协调国家会展中心（天津）、天津奥林匹克体育中心等相关单位，合理规划赛事活动场地，对标世赛、国赛的组织模式和技术标准。组建赛务和技术保障团队，并利用天津市“海河工匠杯”技能大赛进行了培训和演练。面向全国征集大赛吉祥物、宣传口号、主题曲、奖牌和视觉系统设计，征集吉祥物设计方案165个、宣传口号2 072条、主题歌词176篇、曲谱编辑37首、奖牌设计方案14套和视觉系统设计方案11套。通过公开评选、专家评审和针对性调整完善等程序确定最终方案。

四是吸纳名企为大赛提供有力支撑。积极探索技能竞赛“政府支持、市场运作”的模式，成立“天津第二届国赛运营管理资源开发有限责任公司”，吸纳知名企业与大赛进行合作，提升大赛的知晓度和影响力。目前，华为等知名企业纷纷表达合作意愿。同时，我们还积极争取相关企业在设备设施、工具耗材、服务保障等方面的资源和力量，已完成与交通银行等76家企业赞助合作对接洽谈，64家企业有意向支持大赛的设备设施和保障物资。

下一步，我们将强化组织统筹、协同配合、责任落实，紧盯重点任务、关键环节，高标准、高质量、高效率地做好各项筹备工作，呈现一届智慧、绿色、安全、特色的技能盛会。

下面，我向大家介绍一下第二届全国技能大赛的吉祥物和主题曲。2021 年 10 月以来，我们通过面向社会公开征集、邀约专业机构设计的形式，开展了大赛吉祥物、主题曲设计方案的征集工作，邀请相关领域专家学者组成评审专家小组，本着“彰显技能文化、构思简约精致、弘扬工匠精神、富有地域特色、便于延展推广”的遴选思路，对征集到的大赛吉祥物、主题曲设计方案进行了数十轮的评审和筛选，在充分征集各方意见建议和反复修改完善的基础上，形成大赛吉祥物和主题曲的设计创作方案，并报请组委会第二次全体会议审议通过，现予以公布。

本届大赛的吉祥物为“天天”“津津”，形象为一男、一女两个青年人物的造型，具有青春、活力、向上的鲜明特点；色彩以蓝色、红色为主色调，突出“技能蓝、青春红”，与大赛会标“技”字标识相呼应；服饰上通过统一的工装服、安全帽、护目镜、蓝牙耳机等外形设计，形象鲜明地展现新时代技能人才的外表特征；通过人物专注、自信的表情和张开双臂、举手点赞等形态，凸显了技能人才力争上游、奋勇拼搏的精神面貌和天津人民自信包容、乐观好客的性格特质。同时，通过摩天轮造型耳机、特色桥梁、港口、天津新老标志性建筑等形象设计，展现天津的城市元素。

“天天”“津津”的命名既可以直观表现出大赛在天津举办，又与吉祥物设计简约为美的原则相符。“天天”即“天工开物”“天天向上”，寓意技能人才拼搏进取、追求卓越、顶天立地。“津津”取自“津津有味”的谐音“津津有为”和“津渡启航”，寓意技能人才崇尚技能、大有作为，也寓意技能人才通过天津、通过第二届全国技能大赛成功晋级、独占鳌头。

大赛的主题曲为:《给梦一双翅膀》。请工作人员播放曲目。

主题曲由浙江省舟山市嵊泗县中学教师鲍方作词，四川省成都市音乐人邓晓道作曲。

《给梦一双翅膀》的歌词体现了激励广大青年走技能成才、技能报国之路的时代要求，歌颂了新时代劳动者在推进中国式现代化的新征程上，争做担当民族复兴重任时代新人的新风尚，彰显了中国梦、劳动精神、工匠精神和地方特色，曲谱特色鲜明，旋律流畅，稳健中流露自强自信，与歌词相得益彰，朗朗上口。音乐富有时代特色，和声编配以及配器体现了优秀的艺术水准。

此外，由姜海红作词、秦丽英作曲的《技能之帆》和万传武作词，于辉、万传武作曲的《大国工匠》也作为大赛的歌曲同步推出。

王明政：

谢谢王栩冬先生的介绍。刚才，王晓君女士、王栩冬先生分别从不同侧面向大家介绍了第二届全国职业技能大赛的筹备情况，现在我们进入提问环节，请大家提问前先通报所属的新闻单位。

人民日报记者：

党的二十大报告提出要实施人才强国战略，要努力培养更多的大国工匠和高技能人才，请问职业技能竞赛在我们人才队伍培养当中有什么样的意义？能起到什么样的作用？谢谢。

王晓君：

谢谢您的提问。举办职业技能竞赛活动对于推动技能人才工作具有非常重要的作用。首先，举办全国技能大赛是贯彻落实习近平总书记重要指示精神的具体行动，党中央高度重视技能人才工作，党的二十大将大国工匠、高技能人才提升到国家战略人才的高度，中共中央办公厅、国务院办公厅印发的《关于加强新时代高技能人才队伍建设的意见》，明确技能人才特别是高技能人才发展的一揽子政策措施，其中特别对构建中国特色的职业技能竞赛体系提出了明确要求。2019 年 9 月，习近平总书记对我国技能选手在第 45 届世界技能大赛取得的佳绩作出重要指示，要求加快培养大批高素质劳动者和技术技能人才，激励广大青年走技能成才、技能报国之路。2020 年 12 月，习近平总书记致首届全国技能大赛的贺信中指出，技术工人队伍是支撑中国制造、中国创造的重要力量。职业技能竞赛为广大技能人才提供了展示精湛技能、相互切磋技艺的平台，对壮大技术工人队伍，推动经济社会发展具有积极的作用。贺信强调，要大力弘扬劳模精神、劳动精神、工匠精神，激励更多劳动者特别是青年一代走技能成才、技能报国之路，培养更多高技能人才和大国工匠，为全面建设社会主义现代化国家提供有力人才保障。这些重要论述，深刻阐明了技能人才的重要地位，深刻阐述了职业技能竞赛的功能定位。我们定期举办全国技能大赛，就是要为技能人才成长提供更大的平台，以实际行动践行两个维护。

其次，举办全国技能大赛是推进技能人才工作的重要抓手，全国技能大赛参赛选手参加选拔、训练、比赛、获奖的过程，既是带动广大劳动者技能就业、技能成才的过程，也是促进职业教育培训发展的重要措施。通过举办全国技能大赛，有利于推广技能运动，以赛促学、以赛促训、以赛促奖、以赛促建，切实增强大赛对技能人才工作的牵引带动作用，形成蓬勃开展技能运动、全面提高劳动者素质的生动局面，不断推动我国技能人才工作取得新进展。

最后，举办全国技能大赛，是弘扬劳模精神、劳动精神、工匠精神的重要载体。通过举办全国技能大赛，搭建技能人才亮绝活、唱主角、展风采的舞台，可以增强技能人才的获得感、成就感、自豪感，树立人人都可通过诚实劳动实现梦想的价值导向，激发广大劳动者热爱技能、学习技能的热情，激励更多青年走技能成才、技能报国之路。

此外，举办全国技能大赛也是对筹办世界技能大赛的重要演练。2026 年，第 48 届世界技能大赛将在上海举办。为举办好世界技能大赛，需要我们不断提升职业技能竞赛的组织能力和管理水平。通过举办全国技能大赛，可以检视举办大型技能赛事的能力，不断改进和完善工作，为实现为世界奉献一届“富有新意、影响广泛”的世界技能大赛的目标积累更多的经验。

谢谢大家。

王明政：

谢谢王晓君女士。现在继续提问。

香港经济导报记者：

第二届职业技能大赛确定在天津举办，请问天津有哪些优势和独特条件？谢谢。

王栩冬：

谢谢您的提问。天津地理环境优越，与北京相望而相伴。天津是中国历史文化名城，1404 年 12 月 23 日正式建卫，建卫 600 余年底蕴丰厚。天津城市美丽，天塔旋云三盘暮雨，沽水流霞故里寻踪；天津是开放包容之城，吸引着国内外宾朋。具体到承办第二届全国技能大赛，我们认为有以下五点优势和相对独特的基础条件。

一是天津有培养技能人才的肥沃土壤。天津是我国现代工业文明的发祥地，新中国工业的摇篮。天津“一基地三区”的功能定位的首要目标就是建设先进制造研发基地，在工业全部 41 个大类中，天津占 39 个，207 个种类里占 191 个，是全国工业产业体系最完备的城市。当前，天津市委、市政府正在全力构建以智能科技产业为引领，以生物医药、新能源、新材料为重点，以高端装备、汽车、石油化工、航空航天为支撑的“1+3+4”现代工业产业体系，组织实施制造业高质量发展行动，科教兴市人才强市行动等“十项行动”，培育世界级产业集群，这是天津举办技能大赛的独特优势和资源优势。

二是天津市委、市政府历来高度重视技能人才工作。近年来，天津连续出台职业技能培训中长期规划，“海河工匠”建设、职业技能提升行动实施方案等一系列政策举措，构建了以“海河工匠杯”技能大赛为带动、行业和区域竞赛为主体、企业岗位练兵和技术比武为基础，社会广泛参与、财政资金适度保障的职业技能竞赛体系。特别是自 2020 年以来，每年组织开展的“海河工匠杯”技能大赛，带动 10 万余名劳动者参与岗位练兵，营造了关注技能竞赛、参与技能竞赛、支持技能竞赛的良好氛围。

三是天津职业教育优势显著。天津是全国唯一的国家现代职业教育改革创新示范区和创新发展标杆，首批入选国家产教融合型试点城市，成功打造海河教育园职教示范窗口，出台全国首部职业技能培训政府规章《天津市职业技能培训规定》，以法治引领职业技能培训高质量发展。世界技能大赛中国研究中心设在天津职业技术师范大学，是我国最早的世界技能大赛专门研究机构，天津现有 23 所高职、40 所中专、17 所技工院校和 1 个国家级职业技能公共实训中心，设置智能制造、电工电子、机电一体化、数控技术、养老护理等专业，具有相应的教学和技术保障团队，实训场地和设备设施，可以满足大赛的需求。

四是天津办赛办会经验丰富。天津是夏季达沃斯论坛永久举办城市之一，曾成功举办第十三届全运会，连续 7 年举办世界智能大会，去年举办首届世界职业技术教育发展大会，积累了丰富的办赛办会经验。近年来，通过开展各类技能大赛，天津培育和锻炼了一批素质优良、经验丰富的技术专家和技能竞赛管理人才，为办好本届大赛奠定了良好的基础。

五是天津场馆设施和城市配套完备。天津拥有国家会展中心（天津），一期展馆面积 20 万 m^2，可满足大赛场馆需求。拥有奥林匹克中心体育场等多座体育场馆，可满足大赛开闭幕式的需求。同时，城市配套服务完备，拥有各类餐饮门店 6 万余家、四星级以上酒店 160 余家、三甲医院近 30 家；拥有国内外航线 220 余条、通航城市 100 余个，京津城际和京沪、津秦、津保高铁在我市交汇；开通运营 9 条地铁线路，城市公共交通便利，可为举办大赛提供有效的住宿、医疗、交通等公共服务，为大赛提供方便、安全、快捷的服务保障。

今年是全面贯彻落实党的二十大精神的开局之年，是习近平总书记对天津工作提出“三个着力”重要要求十周年。在这个重要时间节点，由天津承办第二届全国技能大赛，充分体现了国家的信任。我们深感责任重大，使命光荣。我们一定站在政治和全局的高度，全力以赴，精心组织，不辱使命，不负重托，努力把本届技能大赛办成符合新时代人才强国战略意图、让产业工人队伍自豪、让企业关注、让广大技能人才振奋的高水平盛会，为全国人民奉献一场绿色、智慧、安全、特色的技能盛典。

借此机会，诚邀社会各界在秋兰飘香、硕果盈枝的 9 月来天津走一走、转一转，特别要到国家会展中心现场感受技能之美，为参赛选手加油喝彩，共同见证技能盛典。

我就回答这些。

中央广播电视总台记者：

近年来，各类职业技能竞赛活动备受关注。请问本届全国技能大赛有什么特点？谢谢。

王晓君：

谢谢您的提问。2022 年，中共中央办公厅、国务院办公厅印发的《关于加强新时代高技能人才队伍建设的意见》中专门明确，要“完善以世界技能大赛为引领、全国职业技能大赛为龙头、全国行业和地方各级职业技能竞赛以及专项赛为主体、企业和院校职业技能比赛为基础的中国特色职业技能竞赛体系”，这充分体现出党和国家对职业技能竞赛工作的重视和支持。考虑到全国技能大赛对国内职业技能大赛具有“风向标”意义，我们在借鉴第一届全国技能大赛成功举办经验的基础上，对本届大赛的顶层设计和各个环节都进行了认真研究和谋划，重点突出以下几个特点：

一是突出技能特色。全国技能大赛的标志就是一个汉字“技”，整个大赛的筹办过程，大赛各项活动的设计，都会突出技能元素、技能特色、技能亮点，体现职业技能赛事的特点和新意，突出新技术、新技能在办赛过程中的应用，让参加大赛、观摩大赛的人员随时随地都能体验到技能的存在，感受技能魅力。

二是集中办赛为主。本届大赛106个比赛项目将集中在国家会展中心进行组织，起重设备应用技术、石油钻井技术、电力系统运营与维护3个无法集中的项目，拟设置分赛点，在生产线上设置和组织，作为集中办赛的补充。

三是面向社会开放。组织职业技能竞赛的核心目标，是在全社会营造劳动光荣、技能宝贵的社会风尚，为此，我们将合理组织社会公众观摩，尽可能扩大赛事的社会影响，同时利用新媒体技术，组织“云观赛”。

四是赛展演会结合。大赛同期，将举办具有观赏性、参与性、互动性，且群众喜闻乐见的技能展示展演和交流活动，主要包括技能展示交流活动，“中华绝技”展演和技能强国论坛等活动，力求通过这些观赏性、互动性强的活动，让社会公众更多更好地了解技能，关注技能。

中央广播电视总台中国之声记者：

借力承办第二届全国技能大赛，天津将如何加强高技能人才培养？谢谢。

沈超：

谢谢记者的提问。党的二十大报告明确要求培养造就更多大国工匠、高技能人才，将大国工匠、高技能人才提升到国家战略人才的高度。中共中央办公厅、国务院办公厅印发的《关于加强新时代高技能人才队伍建设的意见》，提出了技能人才特别是高技能人才发展的一揽子政策措施，对我们做好高技能人才队伍建设提出了目标、明确了要求、提供了路径。

天津市委、市政府高度重视技能人才队伍建设，深入实施“海河工匠”建设工程，大力推进职业技能提升行动，不断完善技能人才培养、使用、评价和激励机制。一是构建了高技能人才培养体系。构建以行业企业为主体、职业学校为基础、政府推动与社会支持相结合的高技能人才培养体系。加大政府、企业、职业学校等各类培训资源优化整合力度，提升培养的精准性和实效性。二是构建了职业技能竞赛体系。构建以“海河工匠杯”技能大赛为带动、行业和区域竞赛为主体、企业岗位练兵和技术比武为基础，社会广泛参与、财政资金适度保障的职业技能竞赛体系，每年组织开展的“海河工匠杯”技能大赛，引导广大劳动者关注技能竞赛、参与技能竞赛，自觉提升职业技能水平。三是搭建了技能培训平台体系。发挥中国（天津）职业技能公共实训中心示范作用，搭建以企业培训中心为基础、企业公共实训基地为标杆、高技能人才培训基地和大师工作室为引领的“海河工匠”培训体系，组织开展技能培训、技能开发、技术交流等活动。四是完善了职业技能评价体系。完善以职业能力为导向、以工作业绩为重点，注重工匠精神培育和职业道德养成的技能人才评价体系。支持企业根据生产经营实际和技能人才队伍建设需要，采取考核鉴定、考评结合、过程化评价和直接认定等方式进行技能人员自主评价。五是建立了技能人才激励体系。建立以政府表彰为引领、行业企业奖励为主体、社会奖励为补充的高技能人才激励体系。每年选树 10 名海河工匠，每两年评选 100 名天津市技术能手，鼓励行业主管部门、群团组织、行业协会、企业及社会各方面力量，以多种方式对高技能人才进行各类奖励。

我们将紧紧把握承办第二届全国技能大赛这个契机，以赛促学、以赛促训、以赛促评、以赛促建，带动更多的劳动者热爱技能、提高技能，力争到“十四五”末，全市技能人才总量达到 288 万人，其中高技能人才占比达到 35% 以上。一是在人力资源社会保障部的指导下，勇于创新、敢于创新，积极探索新时代高技能人才培养模式，为国家技能人才培养提供天津实践。二是加强世界技能大赛中国集训基地、全国技能大赛天津集训基地建设，培育更多优秀世赛选手。三是坚持典型激励，进一步提高技能人才政治、工作和生活待遇，营造崇尚劳动、崇尚技能的浓厚氛围，不断提升全社会对技能人才的认可认同。四是完善技能人才培养、使用、评价、激励机制，培养更多的大国工匠、高技能人才，服务京津冀协同发展和东西部协作等国家战略，为全面建设社会主义现代化国家和加快天津高质量发展提供强大的人才保障。

我就讲这么多。

工人日报记者：

2020 年举办的第一届全国技能大赛非常成功，受到了广泛社会关注。请问本届大赛与第一届大赛相比会有哪些创新？谢谢。

王晓君：

谢谢您的提问和关注。第一届全国技能大赛成功举办，为我们持续办好全国技能大赛奠定了基础、积累了经验。在谋划本届大赛的过程中，我们注重把握继承与创新的关系。与第一届全国技能大赛相比，本届大赛面临新的形势，这是在全面贯彻落实党的二十大精神和推进中国式现代化的开局之年举办的一项重大活动，也是在全国疫情防控形势总体向好、平稳进入常态化防控阶段后举办的一次重要活动。

与上届相比，在赛事组织、创新方面主要有以下几点：

一是在竞赛项目设置方面。刚才，我给大家介绍了国赛精选项目大幅增加，在这里我还想补充一下，赛项的设置重点是增加了数字技术技能类新职业赛项。新职业的背后是新业态的支撑，是中国经济高质量发展迈出的坚实步伐，同时也意味着发展的新机遇和就业的新空间，对于增强新职业从业人员的社会认同、促进就业创业具有重要意义。特别是增加 5 个专业技术类竞赛项目，更加符合技术技能融合发展的趋势，通过大赛有力释放技术技能人才创新创造活力，将人才优势转化为创新优势、竞争优势和发展优势。

二是在参赛选手条件方面。本届大赛将国赛精选项目的参赛选手明确为相关职业从业人员，这意味着职工的参赛比例将有大幅提升。这样做的目的是通过大赛更好地助力职工创新创业创造，让企业职工认识到自身价值，带动更多职工钻研技能、提高技能。

三是在配套活动组织方面。在继续做好技能展示交流、“中华绝技”展演等传统配套活动的基础上，本届大赛期间还将举办技能强国论坛，邀请技能领域有关国内外专家、国内的大国工匠，交流助力技能强国的举措。

天津日报记者：

现在距离第二届全国技能大赛还有 200 天，请问下一步将有哪些重点工作？谢谢。

沈超：

全国技能大赛要办成“国内规格最高、规模最大、水平最强、影响力最为广泛”的综合性国家级大赛，办好大赛是我们共同的目标。今天是大赛开幕倒计时200天，筹办工作已全面提速。接下来，天津将在四个方面开展好工作：

一是始终一流标准组织大赛。我们将在人力资源社会保障部的指导下，在管理体制、运行机制、赛事承办等方面突破创新，努力办出世界标准、展现中国特色。坚持“高水平”办赛，结合我国企业生产实际，对标世界技能大赛标准，制定高水平的竞赛规则和技术文件，提升大赛的质量和水平。同时，强化世赛选拔项目与国赛精选项目衔接，注重技术技能的融合，特别是数字技术的叠加，强化大赛实效。坚持“高标准”谋划，做好赛展会演的有机衔接，精心策划开闭幕式和展示交流、中华绝技展演、技能强国论坛等系列活动，突出观赏性、互动性、实用性，增强活动吸引力，营造全方位、多维度、立体化的大赛体验。坚持“高质量”服务，在比赛场馆、酒店餐饮、交通出行、通信、志愿服务等方面精细谋划，充分考虑各参赛代表团工作需求和参赛选手的生活习惯，努力使每一位参赛选手能保持最佳的竞技状态，让每一位来宾在天津都能感到舒适、亲切、方便、满意。

二是充分彰显智慧、绿色、安全、特色理念。紧紧围绕办赛目标，把智慧、绿色、安全、特色的要求融入大赛的各领域、各环节。在智慧方面，增加更多展现世界前沿科技的人工智能和信息化等赛项。同时，充分利用大数据、“互联网+”等技术手段，使大赛运营管理实现可视、可测、可控。在绿色方面，坚持生态优先、资源节约、环境友好的原则，进一步深挖节能降耗的潜力，助力构建技能竞赛生态文明体系，促进技能大赛全面绿色发展。在安全方面，把安保工作落实到大赛的各个方面，细化各项应急处置预案，加强实战演练，层层落实责任，为大赛顺利举办保驾护航。在特色方面，通过建章立制、规范办赛，为全国技能大赛规范化、标准化、制度化举办贡献天津力量；普及技能知识、展示技能成就、推广技能成果，广泛传播技能文化。

三是创新市场化运作模式。按照厉行节约、勤俭办赛的要求，强化资金规范管理，启动相关招投标工作。把政府投入和商业开发有机结合起来，推动企业、学校、机构等各类主体深度参与大赛，深入挖掘全国技能大赛的商机，多渠道开发技能大赛无形资产，广泛吸纳社会赞助。

四是紧抓有利时机展现技能人才风采。围绕“技能成才、技能报国”主题，充分利用倒计时 100 天、“7 · 15”世界青年技能日等重要时机，做好大赛宣传预热。比赛期间，通过线上线下广泛宣传，充分展现技能人才的精湛技艺和职业素养，让技能人才站“C 位”，助力形成技高者奖、技高者多得的氛围，提升技能人才的社会地位。大力传播技能文化，积极弘扬劳模精神、劳动精神、工匠精神，形成推动广大高素质劳动者和技术技能人才不断成长并大量涌现的新局面。

王明政：

谢谢沈超先生。时间关系，今天的发布会就到这里，谢谢三位嘉宾，也谢谢各位媒体朋友。今天是第二届全国技能大赛开幕倒计时 200 天，参赛办赛的各项筹备工作正在紧锣密鼓地进行，在此，也真诚地欢迎广大媒体朋友持续关注，对大赛的各项工作和活动进行采访报道。谢谢大家。

中华人民共和国第二届职业技能大赛倒计时100天主题活动在天津举行

2023年6月8日上午，天津隆重举行中华人民共和国第二届职业技能大赛倒计时100天主题活动。活动以“热情迎国赛　天津等你来”为主题。

主题活动在津南区海棠科创园举行。第二届全国技能大赛执委会主任出席活动并讲话；大赛执委会成员、各工作部工作人员，有关区和部门负责同志，交通、酒店、餐饮、文化旅游等服务行业代表，以及志愿者、职业院校师生、社区市民代表200余人现场参加活动。

此次主题活动与组委会技能雏鹰杯“迎国赛，走技能成才之路”系列活动相呼应，旨在将大赛筹备工作推向一个全新阶段，发动社会各界积极参与大赛、关注大赛、支持大赛，同时向外界展示天津热情好客的城市形象。活动现场，执委会新闻宣传部负责人发布了“技绽津门、能赢未来”宣传口号和大赛主题宣传片；津南区委、市交通运输委、市文化和旅游局、市商务局、海河传媒中心负责同志和志愿者代表就如何服务保障好大赛作了表态发言；与会领导和志愿者代表共同启动按钮，正式宣布第二届全国技能大赛各项筹备工作进入倒计时100天。

中华人民共和国第二届职业技能大赛赛前预热采访活动在天津举行

2023 年 7 月 25 日，中华人民共和国第二届职业技能大赛第一次赛前预热采访活动在天津举行，来自新华社、中央广播电视总台、经济日报、中国日报、中国外文局、中国劳动保障报等中央、省部级媒体，人民网、央广网、中国网、国际在线、中宏网等网络媒体，以及天津日报、今晚报、天津广播电视台、津云新媒体、每日新报等天津市重点媒体共 40 余人参加了此次活动。通过对天津人社成果展、滨海新区先进制造职业技能公共实训中心的参观和采访，了解天津职业技能发展取得的成就。

大赛执委会新闻宣传部负责同志表示，大赛筹备工作进入了最后关键的冲刺阶段，宣传工作也随之要铆足劲紧紧跟上，要倾情投入、倾力奉献，力争宣传报道有站位、有节奏、有全景、有深度、有特色、有影响，为本届大赛高声放歌、传递精彩。

8 月 3 日、15 日、24 日，赛前预热采访活动持续举行，20 余家媒体记者参观了天津市金桥焊材集团股份有限公司、天津机电职业技术学院、天津港（集团）有限公司、中建钢构天津有限公司，并聆听了上述企业以及津南区人力资源和社会保障局、天津职业技术师范大学附属高级技术学校、天津市电子信息技师学院、天津市海河技工学校等单位对天津职业技能培训建设情况的介绍。

让工匠精神绽放时代光芒
——原创舞台剧《工匠人家》在大赛同期亮相

第二届全国技能大赛各项工作筹备同时，一部反映工匠精神的原创舞台剧《工匠人家》也正式建组并投入紧张的排练中。舞台剧《工匠人家》是为本次大赛量身打造的一部原创剧目，本剧突破了以往反映工匠题材的内容框架，歌颂了新中国三代工人队伍在我国现代化建设进程中不断丰富和创造的劳动精神、工匠精神，通过故事情节的跌宕起伏与人物之间亲情、友情、师生情的融合交汇，回顾了新中国第一代产业工人的光荣历史，展现了第二代工人队伍的敬业执着，重点反映了新一代对工匠精神的传承与坚守。

本剧特邀著名剧作家、天津市戏剧家协会副主席薛玉明进行剧本原创。为保证剧本的真实性与艺术感染力，创作期间薛玉明老师进行了大量的采访与实地调研，在与专家的研讨与交流后，又对涉及职业技能的具体专业性问题做了多次修改与充实，使剧中的人物与情节更加真实反映了当代工人产业队伍的实际。

本剧特邀著名导演、中国话剧协会副主席、天津人民艺术剧院艺术总监钟海为总导演，中国戏剧家协会理事、中国戏剧梅花奖获得者张艳秋，天津人艺副院长张文明为执行导演，强大的导演团队将完成本剧最终呈现在舞台上的重任。钟海导演说："我非常尊重并崇敬工人师傅，能够执导反映工匠题材的舞台剧是多年来的夙愿。我将带领导演团队把当代工匠的时代精神与风貌完美呈现在舞台上，为第二届全国技能大赛呐喊助威，为所有的参赛选手鼓劲加油。"

中华人民共和国第二届职业技能大赛志愿者培训会在天津召开

2023年8月24日至27日，第二届全国技能大赛志愿者通用培训会在天津农学院召开。共青团天津市委、天津市人力资源和社会保障局相关部门负责同志，南开大学、天津工业大学、天津科技大学、天津理工大学、河北工业大学、天津财经大学、中国民航大学、天津外国语大学、天津职业技术师范大学、天津农学院、天津中德应用技术大学、天津职业大学、天津电子信息职业技术学院、天津商务职业学院、天津铁道职业学院、天津现代职业技术学院、天津机电职业技术学院、天津海运职业学院18所高校服务第二届全国技能大赛的青年志愿者及带队教师参加此次培训。

共青团天津市委负责同志为培训会做开班动员，要求全体志愿者在大赛志愿服务中践行习近平总书记重要讲话精神，争当排头兵和生力军，展示青春的朝气、锐气。代表大赛向给予支持的高校、向服务第二届全国技能大赛一线的青年志愿者和带队教师，表达亲切的慰问和由衷的敬意，鼓励志愿者以此次培训学习和大赛服务为契机，在志愿服务中开阔眼界、提升能力，以饱满的精神、专业的素养完成各项志愿服务保障任务，汇聚青春动能，建功“十项行动”，为大赛圆满成功贡献青春力量。

天津市人力资源和社会保障局职业能力建设处处长吴立国代表大赛执委会为全体志愿者上第一堂课，鼓励志愿者以强烈的责任感、使命感和紧迫感为这次职业技能领域的“全运会”做好服务，高质量地完成志愿服务工作，展现天津青年的青春朝气和发展活力。天津市人力资源和社会保障局干部郭小龙就本届大赛的整体概况、举办意义和赛事亮点进行详细介绍。

共青团天津市委社会联络部张淼，天津市文旅局高级导游林菲，中国民航大学乘务学院讲师、中国形象礼仪行业注册礼仪培训师赵悦，天津市消防救援总队防火监督处消防员吕志周、尹浩文，天津市急救中心医师王士梅等分别进行了志愿工作规范、礼仪要求、天津旅游资源概况、突发事件应急处置、医疗救护常识的专业培训。为深入发掘人才，发挥同龄人的“传帮带”作用，培训特意邀请了南开大学和河北工业大学的 3 名有大型赛会志愿服务经历的同学担任培训“小讲师”，与大家分享志愿服务经历和感悟。

通用培训后，大赛志愿者工作部将会同执委会相关部门组织专业技能培训和岗前交流，帮助志愿者提前感受工作氛围、了解工作内容，助力本届大赛圆满顺利。

中华人民共和国第二届职业技能大赛组委会第三次全体会议在天津召开

2023 年 8 月 30 日，中华人民共和国第二届职业技能大赛组委会第三次全体会议在天津召开。天津市委书记陈敏尔，市委副书记、市长张工与人力资源社会保障部党组书记、部长王晓萍一行座谈，王晓萍、张工出席会议并讲话。人力资源社会保障部党组成员、副部长俞家栋主持会议。

会议强调，本届大赛是一届承前启后、建章立制、示范带动的大赛。目前大赛筹备已经进入冲刺攻坚阶段，要深入学习贯彻习近平总书记对技能人才工作重要指示精神，全面落实党的二十大精神，进一步提高政治站位，充分认识办好大赛对于推动技能人才工作、助力经济社会高质量发展的现实意义，加强整体统筹、协同联动，构建畅通高效的指挥协调和组织实施体系，落实落细竞赛技术和赛务保障，确保大赛各项活动安全有序进行。

会后，王晓萍部长一行实地考察了大赛闭幕式场馆并调研。

天津市副市长李文海、朱鹏参加相关活动，大赛组委会委员、执委会有关同志 90 余人参加会议。

中华人民共和国第二届职业技能大赛战略合作伙伴和高级合作伙伴签约仪式在天津举行

2023 年 8 月 30 日，中华人民共和国第二届职业技能大赛战略合作伙伴和高级合作伙伴签约仪式在天津举行。人力资源社会保障部党组成员、副部长俞家栋，天津市副市长李文海出席仪式。

交通银行股份有限公司、中国石油天然气集团公司、中国电信集团有限公司、通用技术（集团）控股有限责任公司、天津港（集团）有限公司、深圳市腾讯计算机系统有限公司 6 家大赛战略合作伙伴，中国汽车技术研究中心有限公司、阿里云计算有限公司、联想（北京）有限公司、立邦投资有限公司、纽威数控装备（苏州）股份有限公司、东软教育科技集团有限公司、卡尔蔡司（上海）管理有限公司、天津航空有限责任公司、深圳市越疆科技股份有限公司、帝牌（中国）有限公司、新大陆科技集团有限公司 11 家大赛高级合作伙伴与大赛执委会签订合作协议。这些合作企业将在品牌推广、设施设备、技术支持、赛事保障等方面为大赛提供支持。

参加签约仪式的企业代表表示，参与中华人民共和国职业技能大赛既是荣誉也是责任，将充分发挥企业在设备设施、技术能力等方面的优势，全力做好大赛各项服务工作，展示企业良好社会形象。

中华人民共和国第二届职业技能大赛媒体合作伙伴授牌仪式在天津举行

2023 年 9 月 15 日，中华人民共和国第二届职业技能大赛媒体合作伙伴授牌仪式在天津举行，旨在充分调动各级各类媒体的资源优势，构建大赛宣传媒体联盟，全方位、多形式呈现大赛盛况。大赛组委会新闻宣传组、大赛执委会新闻宣传部负责同志向经济日报、工人日报、中国青年报、新华网、“人民网 +”客户端、中国组织人事报、中国劳动保障报、中国人力资源和社会保障出版集团、天津海河传媒中心、北京快手科技有限公司 10 家媒体授予“中华人民共和国第二届职业技能大赛媒体合作伙伴”。

参加授牌仪式的媒体代表表示，成为第二届全国技能大赛媒体合作伙伴既是荣誉也是责任。作为大赛媒体合作伙伴，将充分发挥喉舌作用，突出各自特色，组织精锐力量，深度采访挖掘，采取融媒体方式做好大赛宣传，并以此为契机，广泛传播“技能成才、技能报国”理念，大力弘扬劳模精神、劳动精神、工匠精神，助力新时代技能人才工作高质量发展。

中华人民共和国第二届职业技能大赛赛前新闻发布会

时间：2023 年 9 月 15 日 10:30

地点：国家会展中心（天津）28AB 新闻发布厅

中华人民共和国第二届职业技能大赛组委会委员、新闻宣传组组长，人力资源社会保障部宣传中心主任王朗政：

各位媒体朋友，大家好！欢迎来到“渤海明珠”天津市。首先，感谢大家对中华人民共和国第二届职业技能大赛工作的大力支持！

职业技能大赛是培养选拔技能人才的重要手段和途径，在技能人才队伍建设中发挥着非常重要的作用。目前，我国构建形成了以世界技能大赛为引领、全国技能大赛为龙头、全国行业和地方各级职业技能竞赛以及专项赛为主体、企业和院校职业技能比赛为基础的中国特色职业技能竞赛体系。第二届全国技能大赛将于 9 月 16 日至 19 日在天津举行，这是我国目前规格最高、规模最大、项目最多、水平最高、影响最广的综合性国家职业技能赛事。

举办本届大赛是深入学习贯彻党的二十大精神和习近平总书记关于技能人才工作重要指示批示精神，全面落实党中央、国务院决策部署的重要举措。为帮助大家更好地了解大赛、更加全面深入地宣传报道大赛，组委会将在大赛期间连续组织两场新闻发布会和三场媒体见面会。今天是第一场。主要内容是通报第二届全国技能大赛组织筹备、总体安排等相关情况，并回答解读大家关心关注的问题。

今天，我们请来了大赛组委会委员兼秘书长、人力资源社会保障部职业能力建设司副司长王晓君同志，大赛组委会委员、天津市人民政府副秘书长于鹏洲同志，大赛执委会副主任、天津市人力资源和社会保障局党组书记、局长沈超同志。下面先请王晓君女士为大家介绍相关情况。

王晓君：

各位媒体朋友，大家上午好。首先，我代表中华人民共和国第二届职业技能大赛组委会秘书处，欢迎大家参加今天的赛前新闻发布会，感谢大家对第二届全国技能大赛的持续关注。

经国务院批准，人力资源社会保障部从 2020 年起定期举办中华人民共和国职业技能大赛，简称全国技能大赛。第二届全国技能大赛将于明天，即 9 月 16 日，在国家会展中心（天津）隆重举行，共有来自全国 36 个代表团的 4 045 名选手参赛。这是新中国成立以来举办的赛事规格最高、竞赛项目最多、参赛规模最大、技能水平最高、影响范围最广的综合性国家职业技能赛事。下面，我简要介绍有关情况。

党的二十大报告提出要深入实施人才强国战略，努力培养更多的大国工匠和高技能人才。中共中央办公厅、国务院办公厅印发的《关于加强新时代高技能人才队伍建设的意见》，对构建中国特色的职业技能竞赛体系提出明确要求。习近平总书记指出：职业技能竞赛为广大技能人才提供了展示精湛技能、相互切磋技艺的平台，对壮大技术工人队伍、推动经济社会发展具有积极作用。创新举办全国技能大赛，是贯彻落实习近平总书记对技能人才工作重要指示批示和致首届全国技能大赛贺信精神的具体行动，是推进技能人才工作的重要抓手，是弘扬劳模精神、劳动精神、工匠精神的生动实践。举办全国技能大赛，就是要搭建技能人才风采展示舞台，树立人人都可通过诚实劳动实现梦想的价值导向，激励更多劳动者特别是青年一代走技能成才、技能报国之路。

党中央、国务院高度重视，国务院领导同志将出席大赛开幕式，人力资源社会保障部等相关部委、群团组织、行业协会以及部分省（区、市）政府负责同志也将出席。本届大赛以“技能成才、技能报国”为主题，以“智慧、绿色、安全、特色”为目标，借鉴世界技能大赛的理念和标准，采取集中开放办赛、“赛展演会”集成模式，全力打造综合性的国家职业技能竞赛品牌。

（一）大赛组织工作

本届大赛由人力资源社会保障部主办，天津市人民政府承办，天津市人力资源和社会保障局协办。为做好大赛组织工作，人力资源社会保障部会同天津市成立了第二届全国技能大赛组委会，负责统筹决策和部署推动赛事各项重点工作。天津市人民政府牵头成立组建第二届全国技能大赛执委会，负责具体落实相关工作。在各有关单位共同努力下，大赛各项准备工作已经就绪。

（二）比赛项目基本情况

本届大赛共设 109 个比赛项目，其中，单人赛项目 88 个，双人赛项目 20 个，三人赛项目 1 个。

从项目构成看，规模扩容增量，紧贴发展形势。竞赛项目分世赛选拔项目和国赛精选项目。其中，世赛选拔项目与世界技能大赛保持一致，共六大类 62 个项目；国赛精选项目 47 个，其中传统赛项 27 个、新职业赛项 20 个，主要是通用性、广泛性、引领性强，从业人员多且办赛条件成熟的职业（工种）。与第一届大赛相比，本届大赛国赛精选项目数量大幅增加，重点是增加了 20 个新职业和数字技术技能类赛项，如全媒体运营、互联网营销等，这些赛项对于增强新职业从业人员的社会认同感、促进就业创业具有重要意义，同时，新增智能制造工程技术、集成电路工程技术、工业互联网工程技术、人工智能工程技术、虚拟现实工程技术 5 个专业技术类竞赛项目，这更加符合技术技能融合发展的趋势。

从项目参赛率看，参赛积极性高，热点赛项数量攀升。本届大赛覆盖所有省份代表团的竞赛项目有 9 个，比第一届大赛增加了 2 倍，分别是世赛选拔项目中的健康和社会照护、CAD 机械设计、烘焙、汽车技术和国赛精选项目中的互联网营销、网络系统管理、健康照护、汽车维修、电工项目，这 9 个项目所有省份代表团参加，也说明这些项目应用广泛、从业人员较多。覆盖 28 个以上代表团的竞赛项目有 78 个，占全部项目的 71.6%。

从项目类别看，紧贴生产生活实际，涵盖范围广。本届大赛共涉及制造业、信息技术、交通运输、建筑业、服务业、采矿业等 15 个国民经济行业门类，覆盖国民经济行业门类的 75%。所有比赛项目均服务于实体经济，有超过七成的项目属于生产性和生活性服务项目，近四成的项目属于先进制造业项目，近三成的项目属于战略新兴产业项目。

（三）参赛代表团情况

本届大赛共有 36 个代表团参赛，分别来自 31 个省（区、市）和新疆生产建设兵团，以及交通运输、住房城乡建设、机械行业、轻工行业 4 个行业部门代表团。行业部门代表团只参加部分世赛选拔项目的比赛。

本届大赛，报名参加全部 109 个比赛项目的代表团有 18 个。经对选手参赛身份进行审核后，符合报名条件能够参与所有赛项的代表团有 12 个，与上届大赛基本持平，分别是天津、山西、辽宁、上海、江苏、安徽、山东、湖北、湖南、广东、四川、贵州。特别是山西、安徽、湖北、湖南、四川、贵州 6 个中西部省份参加全部项目的比赛。另有 23 个省份代表团参与比赛项目超过赛项总数的 90%。这些数据充分体现了各地积极参与大赛，借助大赛加强技能人才培养的决心。

在规定的报名时间内，经各地各行业推荐、资格审核与公示，全国共有 4 045 名选手、3 270 名裁判人员参加本届大赛。选手们都经历了企业或院校技能比赛、行业技能竞赛、省级技能大赛层层选拔，从数十万名选手中脱颖而出，代表了相关项目的国内最高技能竞技水平。

（四）大赛主要安排

本届大赛为期 4 天，9 月 16 日举行开幕式，9 月 19 日举行闭幕式。闭幕式将集中向获奖选手颁奖，天津市将与第三届大赛举办地河南省进行会旗交接。

本届大赛以集中办赛为主，106 个项目将集中在国家会展中心（天津）进行比赛。根据项目需要另设置 3 个分赛点，起重设备应用技术项目设置在天津港（集团）有限公司第二集装箱码头，石油钻井技术项目设置在中国石油大港钻井技术培训中心，电力系统运营与维护项目设置在国网天津市电力公司培训中心宝坻校区。

本届大赛采取“赛展演会”集成举办模式，同期举办技能展示交流、绝技展演、技能强国论坛、媒体见面会等活动。9 月 16 日至 18 日，在主会场举行技能展示交流活动、技能强国论坛和媒体见面会。其中，技能展示交流将在现场分设国家成果展，各省（区、市）及新疆生产建设兵团、参赛行业部门成果展，天津市产业人才联盟技能建设展，企业设备与技术展，技能大集等多个展区，并进行“最受欢迎的十大绝技”展演与评选。技能强国论坛将采用“1+3”模式举办，1个主论坛和“大国工匠”“技工教育”“终身职业技能培训”3个平行论坛。媒体见面会将组织3场，分别是代表团专场、企业专场和技工院校专场。9月20日上午，举办赛后新闻发布会，总结大赛成果与经验。

各位媒体朋友，通过大家一直以来对技能人才工作特别是技能竞赛工作的宣传报道，本届大赛得到了社会各界广泛关注和积极参与。一是各类企业积极参与大赛。6家企业成为大赛战略合作伙伴，11家企业成为大赛高级合作伙伴，108家企业为大赛提供设备设施和技术支持。二是各类媒体积极宣传大赛。赛前已开展代表团公益报时，策划推出国赛项目早知道、中华技能大奖获得者寄语大赛、《奋进新时代的技能力量》等系列宣传短视频，通过融媒产品赋能大赛宣传。据不完全统计，本届大赛有上百家媒体派出记者进行全方位多角度的报道，共同唱响技能之歌。三是社会各界大力支持大赛。大赛期间，将有来自18所学校的1 500名志愿者为大赛提供志愿服务，还有大量医护人员、公安干警等为大赛提供医疗卫生、安全保障等服务。

我先介绍这些，谢谢大家！

王明政：

谢谢王晓君女士的介绍，现在请于鹏洲先生为大家介绍相关情况。

于鹏洲：

各位媒体朋友们，大家上午好！首先我先介绍一下大赛筹备情况。

今年是全面贯彻落实党的二十大精神的开局之年，也是习近平总书记对天津工作提出“三个着力”重要要求十周年。在这个具有重要意义的时间节点，由天津承办第二届全国技能大赛，充分体现了国家的信任，我们深感责任重大，使命光荣。

自大赛筹办以来，人力资源社会保障部各级领导多次专题研究部署大赛筹备工作，并莅津主持召开组委会会议；天津市委、市政府高度重视，把大赛作为引领技能人才成长的大事，作为全市人民关心的要事，列为市委重点工作、纳入政府工作报告。敏尔书记、张工市长多次作出指示批示。全市 36 个委办局和相关高校成立执委会，全体工作人员上下一心、全力以赴，精心组织，努力为全国人民奉献一场技能盛典。主要体现在以下方面：

（一）全流程推进赛务安排计划

我们印发了《大赛工作通知》，制定大赛“1 + 10”日程安排，绘制场地规划图、109 个赛项布局图。本次大赛场地使用面积达到了 32 万 m^2，较第一届增加 42.7%。目前，全部场地已完成搭建和联调测试工作，并正式交付使用。

（二）全要素做好技术保障工作

我们遴选了本市 35 个单位作为赛项保障单位，并确定信息网络布线等 8 个赛项由京津冀三地共同保障。确定场地经理、场地经理助理和录分员、水电气网等赛项保障人员 3 541 人。印发了《大赛技术规则》，组织了技术工作对接，公布了各赛项技术工作文件，确定使用设备设施 2 200 余类、11.7 万台（套），赛场物资及器材耗材 500 余类、113.5 万件。截至目前，大赛所有设施设备进场率已经达到 100%。

（三）全链条组织开闭幕式活动

按照“简洁、节约、安全、创新、技能”的原则，我们制定了开闭幕式的总体方案，确定了开闭幕式全部活动流程，完成舞台搭建，细化舞美、颁奖、录播、安保等分项方案，并于 9 月 12 日、13 日完成了开闭幕式的合练彩排，确保开闭幕式顺利精彩亮相。

（四）全时段举办技能展示交流

大赛同期，我们将举办具有观赏性、参与性、互动性，且群众喜闻乐见的技能展示展演和交流活动，主要包括技能展示交流活动、“最受欢迎的十大绝技”展演以及“技能强国”主论坛和“大国工匠”“技工教育”“终身职业技能培训”3 个平行论坛，通过这些活动，让社会公众更多更好地了解技能、关注技能。

（五）全方位落实后勤保障工作

确定并对接落实大赛接待酒店 34 家、推荐酒店 130 家，满足大赛住宿需求。组建 3 180 人的保障团队，有效满足大赛餐饮、车辆交通、志愿服务、服装等保障工作需要。从我市高校招募并培训了 1 500 名青年志愿者，在“三站一场”、保障酒店、比赛现场等地点开展志愿服务。制定了大赛安全应急保障预案，组织开展安全培训和应急演练，持续做好风险隐患排查整改，确保安全办赛。

（六）全媒体营造大赛宣传氛围

我们推出了吉祥物“天天”“津津”、主题曲《给梦一双翅膀》。完成了大赛城市宣传片、主题宣传片拍摄，开发大赛各类文创商品 10 类，设置道旗 1 762 面，布置了天津站、国家会展中心等两个主题宣传地铁站、2 条地铁线路、7 条公交线路，地铁全路线及 1 200 辆公交车的车载屏幕滚动播放大赛宣传片。开通媒体宣传专题专栏，以及微信、微博、抖音、快手等新媒体账号。前期，我们还开展了“2023 年天津技能周”，大赛倒计时 100 天、30 天和 10 天系列活动。昨晚，在文化中心还举办了无人机表演，持续为大赛宣传造势，氛围已经拉满。

下面，我向大家介绍一下大赛奖牌设计方案。

大赛奖牌设计是第二届全国技能大赛整体形象设计的重要组成部分，既要契合本届大赛的主题，又要凸显天津的城市特色，更要彰显技能报国的使命与荣光。

大赛奖牌面向社会广泛征集设计方案，经过专家评审、大赛组委会审定等环节，最终确定了大赛奖牌设计方案。奖牌正面以中华人民共和国职业技能大赛会徽为核心，辅以“中华人民共和国第二届职业技能大赛”中英文和“中国 · 天津”字样，背景为鲁班锁的创意图形，对应中华人民共和国职业技能大赛的特质。奖牌背面以代表天津两个历史时期的显著地标——解放桥与天津站剪影为主元素，上方点缀海鸥，寓意天津滨海城市的地理属性和天津“生态优先、绿色发展”的突出成果，下方饰有水波纹，与奖牌挂钩水纹上下呼应，寓意河海涟漪，心心相融，既凸显举办地天津的城市特征，又饱含了对圆满举办本届大赛的美好祝愿。

王明政：

谢谢于鹏洲先生的介绍，现在请沈超先生为大家介绍相关情况。

沈超：

各位媒体朋友们，大家上午好！下面，我来介绍一下大赛安全保障和后勤服务工作相关情况。

本届大赛赛事规格高、比赛项目多、办赛规模大，参赛选手、裁判员、技术赛项保障团队、嘉宾来宾等直接参与赛事的人员超过 1.8 万人，加之赛事观摩等相关人员，安全保障、后勤服务工作均面临着很大压力和诸多挑战。在组委会的统一领导、悉心指导下，执委会加强统筹协调，动员各方力量，以严格的标准、务实的作风、周密的部署、细致的措施，已经做好相关准备工作。

（一）大赛安全保障方面

我们坚持安全第一、预防为主，将可能发生的问题考虑在前、应对方案布置在前，未雨绸缪、防患未然，切实保障人员人身和财产安全，确保大赛各项活动顺利开展、稳定运行。

一是构建应急保障工作体系。制定一整套应急保障工作方案，针对存在的隐患和可能发生的事故，梳理重点任务，明确工作安排和时间节点，进一步压实责任。建立包括综合应急预案、专项应急预案和场馆现场应急预案在内的职责明确、层级清晰的预案体系。组建来自应急、气象、水务、电力等部门的专业队伍，针对大赛各项工作和相关人员开展业务对接和专题培训。

二是科学规划搭建比赛场馆。综合考虑各赛项特点，结合设施设备、原材料、危化品使用等实际情况，科学规划室内外场馆的总体布局，保障安全出口畅通，确保场馆搭建和使用各环节均符合相关安全规定。

三是开展事故隐患提前排查。对大赛相关场馆、接待酒店电力设施、通信设备设施、燃气设施设备、供水、排水、防雷、消防等 11 个门类安全防范和应急准备工作开展专项排查整治，提前排查各类隐患，确保安全无虞。

四是搭建应急保障指挥平台。在国家会展中心积极搭建应急保障综合指挥信息平台，实现与天津市应急救援指挥中心的视频、数据互联互通，对大赛各关键应急信息，进行监测和研判，确保及时发现各类风险隐患，科学有效调度处置突发事件。

（二）大赛后勤服务方面

以需求为导向，以服务为宗旨，积极发挥各部门职能，充分调动各方面资源，制定详细的后勤服务方案，组建专业化的接待服务团队，全力以赴做好参赛人员住宿、交通、餐饮、服装等方面的服务保障工作。

一是住宿保障体现人性化、保姆式。将参赛代表团和嘉宾来宾、媒体记者、裁判员等分别安排在全市 34 家酒店，对参与大赛的其他相关人员，在国家会展中心、代表团住宿酒店附近及地铁沿线推荐 130 家住宿酒店。按照“一团一专班”的原则，成立接待服务专班，进驻每个接待酒店和参赛代表团住宿酒店，进行一对一全程服务。此外，还组建了 4 个“三站一场”接送服务保障专班，专门负责接送站工作。在此基础上，执委会面向服务人员开展了多次专项培训，进一步夯实职责、明确任务、强化配合，全力做好接待服务工作。

二是餐饮保障严把质量关、卫生关。对于赛场用餐，根据实际需要，将人员划分为固定用餐和流动用餐两类，分别提供指定点位送餐和餐饮街自行用餐服务。对于酒店用餐，指导协调各参赛代表团与住宿酒店协商确定用餐标准和菜品，对菜单进行把关，保证菜品质量，确保足量供应。同时，市场监管部门对于食品安全进行了全方位的前期排查，比赛期间还将就现场全流程食品安全进行监管，发现问题及时予以处理。

三是交通保障覆盖全周期、全过程。提供周到的交通服务，为每个参赛代表团和比赛服务团队配备常规通勤车辆和应急保障车辆，并为各代表团推送租车服务信息。合理规划各酒店至比赛场馆的行车距离、路线、时间，以及进离场动线、接驳点位和停车区域，确保交通顺畅。

四是服装保障兼顾实用性、宣传性。本着美观实用、厉行节俭的原则，为参赛选手、裁判员、志愿者、媒体记者等各类赛事参与人员，分别设计定制不同种类、不同配色的服装，一方面满足各类人员的实际需求，另一方面也提升了人员身份的辨识度。服装设计充分融合了技能主题和天津元素，突出了大赛形象，也成为宣传展示技能大赛、技能风采的一项重要手段。

此外，我们从 18 所高校招募了 1 500 名志愿者，并完成上岗培训。大赛期间，青年志愿者们将在国家会展中心、机场火车站、各接待酒店、赛事场地等点位，全力做好展赛会务、语言翻译、媒体宣传、场站迎送、酒店接待、组织运行等各项服务保障工作，用实际行动展示蓬勃向上、开放包容、热情好客的天津形象。

明天，大赛就要正式开赛了！我们一定会竭尽所能，全力保障大赛各环节安全稳定，确保后勤服务全面、细致、周到。我就介绍到这里，谢谢大家！

王明政：

谢谢沈超先生的介绍，刚才，王晓君女士、于鹏洲先生、沈超先生分别从不同侧面向大家介绍了第二届全国技能大赛的筹备情况，现在我们进入提问环节，请大家提问前先通报所属的新闻单位。

新华社记者：

刚才王司长全面介绍了本届大赛的情况，特别提到大赛同期将有丰富多彩的活动，我们对本届大赛都充满了期待。除了刚才介绍的基本情况外，我想请问，本届大赛将有哪些值得关注的看点、亮点？

王晓君：

谢谢记者朋友的提问。第二届全国技能大赛采取集中开放办赛、赛展演会集成的模式，将技能竞赛和技能展示交流活动有机结合，特点明显、亮点很多。

第一个看点是赛事精彩纷呈，内容新颖丰富。本届大赛项目多、科技感强、观赏性高，在保留传统项目的基础上，开拓新领域、新赛道。工业 4.0、云计算、移动应用开发、增材制造等赛项，培育先进制造业动能，助力数字经济腾飞；建筑信息模型、飞机维修、轨道车辆技术等赛项，推动绿色智能建筑体系构建，提升基础设施保障能力；花艺、时装技术、健康和社会照护、烘焙、茶艺等赛项，激发创意设计驱动力，贴近大众生活场景。同时，大赛所有项目均开设“云观赛”，观众可根据赛事安排到现场观赛，或通过“云观赛”平台直播观看或回播观摩大赛。

第二个看点是技能展示交流活动多，互动体验性强。大赛同期，将举办技能展示交流活动，各代表团共组织了 190 多个展示项目。同时，还组织了技能大师见面会、现场技能体验、技能大集等活动，新增加移动机器人等 8 项“群众技能体验擂台赛”，观众还可以通过“打卡拍照发朋友圈”“集齐赛事纪念章”等获得大赛纪念品。观众在观摩大赛的同时，可以体验不同技能在生活中的应用。

第三个看点是绝技绝活展演活动，技能技艺展示水平高。将现场展演 30 项具有传统特色的绝技绝活，涵盖高新技术、手工制作、艺术创意等领域，通过央视频等平台直播，由专家和观众投票评选出“最受欢迎的十大绝技”，并在大赛闭幕式上揭晓、颁发证书。

第四个看点是技能强国系列论坛，专家云集干货满满。本届大赛将邀请大国工匠代表，企业、技工教育专家、技工院校和职业技能培训机构代表，人力资源专家代表等出席，共同探讨技能人才队伍建设、“新八级工”制度、技工院校工学一体化、特色企业新型学徒制等话题，营造“技能成才、技能报国”的浓厚氛围。

目前，技能竞赛、技能展示交流活动、绝技绝活展演活动、“技能强国”论坛活动各项准备工作已经就绪，欢迎大家关注、报道。谢谢！

工人日报记者：

本届大赛提出了“智慧、绿色、安全、特色”办赛目标，请问具体体现在哪些方面？

于鹏洲：

我们紧紧围绕办赛目标，把智慧、绿色、安全、特色的要求融入大赛的各领域、各环节。

（一）智慧办赛，组织服务保障全面升级。

建立大赛指挥系统，探索智慧、集约、高效的大赛组织运行机制，提升赛事管理和公共服务的数字化、智能化、精准化水平。充分利用大数据、“互联网 +”等技术手段，搭建线上第二届全国技能大赛赛事指挥调度中心，规范组织构架、明确工作职责。从选手报名、赛场运转、志愿服务到后勤保障等，充分实现信息实时交换共享、快速反应决策与统一调度指挥，使大赛运营管理可视、可测、可控，实现智慧筹赛。

（二）绿色办赛，低碳环保理念浸润人心。

坚持生态优先、资源节约、环境友好原则，倡导绿色、环保、可持续办赛理念，探索规范化、专业化和科学化办赛之路，降低人力资源和能源消耗，合理配置资源，大幅提高人力物力利用效率，构建技能竞赛生态文明体系，促进技能大赛的全面绿色转型。在主赛场采用集中办赛方式，充分利用场馆的场地，结合项目技术需求，将赛项按照安全第一、同类同场、均衡需求的原则，把赛事赛项分为六个大类，同类赛项安排在同一个或相近几个馆内，降低场地建设组织成本。

（三）安全办赛，大赛各项环节平稳运行。

制定安全运行方案，建立“周对接”机制，层层落实责任。每周定期召集一次各部门工作会议，对接工作进展、做好安全提示、压实工作责任。组建安全保障团队，开展业务对接和专题培训，编制应急保障实施方案 50 个。同时，加强实战演练，组建涵盖 100 多个赛项、2 300 余人的赛务和技术保障队伍，利用我市第三届“海河工匠杯”技能大赛的有利时机进行了培训历练，为大赛顺利举办提供安全保障。

（四）突出特色，天津地域文化充分彰显。

在吉祥物的设计中，本着“彰显技能文化、构思简约精致、弘扬工匠精神、富有地域特色、便于延展推广”的遴选思路，从 126 件吉祥物投稿中，最终确定本届大赛的吉祥物为“天天”“津津”，形象为一男、一女两个青年人物的造型。通过摩天轮造型耳机、特色桥梁、港口、天津新老标志性建筑等形象设计，展现天津的城市元素。“天天”“津津”蕴含“天工开物”“天天向上”“津津有为”“津渡启航”的含义，寓意技能人才拼搏进取、追求卓越，崇尚技能、大有作为，寄语技能人才通过天津、通过第二届全国技能大赛成功晋级、独占鳌头。

黑龙江广播电视台记者：

您好，我是来自黑龙江广播电视台的记者，大赛公平公正至关重要，请问本届大赛都采取了哪些措施？

沈超：

公平公正是举办职业技能竞赛的生命线，也是组织者和参会者必须严守的底线。我们高度重视大赛的公平公正，加强对办赛全过程和各环节的监督管理。主要做了以下工作：

一是制定完善竞赛文件，科学准确提供大赛的政策指导。印发《中华人民共和国第二届职业技能大赛技术规则》，从专业技术和竞技角度为组织开展赛项提供了技术标准和政策遵循。发布《中华人民共和国第二届职业技能大赛技术工作文件》，包括试题、评分标准、竞赛细则和场地设备等详细内容，确保赛程有据可依。

二是选拔培训赛项裁判人员，打造高水平执裁队伍。公布来自企业、技工院校、大学等单位的共计 109 名裁判长，他们都是各自行业具有丰富经验的工匠和专家。分批集中组织所有赛项的执裁人员完成了赛项内技术培训，掌握技术规范标准，深化裁判对技术规则和标准的理解，提高竞赛执裁水平。按照赛务要求，大赛全体工作人员严格遵守第二届全国技能大赛竞赛行为规范承诺书，助推公平公正氛围的形成。

三是设立监督仲裁委员会，加强赛事监督。组建技术保障工作联合巡查组，对赛事执裁、赛项保障等工作开展巡查。建立申诉处理机制，畅通申诉反馈渠道，切实保障大赛公平公正举办。通过场地全方位视频监视等技术手段，确保情况明、解决清，保证比赛结果的客观公正。

比赛即将开始，举办一届高质量、高水平的大赛，形成公平公正的大赛氛围，还需要各代表团，所有参赛选手等全体人员共同努力和参与。同时，我们也真诚欢迎广大媒体朋友参与大赛监督，提出宝贵意见。

经济日报记者：

刚才王司长提到本届参赛选手超过 4 000 人，请问这些选手有哪些特点?

王晓君：

今年 2 月，我们启动本届大赛预报名工作；6 月份正式开展各地各行业选手报名推荐。经过层层选拔，将有 4 045 名选手参与本届大赛，其中世赛选拔项目选手 2 052 人、国赛精选项目选手 1 993 人。这些选手在身份、学历、年龄、构成等方面都各有特点。

从身份看，职工身份参赛选手和高学历参赛选手大幅增加。参赛选手中职工 2 189 人、学生 1 830 人、灵活就业人员 26 人，共来自 1 473 家单位。职工选手占比为 54.1%，比第一届大赛增加 7.6 倍；学生选手中，大中专院校和技校学生达 1 638 人，占比为 89.5%。技工院校、职业院校参赛积极性高，海南省技师学院、安徽阜阳技师学院、西藏技师学院、郑州商业技师学院等单位参赛选手超过 20 人，共计 59 个单位参赛人数超过 10 人。所有参赛选手中，有博士 25 人、硕士 546 人、本科 1 131 人，高学历参赛选手多数集中在新职业和数字技术技能领域，表明技术技能融合发展趋势，对不同学历层次人才技术技能水平提升的需求加大。

从年龄看，年轻选手仍是主体。本届大赛全部选手平均年龄 26.4 岁，较第一届大赛增加 4.6 岁。选手中年龄最大的 58 岁，最小的 16 岁，30 岁以下的选手占 67%，占比相对于第一届大赛下降 23 个百分点。其中世赛选拔项目选手平均年龄 19.6 岁，国赛精选项目选手平均年龄 33.4 岁。选手平均年龄最大的是国赛精选项目连锁经营管理，平均年龄 38.6 岁；平均年龄最小的是世赛选拔项目烘焙，平均年龄 18.6 岁。

从构成看，参赛选手特色鲜明。本届大赛共有男选手 3 087 名，女选手 958 名。世赛选拔项目飞机维修、工业控制、轨道车辆技术等以男选手为主，世赛美容项目全部是女选手。男女选手比例相对均衡的有世赛选拔项目花艺、美发、3D 数字游戏艺术和国赛精选项目计算机软件测试等赛项。同时，本届大赛有少数民族选手 404 人，占所有选手的比例为 10%，他们来自 29 个民族。除此以外，还有 276 名选手参加过第一届全国技能大赛，其中有 39 人参加了与第一届大赛不同的竞赛项目。

目前选手们已整装待发，在这里预祝参赛选手都能出色发挥，取得良好成绩。谢谢！

天津日报记者：

本届大赛将对社会开放，作为市民，可以通过什么渠道观看或参与大赛？如果想到现场近距离观赛，有什么需要注意的事项？

沈超：

为了增强社会公众对职业竞赛和职业技能的了解，我们本届大赛主赛场，也就是国家会展中心，将于 17 至 18 日两天面向社会公众开放。赛前，我们在大赛官方平台开通了预约渠道，大家可以关注第二届全国技能大赛官方微信公众号进行预约报名。预约成功后可获得预约二维码，携带个人身份证件到场馆扫码即可进场观赛。

鉴于国家会展中心的停车场已作为室外比赛项目的场地，不能为观众提供停车位。我们建议观众到场观赛优先选择乘坐公共交通出行，到达国家会展中心下车即可。观赛同时，我们也准备了形式多样的互动项目，大家可以到 S9 馆技能大集、群众技能体验擂台赛进行技能体验，也可以到 S10 馆参观国家成果展、天津成果展、各省市及参赛行业部门成果展、天津十大产业人才联盟技能建设展。此外，赛事期间还会组织开展技能大师签赠、观赛打卡等多种活动，并为大家准备了小礼品，以上活动须知我们也都通过大赛官方账号进行了发布，同时赛场也有导览图，欢迎广大市民积极参与。

王明政：

今天的发布会就到这里，感谢几位发布人，感谢各位媒体朋友。大家再见！

中华人民共和国第二届职业技能大赛赛后新闻发布会

时间：2023 年 9 月 20 日 10:00

地点：天津市政府新闻办新闻发布厅

中华人民共和国第二届职业技能大赛组委会委员、新闻宣传组组长，人力资源社会保障部宣传中心主任王明政：

媒体朋友们，大家上午好！中华人民共和国第二届职业技能大赛已于昨日落下帷幕。本次大赛契合新时代发展理念，广泛弘扬了“技能成才、技能报国”的主题，实现了“智慧、绿色、安全、特色”的办赛目标。今天，举行第二届全国技能大赛赛后新闻发布会，一是介绍第二届全国技能大赛取得的成果，二是介绍承办第二届全国技能大赛的收获，三是介绍第三届全国技能大赛承办地情况，回答媒体朋友们关心关注的问题。

出席今天发布会的嘉宾有：第二届全国技能大赛组委会委员兼秘书处秘书长、人力资源社会保障部职业能力建设司副司长王晓君同志，第二届全国技能大赛组委会委员兼秘书处秘书长、大赛执委会副主任、天津市人力资源和社会保障局党组书记、局长沈超同志，河南省人力资源和社会保障厅党组书记、厅长丁同民同志。

首先请王晓君女士介绍相关情况。

王晓君：

各位媒体朋友们，大家上午好！经过 3 天激烈比拼，中华人民共和国第二届职业技能大赛已于 9 月 19 日晚顺利落下帷幕。

本届大赛以习近平新时代中国特色社会主义思想为指导，深入学习贯彻习近平总书记对技能人才工作重要指示批示和致首届全国职业技能大赛贺信精神，落实李强总理对做好技能人才工作的重要批示，按照国务委员谌贻琴同志视察大赛现场和调研技能人才工作提出的具体要求，大赛组委会、执委会及各有关单位齐心协力，努力工作，借鉴世界技能大赛的理念标准，总结第一届全国技能大赛办赛经验，在建章立制、模式创新、引领示范等方面做了积极探索，呈现了一届具有比赛竞技性、活动集成性、群众互动性的职业技能盛会，是规格最高、项目最多、规模最大、水平最高、影响最广的综合性国家职业技能赛事。

本届大赛以“技能成才、技能报国”为主题，共设109个竞赛项目，36个代表团的4 045名选手、3 270名裁判参加大赛，规模比上届大幅增加。经过3天的激烈角逐，393名选手获得109个项目的金、银、铜牌，36名选手获得参赛代表团最佳选手奖，13名选手获得西部技能之星奖，12个代表团获突出贡献奖，24个代表团获优秀组织奖。大赛盛况空前，近12万人次现场观赛，参赛选手全神贯注比赛，观摩人员摩肩接踵、流连忘返，热门点位人流如潮。

大赛以技能竞赛为核心，采取集中开放办赛、赛展演会集成的组织模式，筹备工作复杂、同期活动密集、日程衔接紧凑，对组织实施和服务保障工作要求很高、挑战很大。在各方共同努力下，大赛各项工作总体平稳、安全有序，高质量完成了各项任务，达到了预期目标。可以说，我们成功举办了一届规模宏大、活动丰富、形式新颖、影响广泛的全国性技能盛会。本届大赛的成功举办，得益于党中央、国务院的高度重视，得益于人力资源社会保障部和天津市政府及其有关部门的统筹谋划精心组织，得益于各地人社部门、各有关行业企业、职业院校和技术保障单位、合作企业、新闻媒体以及社会各界的共同努力，更得益于各参赛选手的倾心付出、精彩表现。在此，我谨代表大赛组委会，通过在座的各位媒体，向所有为本届大赛成功举办付出辛苦努力的同志们致以崇高的敬意和衷心的感谢。

第二届全国技能大赛主要取得以下成果。

一是搭建集中展示技能人才精湛技艺的平台。技能人才是支撑中国制造、中国创造的重要力量。职业技能竞赛为广大技能人才提供了展示精湛技能的舞台，搭建了相互切磋技艺的平台，各行各业技能高手云集赛场，他们都是经过层层选拔脱颖而出，他们高超的技能水平，吸引各类媒体广泛关注，吸引全社会聚焦技能人才队伍。从本届大赛情况看，各地党委政府高度重视技能人才工作，各地人社部门和有关行业高度重视本届大赛备赛参赛，对参赛选手进行有针对性的选拔集训。社会各方鼎力支持大赛，近150家企业提供设备设施、工具量具等各类物资超过100万件，大批企业组团观摩大赛、参与大赛、支持大赛。新闻媒体对大赛高度重视，200余家新闻媒体的近千名记者参与大赛报道，新华社、人民日报、中央广电总台等主流媒体全程关注，重点栏目节目进行专题报道、深度报道，各类新媒体积极跟进，通过直播赛事、组织“云观赛”、制作技能主题的精美短视频，宣传职业技能大赛的特点、看点和亮点，传播大赛盛况，聚焦技能明星，讲好技能故事，大赛相关报道频频登上热搜。

二是促进提升技能人才整体水平。本届大赛项目设置充分结合国家产业发展趋势、企业生产实际，赛项涉及四分之三的国民经济行业门类，特别是本届大赛新设新职业和数字技术技能赛项，紧跟新职业发展趋势，体现技术与技能有机融合、传统与现代相互辉映，进一步激发了各类技术技能人才参与大赛的积极性，引领带动广大技能人才刻苦钻研技能，提高技能水平。客观上讲，我国东部部分省份技能人才规模大、结构优、水平高，在技能竞技领域具有一定优势。但从本届大赛参赛特别是获奖情况看，参赛选手的整体技能水平明显提高，地区差距也逐渐缩小，共有18个代表团获得金牌、29个代表团获得奖牌、全部代表团均有选手获得优胜奖，部分西部省份实现奖牌零的突破。大赛新增的技能强国“1+3”论坛，邀请来自政府、高校、企业、科研机构等各个方面的专业人士共议技能人才队伍建设，共商推进技能人才工作的对策建议。

三是充分展现技能人才良好精神风貌。大赛期间，4 000多名来自不同行业、从事不同职业的选手同台竞技，大家高超精湛的技能水平、昂扬向上的精神风貌，给10多万现场观众带来的不仅仅是视觉冲击，更是刷新了社会公众对技能人才固有的认识，进一步感受了技能之美。同期组织的“最受欢迎的十大绝技”展演、190多个技能成果展示交流项目、群众擂台赛、技能大集等，富有展示性、参与性、互动性，让更多观众近距离体验技能、感知技能。

四是进一步提升职业技能竞赛的规范化水平。如果说举办第一届全国技能大赛有开创和探索的意义，那么，本届大赛则承担着建章立制的重要任务。在筹办、组织本届大赛过程中，我们高度重视制度建设，注重提升大赛的科学化、规范化、专业化水平。本届大赛对标国际国内先进技术标准，建立完善了大赛组织、举办等各个环节的制度安排和运行体系，使各项工作有章可循，确保大赛公平公开、阳光透明。大赛积极探索市场化运营模式，构建良性可持续发展机制，推动各类主体深度参与大赛，创新开发的文创产品大赛期间深受欢迎供不应求。这些都为今后进一步办好全国技能大赛和各类职业技能赛事积累了宝贵的经验。

各位记者朋友，第二届全国技能大赛已经圆满落幕。经国务院批准，第三届全国技能大赛将在河南举办。下一步，我们将深入学习贯彻落实党的二十大精神，全面贯彻落习近平总书记重要指示精神，认真落实李强总理对技能人才工作的重要批示，全面做好大赛总结、成果转化、制度建设等工作。同时，与河南省通力合作、精心策划、有序推进，扎实做好第三届全国技能大赛筹备工作。谢谢大家。

王明政：

谢谢王晓君副司长！下面请沈超先生介绍相关情况。

沈超：

各位媒体朋友们，大家上午好！经过紧张激烈的角逐，第二届全国技能大赛于昨晚顺利闭幕。党中央、国务院高度重视本次大赛，李强总理对做好技能人才工作作出重要批示，国务委员谌贻琴莅临指导并出席大赛开幕式。在组委会的统筹组织和各方面的共同努力下，大赛取得了圆满成功。在此，向所有为大赛成功举办辛苦付出、努力拼搏的同志们致以崇高的敬意和衷心的感谢。

天津作为大赛的组织者，精心谋划、建章立制、公平公正、规范办赛；作为东道主，积极发扬热情好客的传统，展现开放包容的形象，提供一流的保障服务；作为参与者，赛出了水平，赛出了风采，赛出了成绩。通过承办本次大赛，我们不仅为推进天津技能人才工作发展积累了许多宝贵经验，更为全国技能大赛规范化、标准化、制度化举办贡献了天津力量、天津经验。

一是探索出可借鉴、可复制、可推广的办赛工作经验。在组委会的领导下，我们积极整合多方资源，成立了第二届全国技能大赛执委会，集中统一组织开展各项工作。形成了健全完善的制度体系，围绕大赛筹备、举办各环节出台相关管理制度，细化赛务、技术及各类保障方案，明确任务、时限、责任，实现大赛保障制度先行。构建了精准快速的运行体系，利用大数据、“互联网 +”技术，搭建线上第二届全国技能大赛赛事指挥调度中心，实现指挥层、运行层、执行层上下联动、无缝衔接，确保各项工作快速平稳开展。建立了扁平高效的督办体系，锚定工作目标，加强统筹协调，通过挂图作战、倒排工期，确保事事有清单，件件能落实。

二是锻造了高效团结、保障有力、技艺纯熟的专业队伍。大赛执委会从全市 36 个相关单位抽调了 300 余名业务骨干，形成了一支稳定高效的策划、运行、管理团队。对标世界技能大赛组织模式和技术标准，组建了 2 300 多人的赛务和技术保障队伍。着眼提升安全保障水平，组建了来自应急、气象、卫健、通信、电力等部门的专业应急队伍。此外，在积极备赛、艰苦训练基础上，通过我市“海河工匠杯”技能大赛选拔、专家推荐、高校遴选等程序，组建了一支技艺精湛、实力雄厚的参赛队伍，142 名队员代表天津参加全部 109 个赛项的角逐，并取得了优异的成绩。

三是构建了多元共享、共同参与、合作共赢的大赛机制。本次大赛持续深化“政府 + 企业”的市场化办赛模式，专门成立了国赛运营有限公司，并积极发动社会力量，邀请广大企业参与，共有 300 余家企业为大赛给予设备设施和服务保障赞助。许多企业还将在大赛结束后将比赛使用设备无偿赠予天津相关职业院校，充分展现了企业在技能人才队伍建设工作中的社会责任和担当。在大赛筹备、举办过程中，很多兄弟省市与我们积极对接沟通，主动提供建议，积极分享经验。同时，世界技能组织、国际劳工组织的悉心指导，不仅帮助我们学习到了世界先进的工作经验，也进一步强化了技能领域的国际交流。

四是打造了尊重技能、展示技能、传播技能的宣传阵地。搭建全方位的宣传平台，线上多渠道开设大赛专题专栏，线下积极建设大赛新闻中心。贯穿大赛全周期大力宣传，赛前组织预热采访活动，推出国赛项目早知道、奋进新时代的技能力量等系列宣传视频；赛中邀请众多媒体记者，对“赛展演会”进行多角度、深层次的跟踪报道；赛后还将深入挖掘选手们的先进事迹，持续宣传大赛成果。统筹场内与场外宣传，场内一方面记录参赛选手们竞技角逐的激烈场面，展示技能风采魅力，另一方面组织技能强国论坛、天津十大产业人才联盟建设展等特色活动；场外布置宣传图片、口号，开展无人机表演、主题灯光秀等活动，积极营造浓厚的社会氛围。

五是提振了抢抓机遇、拼搏进取、敢为人先的坚定信心。今年是全面贯彻落实党的二十大精神的开局之年，也是习近平总书记对天津工作提出“三个着力”重要要求十周年，第二届全国技能大赛的成功举办，让我们深受鼓舞、倍感自豪。以本次大赛为缩影，充分印证了天津作为“一基地三区”，有着尊重劳动、崇尚技能的浓厚社会氛围，能够为技能人才展示技艺和发展成长搭建广阔的平台、创造良好的条件、提供充分的支持。以本次大赛为契机，我们将积极建立以竞赛为重要抓手的技能人才培养、选拔、激励机制，从而带动更多的劳动者热爱技能、提高技能。

总之，承办第二届全国技能大赛，我们收获良多，不仅积累了宝贵经验，也结识了众多朋友，更坚定了做好技能人才工作的信心和决心。我就介绍到这里，谢谢大家！

王明政：

谢谢沈超局长。刚才，王晓君副司长、沈超局长分别从不同侧面介绍了本届全国技能大赛相关情况。下面，进入提问环节，请大家提问前先通报所属新闻单位。

中央人民广播电视总台记者：王司长，您好！第二届全国技能大赛闭幕后，从大赛总结收尾方面，还将开展哪些方面的工作？

王晓君：

谢谢您的提问。赛后，我们将认真对大赛的做法和经验进行总结，重点做好以下工作。

一是吸收有益经验，全面总结大赛成果。赛后，组委会将与执委会一起，组织大赛各有关单位和部门、各参赛代表团，对本次大赛进行全面总结，认真梳理总结本届大赛的经验做法，形成举办职业技能竞赛的制度规范。

二是加大激励力度，积极推进以赛促建。在闭幕式上，我们颁发了相关奖项。接下来，我们要将大赛各项奖励政策落实到位，鼓励各地对获奖选手给予精神和物质奖励，切实增强技能人才的职业荣誉感。同时，加大对优秀获奖选手的宣传力度，在社会上持续弘扬劳动光荣、技能宝贵的价值理念，唱响技能成才、技能报国的时代主旋律。

三是组织世赛集训，有序组织考核选拔。本届大赛世赛选拔项目的单人赛前 5 名、团队赛前 3 名选手将入围第 47 届世界技能大赛中国集训队。我们将组织好集训选拔工作，遴选出代表我国参加第 47 届世界技能大赛的选手，2024 年参加法国里昂世赛为国争光。

四是运用大赛成果，提高技能人才培养质量。我们将研究、汇集大赛成果，开展大赛成果转化、标准优化、推广运用等工作，完善以技能竞赛为核心内容的“赛展演会”一体化技能竞赛模式，进一步加强技能人才总体工作。谢谢。

中国劳动保障报社记者：

恭喜河南成为第三届全国技能大赛的承办地。请问，在承办大赛方面，河南具备哪些条件和优势？

丁同民：

谢谢您的提问！河南成为第三届全国技能大赛的承办地，我们倍感振奋、深受鼓舞，也深感使命光荣、责任重大。河南省委、省政府历来高度重视技能人才工作，非常珍惜这次宝贵的办赛机会。河南工匠精神源远流长，有扎实的工作基础，有优越的办赛条件，有信心、有决心、有能力承办好大赛，主要体现在四个方面：

第一，河南人力资源优势突出。河南有 1 亿人口，适龄劳动人口 5 744 万，职业院校 521 所，在校生 297 万人，职业教育规模居全国首位。其中，技工院校在校生 33 万余人，稳居全国第三。丰富的人力资源，既为办赛参赛提供了强大的群众基础和技能人才支撑，也为大赛引领推动人力资源开发提供了广阔空间。在河南举办全国技能大赛，辐射广泛，影响深远，将带动区域内数以亿计劳动者关注参与，培养大批国家重大战略、区域重点产业急需的技能人才、能工巧匠、大国工匠，引领更多劳动者，特别是青年一代走技能就业、技能成才、技能报国之路。

第二，“人人持证、技能河南”建设成效显著。河南省委省政府将“人人持证、技能河南”建设放在全省经济社会发展优先位置，作为全省十大民生实事之首。河南省成立了省长任组长，36 家省直部门主要负责同志为成员的领导小组。全省各级各部门积极跟进，构建形成了省级统筹、市县实施、相关部门分工负责的工作格局。目前，全省技能人才达 1 679 万人，高技能人才达 493 万人，2025 年将分别达到 2 000 万人、700 万人。

第三，构建完善的职业技能竞赛体系。出台河南省职业技能竞赛管理办法，实施职业技能竞赛“百千万”计划，构建起以世赛、国赛为引领，省赛为龙头，专项、行业和地方各级竞赛为主体，企业、院校职业技能比赛为基础的具有河南特色的职业技能竞赛体系。在 2022 年世界技能大赛特别赛上，河南省 5 名选手参加 3 个项目角逐，夺得了“两金一铜”的优异成绩，在本届大赛上夺得两金三银八铜 78 个优胜奖。

第四，赛会场馆和设施功能完备。预计 2025 年投入使用的主场馆中原国际会展中心，室内展览面积 40 万 m^2，展厅 34 个，室外展览面积 6 万 m^2，可同时容纳 5 万人以上举办活动。闭幕式场馆拟安排在现有的郑州市奥体中心，总座席 6 万个以上，是大型甲级体育场，设计先进，设施一流，功能齐备，多次承办重大活动。同时，郑州市还有餐饮住宿主体近 9 000 家、4 700 家旅馆、22.5 万个房间、35.4 万个床位，可有效满足大赛需求。

第五，大型会展活动组织经验比较丰富。2015 年成功承办上合组织第十四次理事会，15 个国家和国际组织领导人参会。2019 年成功承办全国第十一届少数民族传统体育运动会，34 个代表团、7 009 名运动员参赛。此外，还成功承办了第三届全国智能制造应用技术技能大赛、第八届全国印刷行业职业技能大赛决赛等全国性技能竞赛。去年成功举办河南省第一届职业技能大赛，实现零疫情、零事故、零争议；今年成功举办河南省第二届职业技能大赛，设置 70 个赛项，参赛选手 2 221 名。2015 年以来，郑州市连续举办八届市级综合性技能竞赛，所有省辖市都组织了市级综合性职业技能竞赛，积累了丰富的办赛经验。

第六，综合交通区位优势明显。郑州是国家中心城市，全国普铁和高铁网的“双十字”中心，“米”字形高铁一小时覆盖全省，两小时经济圈覆盖周边省会城市，4～6 小时通达长三角、粤港澳、成渝等主要经济区。新郑国际机场是我国八大枢纽机场之一，航空两小时经济圈覆盖全国国土面积的 3/4。主赛场所在地郑州航空港区，是首个国家级航空港经济综合实验区，主场馆中原国际会展中心，距新郑国际机场 6 km，距郑州航空港高铁站 2 km，地铁站在 100 m 之内，域内外立体交通网四通八达，可提供便捷高效的航空、铁路、公路等交通周转和物流服务。

河南省委省政府高度重视第三届全国技能大赛承办工作，昨天王凯省长进行了会旗交接。下一步，我们将在河南省委省政府坚强领导下，在人力资源社会保障部具体指导下，成立由省政府主要领导任组长、分管常务副省长为副组长的筹办工作领导小组，组建工作专班，落实责任、倒排工期、挂图作战，努力办好一届规模宏大、参与广泛、特色鲜明、影响深远的职业技能大赛，促进形成技能就业、技能成才、技能报国的时代新风，为全国职业技能竞赛活动作出河南贡献。

技耀中原，“豫”见未来。在这里，我们热忱欢迎社会各界朋友多到河南走一走、看一看，诚挚邀请各位媒体朋友走进郑州、行走河南、读懂中国，真诚邀请各行各业技能人才2025年相聚郑州，共襄技能交流盛宴。我们将竭诚做好服务保障，老家河南欢迎您！谢谢大家！

天津日报记者：

通过承办第二届全国技能大赛，将会对天津职业技能发展产生哪些影响？

沈超：

当前，天津正处于深入实施“十项行动”，奋力开创全面建设社会主义现代化大都市新局面的关键时期，比以往任何时候都更需要人才特别是技能人才的支撑。承办第二届全国技能大赛，对天津职业技能发展意义重大、影响深远。

一是对完善技能人才培养体系起到引领推动作用。通过办赛、参赛，广泛调动全市政府部门、企业、学校、行业组织等各方面的积极性，有利于健全完善以行业企业为主体、职业学校为基础、政府推动与社会支持相结合的高技能人才培养体系。在与各参赛代表团同台竞技、切磋交流过程中，充分学习吸收先进地区经验，为我市进一步推行中国特色学徒制改革、建立健全技能人才继续教育制度等工作，提供了有益的借鉴。通过将竞赛标准转化为人才培养标准，引入职业竞赛的新规则、新技术，将选手的培养路径融入技能人才培养过程，能够有效提升培养培训的质效，加快构建一支高素质技能人才队伍。

二是对推动职业教育发展起到积极促进作用。通过组织广大技工院校教师学生积极参与大赛，以实战检验教学效果，能够促进大赛成果与技工教育改革转化，带动学校人才培养模式改革。通过吸纳办赛、参赛经验，能够将先进竞赛标准与高超工艺融入教材、教学和评价标准，实现以赛促教、以赛促训、以赛促学。依托技工院校职业技能竞赛集训基地，加强对竞赛标准、竞赛设备、竞赛规则的研究，将吸引广大职业技能竞赛优秀选手到技工院校任教，促进竞赛、教学、科研水平整体提升。

三是对弘扬劳模精神、劳动精神和工匠精神起到示范带动作用。通过承办大赛，积极搭建技能人才亮绝活、唱主角、展风采的舞台，推出大赛吉祥物、主题歌曲、主题宣传片，组织技能展示交流、十大绝技展演、群众擂台赛、技能大集等活动，充分展示了技能风采、展现了技能魅力、传播了技能文化，进一步提高了社会对技能人才的认同，增强了技能人才的获得感、自豪感，大力弘扬了劳模精神、劳动精神、工匠精神，有利于营造劳动光荣、技能宝贵、创造伟大的社会氛围，从而引导和激励更多劳动者走技能成才、技能报国之路。

山东人力资源和社会保障杂志记者：

王司长，您好！刚才您也提到，职业技能竞赛是技能人才培养选拔的重要途径，想请问这届全国技能大赛后，将如何发挥大赛引领示范作用，推动技能人才工作高质量发展？

王晓君：

谢谢您的提问。你提到的这个问题，也是我们高度关注和重点谋划的工作。赛后，我们要按照党中央、国务院关于加强新时代高技能人才队伍建设的意见，通过有关的工作部署要求，进一步完善中国特色职业技能竞赛体系，充分发挥竞赛的引领带动作用，要从以下方面推动技能人才工作：

一是发挥引领作用，壮大技能人才队伍。推动经济高质量发展，迫切需要大批高素质技能人才。本届大赛尽管参赛选手只有 4 000 余名，但间接带动上千万人参加技能比武、岗位练兵，达到了影响一批青年劳动者、吸引一批技能爱好者、聚集一批高技能从业者的作用。下一步，我们将进一步健全我国职业技能竞赛体系，将竞赛的相关标准转化为技能人才培养的标准，进一步提升技能人才培养水平，通过竞赛吸引更多青年学技能、练技能，进一步壮大技能人才队伍。

二是扩大平台优势，构建新时代职业技能竞赛新格局。大赛为企业提供了展示先进产品、发现和选拔人才、推广技术标准的平台。我们将持续发挥这一平台作用，进一步增强大赛对各类企业的吸引力凝聚力，引导企业通过支持职工参加竞赛、深化校企合作、提供设备设施、加强技术标准研发等方式，全方位参与竞赛活动。

三是加大激励力度，营造技能成才良好氛围。我们将以落实大赛奖励政策为契机，进一步完善技能人才表彰奖励政策体系，加大对各类高技能人才激励力度，在全社会营造“技高者奖”的鲜明导向，不断提高技能人才社会地位，增强他们的职业荣誉感、自豪感、获得感，吸引更多劳动者特别是青年走技能就业、技能成才、技能报国之路。

中国组织人事报记者：

沈局长，此次大赛后，天津将如何进一步打造“海河工匠”技能人才工作品牌，激励更多青年走技能成才、技能报国之路？

沈超：

此次大赛天津取得了很好的成绩，得益于我们在地方技能人才品牌建设尤其是“海河工匠”品牌建设方面的经验。此次大赛后，天津将从以下四方面持续发力，激励更多青年走技能成才、技能报国之路。

一是在加强高技能人才队伍建设上持续发力。以服务发展、稳定就业为导向，聚焦“一基地三区”功能定位，进一步健全完善高技能人才培养体系，充分激发各类培训载体培训活力，提高职业技能培训资源社会供给水平。以职业学校、公共实训基地、企业培训中心和社会培训机构为主要载体，围绕重大战略、重大工程、重大项目、重点产业，实施“工匠涵养创新工程”和“制造业根基工程”等项目建设，加强高技能人才培养，擦亮“海河工匠”品牌。

二是在创新高技能人才培养模式上持续发力。搭建技能人才梯次式培养模式，支持企业职工、高校毕业生、失业人员、农村富余劳动力等重点就业群体，参加定向培训、企业新型学徒制培训、项目制培训、“师带徒”培训，贯穿技能人才职业发展全过程。建立尊重创新、重视技能人才的使用机制，破除技能人才晋升“天花板”，推进落实“新八级工”职业技能等级序列，拓宽高技能人才向专业技术岗位流动渠道，打造高技能人才职业发展的“立交桥”。

三是在发挥技能竞赛引领作用上持续发力。进一步发挥“海河工匠杯”技能大赛引领带动作用，紧紧围绕我市优势产业、战略性新兴产业和未来产业，设置比赛项目，直接培养选拔一批产业急需的企业一线高技能人才。激发大赛聚合效应，带动各行业顶尖人才、先进技术设备和优质教育资源之间密切联动、深度融合，坚持职业学校教育和职业培训并重，在教育教学、实习实训、专业建设、平台搭建等方面持续改革创新。

四是在健全表彰激励制度上持续发力。建立以政府表彰为引领、行业企业奖励为主体、社会奖励为补充的高技能人才激励体系，不断提高高技能人才社会地位和经济待遇。加大“海河工匠”“天津市技术能手”选树力度，努力培养一批“大国工匠”、能工巧匠，提高高技能人才在各级各类表彰和荣誉评选中的名额分配比例，强化“个人崇尚技能、企业重视技能、社会尊重技能”的社会导向。

王明政：

今天的发布会到此结束，谢谢各位发布人，谢谢各位媒体朋友。我们河南再见！

中华人民共和国
第二届职业技能大赛
大事记

2020.9.21 人力资源社会保障部印发《关于征集中华人民共和国第二届职业技能大赛承办地的通知》。

2020.10.13 天津市申请承办中华人民共和国第二届职业技能大赛。

2020.10.27 人力资源社会保障部职业能力建设司副司长刘新昌带队考察中华人民共和国第二届职业技能大赛相关场地。

2020.11.4 人力资源社会保障部向国务院报送《关于确定中华人民共和国第二届职业技能大赛承办地的请示》。

2020.11.18 国务院批准由天津市承办中华人民共和国第二届职业技能大赛。

2021.4.2 天津市人力资源和社会保障局印发《市人社局关于成立大赛筹备工作领导小组的通知》，明确领导小组成员和主要职责、领导小组办公室组成及主要职责。

2021.7.20 人力资源社会保障部印发《关于公布中华人民共和国第二届职业技能大赛组委会机构和人员名单的通知》。

2021.7.23 中华人民共和国第二届职业技能大赛组委会第一次全体会议在天津召开，人力资源社会保障部部长张纪南、天津市人民政府市长廖国勋出席并讲话，人力资源社会保障部副部长汤涛主持会议，天津市人民政府副市长周德睿出席。

2021.9.1 天津市人民政府印发《关于成立中华人民共和国第二届职业技能大赛执行委员会的通知》。

2021.10.23 中华人民共和国第二届职业技能大赛执委会印发《大赛执委会内设机构各责任单位及工作职责》，明确各工作部人员组成和任务分工。

2021.11.11 中华人民共和国第二届职业技能大赛执委会发布《中华人民共和国第二届职业技能大赛吉祥物设计方案征集公告》。

2022.1.7 中华人民共和国第二届职业技能大赛执委会发布《中华人民共和国第二届职业技能大赛宣传口号征集公告》。

2022.3.18 中华人民共和国第二届职业技能大赛执委会发布《中华人民共和国第二届职业技能大赛原创主题歌曲征集公告》。

2022.4.24 中华人民共和国第二届职业技能大赛执委会印发《中华人民共和国第二届职业技能大赛筹办工作总体方案》。

2022.12.7 中华人民共和国第二届职业技能大赛执委会工作机构入驻中国（天津）职业技能公共实训中心开始集中办公。

2023.2.2　中华人民共和国第二届职业技能大赛执委会主任、天津市人民政府副市长李文海主持召开执委会第一次全体会。会议听取大赛筹备进展情况汇报，审议执委会工作机构人员配备情况，以及《大赛执委会会议管理办法》《大赛执委会财务管理办法》《大赛执委会人员管理办法》。

2023.2.15　中华人民共和国第二届职业技能大赛组委会秘书处印发《关于做好中华人民共和国第二届职业技能大赛预报名工作的通知》。

2023.2.17　人力资源社会保障部印发《关于调整中华人民共和国第二届职业技能大赛组委会机构和人员名单的通知》。

2023.2.17　中华人民共和国第二届职业技能大赛组委会印发《中华人民共和国第二届职业技能大赛组委会和执委会工作职责的通知》。

2023.2.20　中华人民共和国第二届职业技能大赛组委会第二次全体会议在天津召开，人力资源社会保障部部长王晓萍、天津市人民政府市长张工出席并讲话，人力资源社会保障部副部长俞家栋主持会议。

2023.2.25　人力资源社会保障部印发《关于举办中华人民共和国第二届职业技能大赛的通知》。

2023.2.28　人力资源社会保障部举行中华人民共和国第二届职业技能大赛第一次新闻发布会，介绍大赛筹备情况，并回答记者提问。人力资源社会保障部职业能力建设司副司长王晓君、天津市人民政府副秘书长王栩冬、天津市人力资源和社会保障局局长沈超出席，人力资源社会保障部宣传中心主任王明政主持。

2023.3.1　人力资源社会保障部印发《关于征集中华人民共和国第三届职业技能大赛承办地的通知》。

2023.3.2　中共天津市委书记陈敏尔视察中华人民共和国第二届职业技能大赛筹备工作情况，听取筹备进展工作汇报。

2023.3.17　中华人民共和国第二届职业技能大赛执委会主任、天津市人民政府副市长李文海主持召开执委会第二次全体会，审议大赛预算计划方案。

2023.3.29　人力资源社会保障部办公厅印发《关于组织开展“迎国赛、强技能、展风采”主题活动的通知》。

2023.4.2　中华人民共和国第二届职业技能大赛组委会秘书处印发《关于征集中华人民共和国第二届职业技能大赛展示交流项目的通知》。

2023.4.12　中华人民共和国第二届职业技能大赛组委会新闻宣传组公布宣传工作

方案。

2023.4.13　中华人民共和国第二届职业技能大赛组委会秘书处、技术工作组与执委会相关工作部在北京召开技术工作推进专题会议，明确重点工作安排及要求。

2023.4.14　中华人民共和国第二届职业技能大赛组委会秘书处印发《关于征集中华人民共和国第二届职业技能大赛“最受欢迎的十大绝技”展演活动项目的通知》。

2023.4.24—27　中华人民共和国第二届职业技能大赛组委会技术工作组组织开展中华人民共和国第二届职业技能大赛第一批竞赛项目技术对接活动。

2023.4.25　中华人民共和国第二届职业技能大赛组委会秘书处印发《关于推荐中华人民共和国第二届职业技能大赛世赛选拔项目裁判长候选人的通知》。

2023.5.11　中华人民共和国第二届职业技能大赛组委会秘书处组织开展第三届全国技能大赛承办地陈述工作会议。

2023.5.11　天津市人民政府第13次常务会议，审议并通过中华人民共和国第二届职业技能大赛预算计划方案。

2023.5.15　中华人民共和国第二届职业技能大赛组委会秘书处印发《关于做好中华人民共和国第二届职业技能大赛第二次预报名工作的通知》。

2023.5.24　中华人民共和国第二届职业技能大赛组委会秘书处印发《关于确定中华人民共和国第二届职业技能大赛各项目裁判长人员名单的通知》。

2023.5.24—27　中华人民共和国第二届职业技能大赛组委会技术工作组组织开展中华人民共和国第二届职业技能大赛第二批竞赛项目技术对接活动。

2023.5.29—30　人力资源社会保障部副部长俞家栋带队赴天津考察中华人民共和国第二届职业技能大赛开闭幕式场馆并参加部市对接座谈会。

2023.5.29—31　人力资源社会保障部职业能力建设司组织开展第三届全国技能大赛承办地候选地实地考察。

2023.6.6　中华人民共和国第二届职业技能大赛组委会秘书处印发《关于开展技能雏鹰杯“迎国赛　走技能成才之路”系列活动的通知》。

2023.6.8　天津举行中华人民共和国第二届职业技能大赛倒计时100天主题活动。

2023.6.15　中华人民共和国第二届职业技能大赛组委会秘书处印发《中华人民共和国第二届职业技能大赛技术规则》。

2023.6.20　中华人民共和国第二届职业技能大赛组委会秘书处印发《关于公布中华人民共和国第二届职业技能大赛各项目裁判长助理人员名单的通知》。

2023.6.20　中华人民共和国第二届职业技能大赛组委会秘书处公布大赛监督仲裁工作方案。

2023.6.21　中华人民共和国第二届职业技能大赛组委会秘书处印发《关于做好中华人民共和国第二届职业技能大赛选手报名和裁判员推荐工作的通知》。

2023.6.28—30　中华人民共和国第二届职业技能大赛开展正式报名工作，共报名参赛选手 4 085 名（经审核，最终符合参赛条件的选手 4 045 名）。

2023.7.21　中华人民共和国第二届职业技能大赛组委会秘书处印发《关于开展中华人民共和国第二届职业技能大赛公益报时活动的通知》。

2023.7.25　中华人民共和国第二届职业技能大赛赛前预热新闻采访活动启动。

2023.7.25　中华人民共和国第二届职业技能大赛组委会技术工作组通过线上线下相结合的形式举行培训活动，介绍大赛总体情况和筹备情况，组织裁判员在线签署《竞赛行为规范承诺书》，解读《中华人民共和国第二届职业技能大赛技术规则》，109 个赛项裁判长及助理、裁判员、场地经理及助理和其他技术工作人员、各参赛代表团联络员（或领队）等 3 800 余人参加。

2023.8.15　中华人民共和国第二届职业技能大赛 109 个赛项技术工作文件全部公布。

2023.8.16　中华人民共和国第二届职业技能大赛组委会秘书处印发《中华人民共和国第二届职业技能大赛奖牌、证书、牌匾设置方案》。

2023.8.23　人力资源社会保障部在北京召开中华人民共和国第二届职业技能大赛工作部署电视电话会议，对各地、各有关行业做好大赛备赛参赛工作进行动员部署。人力资源社会保障部副部长俞家栋出席并讲话，第二届全国技能大赛组委会各成员单位相关人员，有关行业部门相关人员，第二届全国技能大赛执委会及各有关工作部相关人员，各省（区、市）及新疆生产建设兵团人力资源社会保障厅（局）相关人员，第二届全国技能大赛各项目裁判长及监督仲裁委员会专家参加。

2023.8.30　中华人民共和国第二届职业技能大赛组委会第三次全体会议在天津召开，中共天津市委书记陈敏尔、天津市人民政府市长张工与人力资源社会保障部部长王晓萍一行座谈，王晓萍、张工出席会议并讲话，人力资源社会保障部副部长俞家栋主持会议。

2023.8.30 中华人民共和国第二届职业技能大赛战略合作伙伴和高级合作伙伴签约仪式在天津举行，人力资源社会保障部副部长俞家栋、天津市人民政府副市长李文海出席。

2023.9.8 人力资源社会保障部副部长俞家栋带队到天津调研中华人民共和国第二届职业技能大赛筹备工作。

2023.9.12 中华人民共和国第二届职业技能大赛设备设施支持单位签约仪式在天津举行。

2023.9.13—14 中华人民共和国第二届职业技能大赛组委会技术工作组组织开展中华人民共和国第二届职业技能大赛临赛前集中技术对接活动。

2023.9.14 中华人民共和国第二届职业技能大赛组委会秘书处印发《关于在第二届全国技能大赛期间组织开展技能成才技能报国主题宣传的通知》。

2023.9.15 中华人民共和国第二届职业技能大赛赛前新闻发布会在天津举行，介绍大赛组织筹备、总体安排等相关情况，并回答记者提问。人力资源社会保障部职业能力建设司副司长王晓君、天津市人民政府副秘书长于鹏洲、天津市人力资源和社会保障局局长沈超出席，人力资源社会保障部宣传中心主任王明政主持。

2023.9.16 中华人民共和国第二届职业技能大赛在天津开幕。中共中央政治局常委、国务院总理李强对做好技能人才工作作出重要批示，国务委员谌贻琴出席开幕式，宣布大赛开幕并巡展巡赛，中共中央政治局委员、天津市委书记陈敏尔出席开幕式，人力资源社会保障部部长王晓萍致开幕辞，天津市人民政府市长张工致欢迎辞，天津市人民政府副市长李文海主持开幕式。

2023.9.16—18 中华人民共和国第二届职业技能大赛在天津举行。其间，举行了代表团专场媒体见面会、企业专场媒体见面会、技工院校专场媒体见面会三场媒体见面会，开展了技能成果展、企业与技术展、“最受欢迎的十大绝技”展演、技能强国系列论坛（包括技能强国主论坛、大国工匠分论坛、技工教育分论坛和终身职业技能培训分论坛）、群众技能体验擂台赛、技能大集等展示交流活动。

2023.9.19 中华人民共和国第二届职业技能大赛在天津闭幕，大赛组委会主任、人力资源社会保障部部长王晓萍宣布大赛闭幕，大赛组委会主任、天津市人民政府市长张工致闭幕辞，世界技能组织首席执行官大卫·霍伊发表视频致辞，第三届全国技能大赛承办地河南省省长王凯承接会旗，大赛组委会副主任、人力资源社会保障部副部长俞家栋，大赛组委会副主任、执委会主任、天津市人民政府副市长李文海等出席闭幕式。

2023.9.20 中华人民共和国第二届职业技能大赛赛后新闻发布会在天津举行，介绍大赛取得的成果、天津承办大赛的收获、第三届全国技能大赛承办地情况，并回答记者提问。人力资源社会保障部职业能力建设司副司长王晓君、天津市人力资源和社会保障局局长沈超、河南省人力资源社会保障厅厅长丁同民出席，人力资源社会保障部宣传中心主任王明政主持。

2023.10.26 人力资源社会保障部印发《关于表扬中华人民共和国第二届职业技能大赛获奖选手和单位的通报》。

文件材料篇

人力资源社会保障部关于举办中华人民共和国第二届职业技能大赛的通知

（人社部函〔2023〕6号）

各省、自治区、直辖市及新疆生产建设兵团人力资源社会保障厅（局），国务院有关部门、有关行业组织人事劳动保障工作机构：

为深入学习贯彻落实党的二十大精神，全面贯彻落实习近平总书记对技能人才工作重要指示和致首届全国技能大赛贺信精神，我部定于2023年9月在天津举办中华人民共和国第二届职业技能大赛（以下简称第二届全国技能大赛）。现将有关事项通知如下：

一、指导思想

以习近平新时代中国特色社会主义思想为指导，深入学习贯彻党的二十大精神，全面落实习近平总书记对技能人才工作重要指示精神和致首届全国技能大赛贺信精神，聚焦高质量充分就业、服务经济社会发展和实现劳动者全面发展，坚持智慧集约、公平公正、绿色安全、开放共享理念，引领带动广大劳动者技能水平提升，培养更多大国工匠、高技能人才，为全面建设社会主义现代化国家提供坚强有力的技能人才保障。

二、大赛主题

技能成才　技能报国

三、工作目标

举办一届智慧、绿色、安全、特色的技能盛会，全面提升新时代职业技能竞赛品牌影响力，展示技能人才队伍建设成效，交流推广技能人才培育经验做法。推动各地、各行业健全职业技能竞赛体系，实现以赛促学、以赛促训、以赛促评、以赛促建，不断提升技能竞赛工作水平。大力弘扬劳模精神、劳动精神、工匠精神，营造尊重劳动、尊重知识、尊重人才、尊重创造的良好社会氛围，进一步激励广大劳动者特别是青年一代崇尚技能、学习技能、投身技能、提升技能，走技能成才、技能报国之路。

四、竞赛安排

（一）大赛时间。2023 年 9 月 16—18 日比赛，16 日上午开幕，19 日晚闭幕。

（二）比赛地点。国家会展中心（天津）等。

（三）竞赛项目。分世赛选拔项目和国赛精选项目，共 109 个竞赛项目（附件 1）。其中，世赛选拔项目 63 个，作为第 47 届世界技能大赛全国选拔赛；国赛精选项目 46 个。

（四）参赛方式。分全国总决赛和省级（行业）及以下选拔赛。全国总决赛以省（区、市）及新疆生产建设兵团为单位组团参赛，相关行业部门（名单见附件 2）组团参加部分世赛选拔项目比赛。

（五）报名条件。凡 16 周岁以上（2007 年 1 月 1 日以前出生）、法定退休年龄以内的中国大陆公民均可按属地原则（在当地学习或工作满 1 年以上）报名参赛。各参赛代表团每个竞赛项目限报 1 名（团队项目为 1 队）选手，国赛精选项目的新职业赛项中单人项目最多可报 2 名选手。世赛选拔项目选手应为 2002 年 1 月 1 日以后出生（信息网络布线、制造团队挑战赛、机电一体化、飞机维修、网络安全、水处理技术、云计算、光电技术、工业 4.0、工业设计技术、机器人系统集成、增材制造、数字建造等 13 个竞赛项目选手应为 1999 年 1 月 1 日以后出生）。国赛精选项目选手应为相应职业从业人员。

五、组织工作

人力资源社会保障部作为第二届全国技能大赛主办单位，牵头成立中华人民共和国第二届职业技能大赛组委会（以下简称组委会），负责统筹决策和部署推动赛事各项重点工作。

组委会设秘书处、技术工作组、活动指导组、新闻宣传组、会议组、外事组、市场推广组和监督仲裁委员会。天津市人民政府作为承办单位，牵头成立中华人民共和国第二届职业技能大赛执委会（以下简称执委会），负责具体落实赛事组织协调、技术实施、开闭幕式活动、技能展示、“中华绝技”展演、技能强国论坛、交通食宿服务、健康安全服务保障等工作，设综合协调部、赛务工作部、技术保障部等16个工作部。

各省（区、市）及新疆生产建设兵团人力资源社会保障厅（局）和相关行业部门可相应成立参赛工作机构，负责组织实施本地区、本行业选手选拔和参赛工作。

六、技术工作

组委会负责赛事技术统筹管理工作。专业技术类竞赛项目（智能制造工程技术、集成电路工程技术、人工智能工程技术、工业互联网工程技术、虚拟现实工程技术等5个竞赛项目）参照国家职业标准中级以上，技能类竞赛项目参照世界技能大赛技术标准、国家职业标准（三级/高级工及以上）或行业企业评价规范相应等级，组织制定技术规则和技术文件。遴选确定各竞赛项目裁判长，由其组织制定技术文件、命制比赛试题、确定评判标准、负责比赛评判工作等。裁判员原则上由各参赛代表团推荐，确有需要的项目由组委会在具有相应执裁经验的人员中择优选择。具体要求另行通知。

执委会选派熟悉比赛场地、设施设备技术要求的专业人员担任场地经理，负责各竞赛项目比赛设施设备和工具材料等技术保障工作。第三届全国技能大赛承办地可选派人员协助各项目开展工作并观摩学习大赛组织筹办工作。

七、奖励政策

（一）金牌、银牌、铜牌和优胜奖。对各竞赛项目获得前3名的选手，相应颁发金、银、铜牌，选手排名不并列。对前3名以外但排名在参赛人数1/2以上的选手颁发优胜奖，其他参赛选手颁发参赛证书。各地、行业部门参赛代表团获得奖牌情况不进行排名，组委会按行政区域顺序公布成绩，以金牌 4 分、银牌 3 分、铜牌 2 分、优胜奖 1 分计各参赛代表团成绩。

（二）全国技术能手和职业技能（专业技术）等级。对各竞赛项目获得前 5 名的选手（团队双人赛项前 3 名、三人赛项前 2 名），经核准授予“全国技术能手”称号。技能类各竞赛项目优胜奖及以上获奖选手可直接晋升技师（二级）职业技能等级，已具有技师（二级）职业技能等级的可晋升高级技师（一级）。专业技术类 5 个竞赛项目获得金、银、铜牌的选手，颁发高级专业技术等级证书；获得优胜奖的选手，颁发中级专业技术等级证书。职业技能（专业技术）等级证书按人力资源社会保障部有关规定颁发。

（三）第 47 届世界技能大赛中国集训队。世赛选拔项目中，单人项目前 5 名、团队项目前 3 名选手入围第 47 届世界技能大赛中国集训队。第 46 届世界技能大赛各项目首次阶段性考核（网络安全、酒店接待项目全国选拔赛）排名前 3 名（团队项目为前 2 名）且未参加 2022 年世界技能大赛特别赛的适龄选手可直接入围第 47 届世界技能大赛中国集训队，如选择参加世赛选拔项目比赛（占各参赛代表团报名名额），则以比赛成绩作为入围第 47 届世界技能大赛中国集训队依据。集训项目以世界技能组织最终确定的为准。

（四）其他奖励。为各参赛代表团 1 名优秀选手颁发“参赛代表团最佳选手奖”，西部 13 个省份参赛代表团各推荐 1 名优秀选手作为“西部技能之星”；为各项目裁判长、裁判长助理和裁判员颁发执裁证书；为组织大赛作出突出贡献的单位颁发“突出贡献奖”；为积极组织参赛、开展赛前选拔集训、赛中未发生违规违纪行为的参赛代表团颁发“优秀组织奖”。鼓励各地结合职业技能培训和技能人才表彰工作实际，将符合条件的省级、市级比赛选手赛前培训纳入职业培训补贴领取范围，制定本地区奖励政策，对获奖选手和专家团队等给予奖励。鼓励各有关行业部门结合实际，对有关人员和单位给予奖励。

八、工作要求

（一）各地区和有关行业部门要高度重视，公平公正公开组织本地区、本行业选拔赛，组织参赛相关人员参加赛前培训和技术讨论，并做好赛事新闻宣传报道工作。比赛期间，要严格管理本参赛代表团参赛选手及相关人员，遵守比赛各项规定，确保第二届全国技能大赛顺利进行。

（二）各参赛代表团统一组织本地区、本行业报名工作，明确1名竞赛工作负责同志作为联络员，并于3月1日前电告组委会秘书处。全国总决赛参赛报名工作将于6月30日截止。

（三）竞赛期间，将同期组织技能展示交流、“中华绝技”展演、技能强国论坛等活动，请做好推荐展示展演项目和经验交流等准备工作。全国总决赛选手报名要求、推荐展示展演项目、各类人员注册等具体事宜另行通知。

（四）做好大赛宣传工作。深入领会和准确把握党的二十大对技能人才工作提出的新部署、新要求，把培育新时代技能文化贯穿大赛筹办全过程，突出大赛主题，把握关键节点，采取融媒体方式，全方位、多角度持续宣传备赛、参赛情况和先进典型，进一步在全社会营造劳动光荣、技能宝贵、创造伟大的时代风尚。加强统筹谋划，结合实际制定本参赛代表团宣传报道方案，突出重点、展示亮点。各参赛代表团明确1名宣传工作负责同志作为宣传工作联络员，负责本代表团宣传工作，组织协调3～5家本地区、本行业媒体参与赛事报道，做好随队媒体注册、管理和服务保障等工作。

（五）比赛不收取任何费用。参赛选手、展示展演交流及随队媒体等相关人员交通费、食宿费和人身意外伤害保险，由各参赛代表团自行承担。在津食宿和市内交通由第二届全国技能大赛执委会统一安排。

（六）企业或社会组织自愿赞助第二届全国技能大赛的，应严格执行相关财务规定和制度。组委会授权执委会组织实施并统一管理社会赞助工作。

九、联系方式（略）

附件：1. 第二届全国技能大赛竞赛项目

2. 第二届全国技能大赛参赛行业部门名单及项目

人力资源社会保障部

2023年2月25日

附件 1

第二届全国技能大赛竞赛项目

（共 109 项）

一、世赛选拔项目（共 63 项）

（一）运输与物流（7 项）

飞机维修、车身修理、汽车技术、汽车喷漆、重型车辆维修、货运代理、轨道车辆技术

（二）结构与建筑技术（13 项）

砌筑、家具制作、木工、混凝土建筑、电气装置、精细木工、园艺、油漆与装饰、抹灰与隔墙系统、管道与制暖、制冷与空调、瓷砖贴面、数字建造

（三）制造与工程技术（21 项）

数控铣、数控车、建筑金属构造、电子技术、工业控制、工业机械、制造团队挑战赛、CAD 机械设计、机电一体化、移动机器人、塑料模具工程、原型制作、焊接、水处理技术、化学实验室技术、增材制造、工业设计技术、工业 4.0、光电技术、可再生能源、机器人系统集成

（四）信息与通信技术（8 项）

信息网络布线、网络系统管理、商务软件解决方案、印刷媒体技术、网站技术、云计算、网络安全、移动应用开发

（五）创意艺术与时尚（6 项）

时装技术、花艺、平面设计技术、珠宝加工、商品展示技术、3D 数字游戏艺术

（六）社会及个人服务（8 项）

烘焙、美容、糖艺 / 西点制作、烹饪（西餐）、美发、健康和社会照护、餐厅服务、酒店接待

二、国赛精选项目（共 46 项）

（一）传统赛项（26 项）

数控车、数控铣、电工、装配钳工、焊接、电子技术、CAD 机械设计、汽车维修、新

能源汽车智能化技术、木工、砌筑、室内装饰设计、网络系统管理、信息网络布线、珠宝加工、时装技术、餐厅服务、烹饪（中餐）、烘焙、茶艺、社会体育指导（健身）、起重设备应用技术、石油钻井技术、电力系统运营与维护、计算机软件测试、机器人焊接技术

（二）新职业赛项（20项）

智能制造工程技术、集成电路工程技术、人工智能工程技术、工业互联网工程技术、虚拟现实工程技术、互联网营销、连锁经营管理、供应链管理、人工智能训练、健康照护、物联网安装调试、工业机器人系统操作、工业机器人系统运维、无人机装调检修、建筑信息模型技术、增材制造设备操作、全媒体运营、区块链应用操作、服务机器人应用技术、家政服务（整理收纳）

附件2

第二届全国技能大赛参赛行业部门名单及项目

一、交通运输部

飞机维修、车身修理、汽车技术、汽车喷漆、货运代理、轨道车辆技术

二、住房和城乡建设部

砌筑、花艺、瓷砖贴面、水处理技术、抹灰与隔墙系统、管道与制暖、焊接、建筑金属构造

三、中国机械工业联合会

数控车、数控铣、制冷与空调、机电一体化、移动机器人、原型制作、工业4.0、机器人系统集成

四、中国轻工业联合会

木工、精细木工、家具制作、烘焙、糖艺/西点制作

人力资源社会保障部关于征集中华人民共和国第三届职业技能大赛承办地的通知

（人社部函〔2023〕7号）

各省、自治区、直辖市及新疆生产建设兵团人力资源社会保障厅（局）：

中华人民共和国第三届职业技能大赛（以下简称“第三届全国技能大赛”）计划于2025年举办，为做好第三届全国技能大赛承办地征集工作，现就有关事项通知如下：

一、申办单位

各省、自治区、直辖市人民政府及新疆生产建设兵团可申请承办第三届全国技能大赛。

二、申办条件

（一）办赛环境。本地区党委政府高度重视、大力支持承办全国技能大赛，当地技能人才工作成效显著。具有安定的社会环境和良好的社会秩序。

（二）场地和设施设备。具有集中、开放办赛条件，满足100个左右竞赛项目、4 000余名选手同时比赛的大型会展场馆，能够提供符合国际或国内技术标准的设施设备和水电气供给等，具备承担开闭幕式等大型活动的独立场地。

（三）工作队伍。具有举办或承办大型赛事活动的组织保障工作经验，具有专业组织管理和技术保障工作人员队伍。

（四）赛事保障。能够承担办赛经费。具有满足赛事相关人员食宿、交通和公共卫生安全的接待保障能力。大赛期间，能够为观众提供方便、安全的公共服务。

三、相关要求

有申办意向的省级人力资源社会保障部门，经请示省（区、市）人民政府同意后，请于2023年3月31日前将书面申请和说明材料提交至我部职业能力建设司。说明材料包括拟举办城市、竞赛现有设施设备和场馆情况，组织管理和技术工作团队情况，经费来源以及接待保障、交通运输、食品医疗卫生情况等。根据工作实际，我部将组织材料审核和实地考察。

四、联系方式（略）

人力资源社会保障部

2023年3月1日

关于确定中华人民共和国第二届职业技能大赛各项目裁判长人员名单的通知

（人社职司便函〔2023〕27号）

各省、自治区、直辖市及新疆生产建设兵团人力资源社会保障厅（局），国务院有关部门、有关行业组织、有关企业人事劳动保障工作机构：

为做好中华人民共和国第二届职业技能大赛技术工作，经研究，确定吕恩铭等 109 名同志为中华人民共和国第二届职业技能大赛各项目裁判长。同时，根据世界技能组织现公布的第 47 届世界技能大赛比赛项目，将塑料模具工程项目由世赛选拔项目调整为国赛精选项目。

希望各裁判长所在单位给予大力支持，合理安排其工作时间和任务，并提供相关保障。希望各裁判长认真履行工作职责，依规公平公正组织执裁，切实做好比赛各项技术实施工作。

附件：中华人民共和国第二届职业技能大赛各项目裁判长人员名单

中华人民共和国第二届职业技能大赛组委会秘书处

（人力资源社会保障部职业能力建设司代章）

2023 年 5 月 23 日

附件

中华人民共和国第二届
职业技能大赛各项目裁判长人员名单

一、世赛选拔项目（62 项）

1. 飞机维修项目

吕恩铭　国营芜湖机械厂特级技师

2. 车身修理项目

马　波　上海市杨浦职业技术学校高级讲师

3. 汽车技术项目

郭七一　重庆长安汽车股份有限公司长安学习中心教授

4. 汽车喷漆项目

张小鹏　庞贝捷漆油贸易（上海）有限公司培训及售后服务总监、高级技师

5. 重型车辆维修项目

刘庆华　宁波技师学院正高级讲师、高级技师

6. 货运代理项目

吕秀文　上港集团教育培训中心副主任

7. 轨道车辆技术项目

罗昭强　中车集团长春轨道客车股份有限公司首席技能专家

8. 砌筑项目

雷定鸣　中建五局高级技工学校（长沙建筑工程学校）正高级讲师

9. 家具制作项目

刘晓红　贵州交通技师学院教授

10. 木工项目

张志刚　黑龙江林业职业技术学院家居工程学院院长、教授

11. 混凝土建筑项目

刘建忠　江苏苏博特新材料股份有限公司副总工程师、研究员级高级工程师

12. 电气装置项目

王大江　ABB（中国）有限公司教授级高级工程师

13. 精细木工项目

余继宏　东华大学服装与艺术设计学院副教授

14. 园艺项目

赵昌恒　黄山学院教授

15. 油漆与装饰项目

刘元元　黄山学院副教授

16. 抹灰与隔墙系统项目

张守生　烟台城乡建设学校高级技师

17. 管道与制暖项目

李本勇　中国建筑第八工程局有限公司教授级高级工程师

18. 制冷与空调项目

李　川　广州市工贸技师学院高级实习指导教师、高级技师

19. 瓷砖贴面项目

王华飞　浙江建设技师学院高级实习指导教师

20. 数字建造项目

古娟妮　广东省城市技师学院正高级讲师

21. 数控铣项目

鲁宏勋　中国航空工业集团中国空空导弹研究院高级技师

22. 数控车项目

宋放之 北京航空航天大学高级工程师

23. 建筑金属构造项目

马德志 中冶建筑研究总院有限公司教授级高级工程师

24. 电子技术项目

黄 鑫 广州市华风技工学校高级技师

25. 工业控制项目

闫虎民 天津职业技术师范大学高级实验师

26. 工业机械项目

宋军民 江苏省常州技师学院正高级讲师

27. 制造团队挑战赛项目

周春雷 中国航空工业集团中国空空导弹研究院高级工程师

28. CAD 机械设计项目

杨伟群 北京航空航天大学工程训练中心副教授

29. 机电一体化项目

李全利 天津职业技术师范大学教授

30. 移动机器人项目

郑 桐 天津职业技术师范大学系主任

31. 原型制作项目

熊志勇 华南理工大学副教授

32. 焊接项目

刘景凤 中国工程建设焊接协会常务副会长、教授级高级工程师

33. 水处理技术项目

王 湛 北京工业大学环境与能源工程学院博士生导师

34. 化学实验室技术项目

季剑波　徐州工业职业技术学院教授、高级工程师

35. 增材制造项目

陈　娟　马鞍山技师学院正高级讲师

36. 工业设计技术项目

王方良　深圳大学教授

37. 工业 4.0 项目

袁海嵘　西门子工厂自动化工程有限公司技术部负责人

38. 光电技术项目

周渝曦　重庆电子工程职业学院教授

39. 可再生能源项目

朱卫军　扬州大学教授

40. 机器人系统集成项目

李瑞峰　哈尔滨工业大学机器人研究所副所长

41. 信息网络布线项目

卢　勤　天津市电子信息技师学院教授、高级技师

42. 网络系统管理项目

田　钧　广州科技贸易职业学院现代教育技术中心主任、教授

43. 商务软件解决方案项目

韩素华　邢台技师学院教授

44. 印刷媒体技术项目

李不言　上海出版印刷高等专科学校实训中心副主任、高级工程师

45. 网站技术项目

张　凌　上海格物致远网络科技有限公司产品经理

46. 云计算项目

刘　翔　上海工程技术大学电子电气学院计算机系主任

47. 网络安全项目

武春岭　重庆电子工程职业学院教授

48. 移动应用开发项目

蔡立勋　天翼数字生活科技有限公司产品设计部经理

49. 时装技术项目

李　宁　中央美术学院副教授

50. 花艺项目

朱迎迎　上海市建设工程安全质量监督总站正高级工程师

51. 平面设计技术项目

徐伟雄　深圳技师学院设计学院院长、教授

52. 珠宝加工项目

邹宁馨　北京服装学院教授

53. 商品展示技术项目

雷　鸣　广州美术学院教授

54. 3D 数字游戏艺术项目

叶维中　上海国际计算机图形图像学会主席

55. 烘焙项目

王　森　王森国际咖啡西点西餐学院正高级工程师

56. 美容项目

王　芃　重庆市蒙妮坦时尚职业培训学校校长、特级技师

57. 糖艺 / 西点制作项目

黎国雄　广州市启焙食品有限公司总经理、高级技师

58. 烹饪（西餐）项目

陈　刚　上海索迪斯管理有限公司餐饮服务平台总监、高级技师

59. 美发项目

吉正龙　杭州市拱墅区英美职业培训学校校长、特级技师

60. 健康和社会照护项目

周　嫣　质思安认证（北京）有限公司独立评审员

61. 餐厅服务项目

王　欢　天津瑞吉金融街酒店总经理

62. 酒店接待项目

胡　晓　云南财经大学旅游与酒店管理学院酒店管理系主任

二、国赛精选项目（共 47 项）

63. 数控车项目

甄雪松　北京电子科技职业学院基础工程训练中心主任、高级技师

64. 数控铣项目

江　伟　中航国际航空发展有限公司技术副总监

65. 塑料模具工程项目

李克天　广东工业大学教授

66. 电工项目

张玥红　北京市工贸技师学院正高级实习指导教师

67. 装配钳工项目

杨全利　天津职业技术师范大学高级实验师、高级技师

68. 焊接项目

陈振明　中建钢构工程有限公司总工程师

69. 电子技术项目

王为民　广东省技师学院电子基地主任、正高级讲师、高级技师

70. CAD 机械设计项目

曹彦生　中国航天科工集团第二研究院高级工程师

71. 汽车维修项目

李　雷　重庆工业职业技术学院车辆工程学院院长、教授

72. 新能源汽车智能化技术项目

于效宇　电子科技大学中山学院教师

73. 木工项目

曹永宏　亚振家居股份有限公司工程师

74. 砌筑项目

周果林　中国建筑第五工程局有限公司教授级高级工程师

75. 室内装饰设计项目

张国华　浙江建设技师学院建筑工程系主任

76. 网络系统管理项目

吴多万　广州市工贸技师学院正高级讲师

77. 信息网络布线项目

杨　阳　天津电子信息职业技术学院计算机与软件技术系副主任

78. 珠宝加工项目

李勋贵　深圳技师学院教育教学督导室主任

79. 时装技术项目

阳　川　成都纺织高等专科学校三级教授

80. 餐厅服务项目

熊久香　国家机关事务管理局首都宾馆原副总经理、高级技师

81. 烹饪（中餐）项目

邹志平　湖北经济学院教授

82. 烘焙项目

干文华　上海市现代食品职业技能培训中心校长、高级技师

83. 茶艺项目

周智修　中国农业科学院茶叶研究所、中国茶叶学会常务副秘书长、高级技师、研究员

84. 社会体育指导（健身）项目

陈　超　自由职业

85. 起重设备应用技术项目

竺士杰　宁波北仑第三集装箱码头有限公司首席技师

86. 石油钻井技术项目

饶开波　中国石油集团渤海钻探工程有限公司正高级工程师

87. 电力系统运营与维护项目

黄嘉胜　中国南方电网有限责任公司正高级工程师

88. 计算机软件测试项目

徐　浩　华南理工大学教授级高级工程师

89. 机器人焊接技术项目

谢　琦　中国工程建设焊接协会教授级高级工程师

90. 智能制造工程技术项目

周光辉　西安交通大学机械工程学院副院长

91. 集成电路工程技术项目

赵毅强　天津大学教授

92. 人工智能工程技术项目

杨晴虹　北京航空航天大学正高级工程师

93. 工业互联网工程技术项目

王宝友　中国工业互联网研究院正高级工程师

94. 虚拟现实工程技术项目

刘　越　北京理工大学教授

95. 互联网营销项目

薛茂云　江苏经贸职业技术学院教授

96. 连锁经营管理项目

聂　华　浙江经济职业技术学院教授

97. 供应链管理项目

王晓艳　合肥学院教授

98. 人工智能训练项目

周述苍　广东工业大学高级工程师

99. 健康照护项目

单伟颖　承德护理职业学院教授

100. 物联网安装调试项目

李晓五　珠海汉迪自动化设备有限公司高级工程师

101. 工业机器人系统操作项目

羊荣金　杭州科技职业技术学院教授

102. 工业机器人系统运维项目

王春峰　南京信息职业技术学院教授

103. 无人机装调检修项目

张春芝　北京工业职业技术学院教授

104. 建筑信息模型技术项目

何　兵　上海宝冶集团有限公司 BIM 中心主任

105. 增材制造设备操作项目

刘永利　江苏电子信息职业学院教授

106. 全媒体运营项目

淮永建　北京林业大学教授

107. 区块链应用操作项目

李　鸣　中国电子技术标准化研究院区块链研究室主任

108. 服务机器人应用技术项目

庞　春　广州市机电技师学院高级讲师

109. 家政服务（整理收纳）项目

谈　檀　安安整理（北京）科技服务有限公司总裁

关于公布中华人民共和国第二届职业技能大赛各项目裁判长助理人员名单的通知

（人社职司便函〔2023〕35号）

各省、自治区、直辖市及新疆生产建设兵团人力资源社会保障厅（局），国务院有关部门、有关行业组织、有关企业人事劳动保障工作机构：

为做好中华人民共和国第二届职业技能大赛技术工作，经研究，确定谢凯培等109名同志为中华人民共和国第二届职业技能大赛各项目裁判长助理。

希望各裁判长助理所在单位给予大力支持，合理安排其工作时间和任务，并提供相关保障。希望各裁判长助理认真依规履行工作职责，切实协助裁判长公平公正做好比赛各项技术实施工作。

附件：中华人民共和国第二届职业技能大赛各项目裁判长助理人员名单

中华人民共和国第二届职业技能大赛组委会秘书处

（人力资源社会保障部职业能力建设司代章）

2023年6月20日

附件

中华人民共和国第二届职业技能大赛
各项目裁判长助理人员名单

一、世赛选拔项目（62 项）

1. 飞机维修项目

谢凯培　国营芜湖机械厂技师

2. 车身修理项目

徐澳门　上汽通用汽车有限公司高级技师

3. 汽车技术项目

王兆海　深圳职业技术学院高级技师、副教授

4. 汽车喷漆项目

杨金龙　杭州技师学院特级技师

5. 重型车辆维修项目

马　骏　宁波技师学院讲师

6. 货运代理项目

陈媛媛　上海港教育培训中心助理经济师

7. 轨道车辆技术项目

申玉强　青岛市技师学院高级技师

8. 砌筑项目

伍远州　中建五局高级技工学校技师

9. 家具制作项目

吴晋卿　江苏省扬州技师学院高级技师、高级实习指导教师

10. 木工项目

王艳福 黑龙江林业职业技术学院技师

11. 混凝土建筑项目

程红艳 湖北城市建设职业技术学院高级工程师、副教授

12. 电气装置项目

余守安 江苏省盐城技师学院高级技师

13. 精细木工项目

缪晓东 南京米立方文化创意有限公司高级工

14. 园艺项目

严 迪 黄山学院技师

15. 油漆与装饰项目

王雅斌 江苏城乡建设职业学院技师

16. 抹灰与隔墙系统项目

张国胜 河南建筑职业技术学院副教授

17. 管道与制暖项目

叶 铜 安吉技师学院高级技师、高级实习指导教师

18. 制冷与空调项目

叶翠安 广东交通职业技术学院高级技师、正高级实验师

19. 瓷砖贴面项目

崔兆举 浙江建设技师学院特级技师、高级实习指导教师

20. 数字建造项目

张海霞 广东省城市技师学院高级讲师

21. 数控铣项目

杨登辉 广东省机械技师学院高级技师

22. 数控车项目

徐国胜　天津职业技术师范大学高级技师、教授

23. 建筑金属构造项目

韦　鹏　慈溪技师学院高级技师

24. 电子技术项目

林煜生　广州铁路职业技术学院技师、高级讲师

25. 工业控制项目

宁康波　西门子工厂自动化工程有限公司高级工程师

26. 工业机械项目

贺琼义　天津职业技术师范大学高级技师、高级实验师

27. 制造团队挑战赛项目

孙红伟　中国航空无线电电子研究所高级工程师、专业实验室首席专家

28. CAD 机械设计项目

温广云　深圳市泓安机电设备有限公司技术总监

29. 机电一体化项目

徐　伟　天津职业技术师范大学附属高级技术学校高级技师、高级实习指导教师

30. 移动机器人项目

林佳鹏　广州慧谷动力科技有限公司工程师

31. 原型制作项目

刘青宗　广州市宏新机电设备有限公司生产部经理

32. 焊接项目

敖三三　天津大学副教授

33. 水处理技术项目

刘　影　北京市工业技师学院高级技师、高级工程师

34. 化学实验室技术项目

燕传勇　徐州工业职业技术学院高级技师、副教授

35. 增材制造项目

张瑜胜　太原市交通学校高级讲师

36. 工业设计技术项目

张　肖　深圳技师学院高级技师

37. 工业 4.0 项目

许英杰　厦门大学高级工程师

38. 光电技术项目

李小松　重庆电子工程职业学院技师

39. 可再生能源项目

薛　林　广东省技师学院高级技师

40. 机器人系统集成项目

李关华　上海信息技术学校高级技师、高级讲师

41. 信息网络布线项目

韦国发　天津市电子信息技师学院高级工程师

42. 网络系统管理项目

黄道金　广州市工贸技师学院技师

43. 商务软件解决方案项目

王一栋　邢台技师学院技师

44. 印刷媒体技术项目

管雯珺　上海出版印刷高等专科学校高级工

45. 网站技术项目

吴迎祥　上海信息技术学校高级技师

46. 云计算项目

陈小明　广东省机械技师学院高级技师、正高级讲师

47. 网络安全项目

张　靖　重庆电子工程职业学院高级技师、副教授

48. 移动应用开发项目

陈立准　广州市工贸技师学院高级技师、高级讲师

49. 时装技术项目

徐　斌　北京市工贸技师学院高级技师、正高级实习指导教师

50. 花艺项目

潘沈涵　上海建设管理职业技术学院高级技师

51. 平面设计技术项目

李　莎　深圳技师学院技师、讲师

52. 珠宝加工项目

王泽丹　北京市工艺美术高级技工学校技师

53. 商品展示技术项目

孙楚杰　广东省轻工业技师学院技师

54. 3D 数字游戏艺术项目

葛芳芳　上海摩咔动画有限公司动画策划总监

55. 烘焙项目

徐海姝　苏州森联盟文化传播有限公司高级技师

56. 美容项目

刘嘉嘉　重庆城市管理职业学院高级技师

57. 糖艺 / 西点制作项目

钟玲轶　苏州森联盟文化传播有限公司高级技师

58. 烹饪（西餐）项目

居颖辉　上海环盛餐饮管理公司高级技师

59. 美发项目

聂　凤　重庆五一职业技术学院特级技师、正高级实习指导教师

60. 健康和社会照护项目

刘思源　吉林职业技师学院技师

61. 餐厅服务项目

陈　蕴　上海城建职业学院技师、副教授

62. 酒店接待项目

李　舟　暨南大学深圳旅游学院技师、教授

二、国赛精选项目（共 47 项）

63. 数控车项目

刘　洋　天津市职业大学高级技师

64. 数控铣项目

谭积明　天津职业技术师范大学高级技师、副教授

65. 塑料模具工程项目

卢森锐　广东省机械技师学院高级技师

66. 电工项目

马冬宝　北京电子科技职业学院高级技师、副教授

67. 装配钳工项目

储燕青　江苏省常州技师学院高级技师、高级讲师

68. 焊接项目

周云芳　中国工程建设焊接协会高级工程师

69. 电子技术项目

刘　松　天津电子信息职业技术学院高级技师、教授

70. CAD 机械设计项目

林泽生　广州市工贸技师学院高级讲师

71. 汽车维修项目

郭宗泽　重庆长安汽车股份有限公司高级技师

72. 新能源汽车智能化技术项目

陈纪钦　广东河源职业技术学院高级技师、副教授

73. 木工项目

唐亮亮　广州市轻工技师学院技师

74. 砌筑项目

毛晓兵　中国建筑第五工程局高级技工学校高级工程师、高级讲师

75. 室内装饰设计项目

杨常嘉　浙江建设技师学院技师、高级工程师、高级实习指导教师

76. 网络系统管理项目

黄新颖　广州市工贸技师学院技师、副教授

77. 信息网络布线项目

梁嘉伟　中山市技师学院高级技师、高级实习指导教师

78. 珠宝加工项目

何　涛　天津市职业大学技师、副教授

79. 时装技术项目

何　琪　马鞍山师范高等专科学校技师、副教授

80. 餐厅服务项目

王文英　太原慈善职业技术学校高级技师

81. 烹饪（中餐）项目

李加红 湖北经济学院楚菜现代产业学院副院长、高级技师

82. 烘焙项目

于焕楼 上海市虹口区糕潮面包坊高级技师

83. 茶艺项目

潘 蓉 中国农业科学院茶叶研究所助理研究员

84. 社会体育指导（健身）项目

陈 亮 青岛卡诺健身管理有限公司二级社会体育指导员

85. 起重设备应用技术项目

马成彬 天津港股份有限公司高级工程师

86. 石油钻井技术项目

史永伟 中国石油集团渤海钻探工程有限公司高级工程师

87. 电力系统运营与维护项目

张淑琴 中能国研（北京）电力科学研究院特聘专家、技师、正高级讲师

88. 计算机软件测试项目

陈志坚 天翼数字生活科技有限公司测试中心负责人

89. 机器人焊接技术项目

胡永忠 哈尔滨工业大学先进焊接与连接国家重点实验室高效电弧焊接研究室技术顾问、工程师

90. 智能制造工程技术项目

刘 欢 广州市机电技师学院高级技师

91. 集成电路工程技术项目

赵建中 兆易创新科技集团股份有限公司高级工程师

92. 人工智能工程技术项目

马宇晴 北京航空航天大学计算机学院博士后

93. 工业互联网工程技术项目

张　昂　中国工业互联网研究院副研究员

94. 虚拟现实工程技术项目

宋维涛　北京理工大学教授

95. 互联网营销项目

时应峰　江苏经贸职业技术学院教授

96. 连锁经营管理项目

周建荣　浙江经济职业技术学院教授

97. 供应链管理项目

李俊峰　中国物流与采购联合会高级技师

98. 人工智能训练项目

付少华　重庆工程职业技术学院高级技师、副教授

99. 健康照护项目

宁艳娇　承德护理职业学院副教授

100. 物联网安装调试项目

田凤霞　江门职业技术学院高级技师、教授

101. 工业机器人系统操作项目

骆书芳　集美工业学校高级技师、高级讲师

102. 工业机器人系统运维项目

冯　骥　湖北铁道运输职业学院技师、高级讲师

103. 无人机装调检修项目

吴恩铭　中国民航大学副教授

104. 建筑信息模型技术项目

林闪宇　上海宝冶集团有限公司工程师

105. 增材制造设备操作项目

刘志宏　韶关市技师学院技师

106. 全媒体运营项目

张　艳　陕西职业技术学院教授

107. 区块链应用操作项目

李　腾　重庆电子工程职业学院教授

108. 服务机器人应用技术项目

江智莹　珠海市技师学院高级技师、高级讲师

109. 家政服务（整理收纳）项目

魏婉晴　安安整理收纳（武汉）科技服务有限公司课程研发总监

关于征集中华人民共和国第二届职业技能大赛“最受欢迎的十大绝技”展演活动项目的通知

（人社职司便函〔2023〕20号）

各省、自治区、直辖市及新疆生产建设兵团人力资源社会保障厅（局），国务院有关部门、有关行业组织人事劳动保障工作机构：

为深入学习贯彻落实党的二十大精神，全面贯彻落实习近平总书记关于技能人才工作重要指示精神和致首届全国技能大赛重要贺信精神，人力资源社会保障部将于2023年9月在天津市举办中华人民共和国第二届职业技能大赛（以下简称第二届全国技能大赛）。根据《人力资源社会保障部关于举办中华人民共和国第二届职业技能大赛的通知》（人社部函［2023］6号）要求，大赛期间将组织开展“最受欢迎的十大绝技”展演活动。现就有关事项通知如下：

一、总体目标

围绕“技能成才、技能报国”主题，大力弘扬劳模精神、劳动精神、工匠精神，激发广大劳动者学习技能、热爱技能、投身技能的热情，进一步提升全国技能大赛参与度和互动性，营造人人参与的良好氛围。

二、活动内容和安排

本次活动由第二届全国技能大赛组委会和执委会共同组织实施。

（一）活动内容。面向社会广泛征集绝技绝活，吸引全民参与，扩大社会影响力，展现各地、各行业企业有特色、有代表性的绝技绝活项目。

（二）时间安排。分五个阶段进行：一是项目征集（2023年4月至5月）。面向社会广泛征集绝技绝活项目，由专家从中遴选出100个项目，与上海第46届世赛“中华绝技”

海选阶段评选出的 100 个项目，共 200 个项目进入第一轮网络展播。二是第一轮网络展播（2023 年 6 月至 7 月）。入选第一轮网络展播的 200 个项目在央视频进行展播，通过网络投票和专家评审，选出“100 强”绝技绝活项目。三是第二轮网络展播（2023 年 7 月至 9 月）。从“100 强”绝技绝活项目中由专家评审出“30 强”，入选“30 强”的项目在央视频进行第二轮网络展播并进行网络投票。未入选“30 强”的部分项目由执委会邀请参加第二届全国技能大赛“群众技能体验擂台赛”和“技能大集”活动。四是现场展演（2023 年 9 月）。在第二届全国技能大赛现场展演，通过央视频、技能大师在线平台等媒体直播，由专家评审和现场观众投票，评选出第二届全国技能大赛“最受欢迎的十大绝技”。五是闭幕式表演（2023 年 9 月）。在第二届全国技能大赛闭幕式上揭晓“最受欢迎的十大绝技”。同时，选择部分视觉观赏性强、技能特色鲜明、适合舞台表演的绝技绝活项目在闭幕式表演。

三、征集要求

（一）展演项目评审标准。申报项目的范围包括传统手工业、制造业、服务业以及与新业态新技术相关的绝技绝活，评审标准要求具有技能性、独创性、挑战性、观赏性。其中，技能性是指生产、生活中的一技之长，对提高个人就业能力和就业质量具有促进作用；独创性是指在特定行业和技术领域内达到顶尖水平，对行业技术技能的创新发展具有重要引领作用；挑战性是指在实施过程中存在一定难度和不确定性，需要充分发挥个人潜能、付出更多努力才能完成；观赏性是指项目展演内容具有较强视觉感染力和冲击力，适合视频展播和大舞台展示。

（二）技术标准。申报的短视频时长不超过 3 分钟，以 MOV 格式或 MP4 格式提交，分辨率为 1 920×1 080。建议使用高分辨率摄像机或手机拍摄，如用手机拍摄须采用横向拍摄；使用定向防噪声麦克风，确保视频内没有风声、无关人员说话声、手机铃声等噪声；拍摄环境以自然光为主，可根据需要使用辅助光源。

（三）版权要求。申报短视频须为申报人原创，申报人应确定对作品具有独立、明确、无争议的知识产权。申报作品不涉及肖像权、名誉权、隐私权、著作权、商标权、专利权、商业秘密等法律纠纷，不涉及国家秘密和工作秘密，如因此产生任何纠纷，由申报人承担全部法律责任。申报人同意免费授予主办方对申报作品发表、放映、出版、宣传及展览的权利。作品提交后即视为许可主办方或其授权第三方无偿使用该作品。申报人按有关规定享有相应权利。

四、工作要求

（一）各地、各有关部门要高度重视、加强领导，对推荐项目的内容和形式进行审核，确保主题突出、特色鲜明、形式新颖。要将参加现场展演人员纳入本地、本部门参赛代表团管理。同时，明确 1 名工作人员作为联络人，并于 4 月 21 日前报组委会活动指导组。

（二）各地、各有关部门要结合职业技能竞赛或相关活动，选拔出 6～10 个具有不同特色的“绝技绝活”项目，并于 2023 年 5 月 19 日前，填写《中华人民共和国第二届职业技能大赛“最受欢迎的十大绝技”展演活动项目推荐表》（见附件），加盖公章后，与推荐项目视频一并发送至执委会展示交流工作部邮箱（邮件主题、视频名称请标注“推荐单位 + 申报人 + 标题”），同时抄送组委会活动指导组邮箱，也可使用百度网盘传输视频。

（三）已被评为第一届全国技能大赛“最受欢迎的中华十大绝技”的项目不再列入推荐范围；上海第 46 届世赛“中华绝技”海选阶段评选出的 100 个项目不需重复报送。

五、联系方式（略）

附件：中华人民共和国第二届职业技能大赛“最受欢迎的十大绝技”展演活动项目推荐表（略）

中华人民共和国第二届职业技能大赛组委会秘书处

（人力资源社会保障部职业能力建设司代章）

2023 年 4 月 14 日

关于征集中华人民共和国第二届职业技能大赛展示交流项目的通知

（人社职司便函〔2023〕17 号）

各省、自治区、直辖市及新疆生产建设兵团人力资源社会保障厅（局），国务院有关部门、有关行业组织人事劳动保障工作机构：

根据《关于举办中华人民共和国第二届职业技能大赛的通知》（人社部函〔2023〕6 号）有关要求，做好赛事同期举办技能展示交流活动。现就有关事项通知如下：

一、活动目标

大力宣传党和国家对技能人才工作的关心和支持，展示技能人才队伍建设成果，围绕“技能成才、技能报国”主题，交流推广职业能力建设经验，全面提升新时代技能人才工作和职业技能竞赛品牌的社会影响力。大力弘扬劳模精神、劳动精神和工匠精神，营造尊重劳动、尊重知识、尊重人才、尊重创造的良好社会氛围，促进政府、企业、院校间的交流与合作。

二、活动安排

（一）活动时间：2023 年 9 月 16—18 日。

（二）活动地点：国家会展中心（天津）。

（三）展示内容：

1. 各省（区、市）和新疆生产建设兵团技能人才队伍建设工作历程和成果、技能人才创新创业成果、职业技能竞赛成果。

2. 各地技工院校发展历程和特色，教材、课程和师资建设成果，技工教育与乡村振兴、技工教育与“一带一路”国际合作等项目成果。

3. 有关参赛行业部门的技能人才队伍建设工作成果，展示代表先进科技水平和制造工艺的高新技术和产品。

4. 具有地方或行业特色的传统技能技艺、绝技绝活等。

三、工作要求

（一）请各地和有关行业部门高度重视，认真组织做好参展项目推荐工作，动员技工院校、社会团体、企业和能工巧匠等积极参与，充分展现本地区、本行业技能人才工作成果和特色技能技艺。

（二）各参展单位在项目遴选过程中应做好安全隐患排查工作，所推荐展示项目不涉及明火、生烟等操作内容和易燃、易爆等危险物品。为提升展示交流效果，各参展单位可视情况设置群众参与性互动体验环节，鼓励通过门户网站和有关合作媒体，开展直播或录播。

（三）请于 2023 年 5 月 26 日（周五）前，将《中华人民共和国第二届职业技能大赛展示交流项目报名表》（见附件）报送第二届全国技能大赛执委会展示交流工作部。赞助企业参展有关情况可咨询第二届全国技能大赛执委会市场化运作（赞助）工作部。

四、有关事项

（一）第二届全国技能大赛组委会免费为每个参展单位提供展示场地，面积在 100～120 平方米。各参展单位可自行设计布展或委托大赛指定服务商提供服务，费用由参展单位承担。工作人员由参展单位选派，并纳入所在地区和行业参赛代表团统一管理。

（二）根据项目报名情况，第二届全国技能大赛组委会将会同执委会统筹布展工作安排，并于 7 月上旬向各参展单位发出展位确认函。有关报送展示文案、展位方案、参展人员信息，以及组织进场施工布展等具体事宜将另行通知。

五、联系方式（略）

附件：中华人民共和国第二届职业技能大赛展示交流项目报名表（略）

中华人民共和国第二届职业技能大赛组委会秘书处

（人力资源社会保障部职业能力建设司代章）

2023年3月28日

中华人民共和国第二届职业技能大赛执行委员会关于征集战略合作伙伴和高级合作伙伴的公告

（国赛执发〔2023〕42号）

为进一步加强中华人民共和国职业技能大赛（以下简称全国技能大赛）社会影响力和品牌建设，广泛吸收社会资源支持和保障第二届全国技能大赛筹办工作，经研究，决定启动第二届全国技能大赛战略合作伙伴和高级合作伙伴征集工作。现将有关事项公告如下：

一、征集概述

（一）征集单位：第二届全国技能大赛执委会。

（二）征集对象：中华人民共和国境内外有意向成为第二届全国技能大赛赞助合作的企业（以下简称应征单位）。

（三）征集类别：现金、物资、服务、技术保障等。

（四）赞助层级：战略合作伙伴和高级合作伙伴。

（五）征集数量：战略合作伙伴不超过8家、高级合作伙伴不超过18家。

（六）征集方式：公开征集。

（七）权益有效期：第二届全国技能大赛组委会、执委会授予相关权利，并自与第二届全国技能大赛执委会签订协议生效之日起至2023年12月31日止。

（八）本次征集活动不接受联合体应征。

二、应征条件

（一）应征单位有意向作为第二届全国技能大赛战略合作伙伴和高级合作伙伴，为第二届全国技能大赛提供资金、实物、技术保障或相关服务。

（二）应征单位须为经济实力雄厚的综合性集团或行业领先企业，具有较高品牌影响力和行业知名度，具备独立提供上述类别产品、服务的技术能力或服务能力。

（三）应征单位须财务状况良好，有充足资金支付赞助费用。

（四）应征单位具有良好的商业信誉和社会形象。

（五）应征单位须按照第二届全国技能大赛执委会相关程序和要求参加征集。

三、征集程序

（一）第二届全国技能大赛执委会发出征集公告。

（二）应征单位提交《意向函》（见附件）。

（三）第二届全国技能大赛执委会组织遴选，确定候选企业。

（四）第二届全国技能大赛执委会与候选企业进行谈判，签订相关协议。

四、意向函提交

应征单位须于北京时间 2023 年 7 月 21 日（星期五）17：00 前提交《意向函》。

应征单位须将《意向函》原件送至第二届全国技能大赛执委会，或将《意向函》以电子邮件方式发送至第二届全国技能大赛执委会指定邮箱，并在邮件发送成功后及时与第二届全国技能大赛执委会联系确认。以其他方式递交或逾期递交的，第二届全国技能大赛执委会均不予受理。

五、联系方式（略）

六、第二届全国技能大赛执委会的权利保留

第二届全国技能大赛执委会在本次征集活动中保留下述权利：

（一）对本公告内容进行修改和补充，包括但不限于对本类别所含子类别进行合并或拆

分，变更本次征集活动的时间安排。

（二）在任何时间，接受或拒绝任何意向文件，以及更改或取消征集活动，并不承担任何责任，且无需向应征单位解释原因。

（三）对本公告及其附件享有最终解释权。

本公告及相关事项有变更，第二届全国技能大赛执委会将以适当方式告知。

特此公告。

附件：意向函（略）

中华人民共和国第二届职业技能大赛执行委员会

2023 年 7 月 13 日

中华人民共和国第二届职业技能大赛组委会秘书处关于印发《中华人民共和国第二届职业技能大赛技术规则》的通知

（人社职司便函〔2023〕33号）

各省、自治区、直辖市及新疆生产建设兵团人力资源社会保障厅（局），国务院有关部门、有关行业组织人事劳动保障工作机构：

为保证中华人民共和国第二届职业技能大赛各项技术工作规范有序，根据《人力资源社会保障部关于举办中华人民共和国第二届职业技能大赛的通知》（人社部函〔2023〕6号），特制定《中华人民共和国第二届职业技能大赛技术规则》。现印发给你们，请认真贯彻执行。

中华人民共和国第二届职业技能大赛组委会秘书处

人力资源社会保障部职业能力建设司代章

2023年6月15日

中华人民共和国第二届职业技能大赛技术规则

为保证中华人民共和国第二届职业技能大赛（以下简称第二届全国技能大赛）各项技术工作规范有序，根据《人力资源社会保障部关于举办中华人民共和国第二届职业技能大赛的通知》（人社部函〔2023〕6号），制定本规则。

第一章　总　　则

第一条　工作目标。按照《人力资源社会保障部关于举办中华人民共和国第二届职业技能大赛的通知》要求，做好技术工作，确保大赛公平、公正、安全。

第二条　竞赛项目。第二届全国技能大赛共设109个比赛项目，分世赛选拔项目和国赛精选项目。其中，世赛选拔项目62个，作为第47届世界技能大赛全国选拔赛；国赛精选项目47个，包括技能类竞赛项目42个，专业技术类竞赛项目5个。

第三条　组织形式。第二届全国技能大赛分全国总决赛和省级（行业）及以下选拔赛。全国总决赛以省（区、市）及新疆生产建设兵团为单位组团参赛，交通运输部、住房和城乡建设部、中国机械工业联合会和中国轻工业联合会等相关行业部门组团参加部分世赛选拔项目比赛。

第四条　基本原则。

（一）公平公正原则。结合我国实际，科学制定竞赛技术规则，严把技术标准和评判等关键环节，加强对办赛全过程的监督管理。确保办赛和参赛人员严格按照本规则各项要求，公开透明、科学规范办赛、参赛，维护竞赛秩序，做到公平公正。

（二）安全环保原则。倡导绿色、环保、可持续办赛理念，做好健康防疫和竞赛期间各项安全保障，确保竞赛设施、设备、人身及环境安全。

（三）智慧创新原则。参照世界技能大赛标准、模式，在比赛各环节运用信息化手段，做好竞赛管理等工作，探索技术工作新型运行机制。

（四）交流共享原则。面向社会集中开放办赛，将技能竞赛与技能展示交流等活动有机结合，吸引企业、社会机构广泛参与和观摩，提高大赛影响力。

第二章 组织机构

第五条 组委会。人力资源社会保障部牵头成立第二届全国技能大赛组委会（以下简称组委会），负责统筹决策和部署推动赛事各项工作。其中，组委会技术工作组负责组织制定竞赛技术工作方案，编制第二届全国技能大赛技术规则，对竞赛各环节技术工作提出规范要求；提出各项目裁判长人选；组织各项目编制技术工作文件和命题；指导协调执委会实施技术保障和赛务保障；指导协调执委会组织开展技术工作对接和赛前培训；指导协调或根据职责参与处理竞赛过程中突发情况等。组委会成立监督仲裁委员会（以下简称监督仲裁委），负责赛事组织实施监督、争议仲裁和违规处理。

组委会聘请思想道德素质高、有意愿、有精力且熟悉竞赛工作的行业技术及管理专家加入技术工作组和监督仲裁委，参与第二届全国技能大赛技术支持和巡查、督导及仲裁等工作。

第六条 执委会。天津市有关单位组建第二届全国技能大赛执委会（以下简称执委会），负责具体落实赛事各项工作，组织编制竞赛手册和各项目赛务手册等。执委会技术保障工作部和赛务工作部承担大赛各项技术工作具体落实与实施；负责大赛各项目技术保障及赛务保障等工作；组织技术工作对接、赛前培训；组织落实各项目所需场地及设施设备等；在组委会技术工作组指导下，运用国家职业技能竞赛信息管理系统做好竞赛报名和分数录入工作，提供系统使用保障环境；及时妥善处理赛场突发情况等。

竞赛结果需要进行第三方检测评判的项目，执委会可委托具有本行业权威机构以上认证资质的第三方专业检测机构成立检测组，使用符合竞赛技术要求的设备检测并出具独立检测报告，或采取各方认可的其他公平公正方法完成检测。鼓励组织志愿者在竞赛期间提供志愿服务。

第三章　相关人员

第七条　裁判人员。包括各项目裁判组全体成员。

（一）条件

1. 坚持以习近平新时代中国特色社会主义思想为指导，具有坚定的理想信念，热爱祖国、拥护中国共产党领导，带头增强“四个意识”、坚定“四个自信”、做到“两个维护”；积极践行社会主义核心价值观，遵纪守法、品德高尚；具有良好的心理素质，身体健康，原则上年龄不超过 60 岁。

2. 热爱本职工作，责任心强，服从组织安排，自愿承担大赛执裁工作，时间上有保证。严守竞赛纪律，坚持公平公正原则，秉公执裁，不徇私情。具备较强的团队合作精神。

3. 具备良好的本专业（职业）理论知识、实操技能和工作经验。同等条件下，中华技能大奖获得者和全国技术能手优先考虑。

4. 了解掌握职业技能竞赛政策、工作规则和裁判方法，能准确、熟练运用。参与过国家级或行业（省级）职业技能竞赛执裁或其他技术工作。专业技术类比赛项目优先考虑具有工程技术类比赛工作经历者。

5. 裁判长一般应从事本项目技术工作 15 年及以上（新职业类项目视项目具体特点可放宽至 5 年及以上），原则上应具有技师及以上职业资格（职业技能等级）或副高级及以上专业技术职务。具有担任国家级职业技能竞赛裁判长（员）或技术工作专家的经历，或在涉及国家重大战略、重大工程、重大项目、重点产业领域的省级以上技能竞赛中担任过专家组长或裁判长以及在相关领域取得省部级以上重大成就。裁判长还应具有较强的组织协调沟通能力，在本专业领域有较高威望和良好声誉，行业内认可度高。

世赛选拔项目裁判长应具备履行职责所需的外语能力。熟悉世赛相关工作规则，有丰富世赛工作经验的相关人员可优先考虑。

对未开展过国家级竞赛的项目可参照上述条件在相关职业（领域）推荐经验丰富、专业能力强的人员担任裁判长。

6. 在往届全国性职业技能竞赛赛事中存在明显违规违纪行为的裁判人员不得从事第二届全国技能大赛裁判工作。

（二）职责。第二届全国技能大赛期间，裁判人员应做好以下工作。

1. 裁判长。在组委会领导下，秉承公平公正原则接受执委会具体管理；做好相应沟通协调，落实竞赛各项技术工作；按时、认真组织完成本项目技术工作文件编制；带头坚持并维护竞赛公平公正，遵守保密纪律，不得有影响竞赛公平公正的言行；按照组委会要求和执委会安排，参加并做好本项目裁判员（含裁判长助理）的赛前培训，主持做好本项目赛前技术交流；采取多种措施保证公平公正，组织全体裁判员（含裁判长助理）做好本项目评判和相关技术工作；组织本项目开展技术总结和技术点评。

2. 裁判长助理。协助裁判长做好本项目各项技术工作；完成裁判长安排的其他工作。

裁判长及裁判长助理不得组织或参与影响第二届全国技能大赛公平公正的评审、培训、竞赛、咨询等活动；本人及控股参股企业不得组织或参加与第二届全国技能大赛相关的推销、赞助、采购等商业活动；不得利用裁判长及裁判长助理头衔谋取不正当利益或进行利益输送；不得有利用职权从事操纵比赛等影响大赛公平公正的行为，本人、亲属及其他利益关联人员在可能影响大赛公平公正的事项中时，须及时回避；不得在第二届全国技能大赛各相关技术工作环节中弄虚作假、行贿受贿；不得滥用举报权利，诬告诽谤他人。

3. 裁判员。参加赛前培训和技术讨论，熟练掌握竞赛技术规则；对有争议的问题提出客观、公正、合理意见和建议；服从裁判长工作安排，认真做好本职工作；公平公正执裁，不得徇私舞弊；坚守岗位，严格遵守执裁时间安排，保证执裁工作正常进行。

（三）遴选及产生。裁判长通过直接转任和遴选两种方式产生。需通过遴选方式产生的裁判长，由组委会技术工作组依据前述条件及遴选工作方案组织遴选，将遴选结果名单连同裁判长建议名单一并报组委会秘书处审核公布。

裁判长助理人选由裁判长向组委会技术工作组提名申请，并填写《第二届全国技能大赛裁判长助理申请表》（附件1），同时，向执委会备案。裁判长及裁判长助理名单最终由组委会秘书处审核公布。具体事宜由组委会技术工作组另行通知。

世赛选拔项目与国赛精选项目裁判员分别推荐，人员不重复、不交叉。原则上每队每一参赛项目推荐1名裁判员。如裁判员人数不能满足工作需要，由裁判长在不晚于赛前6～8周提出增加裁判员人选申请，经全体裁判员讨论且获2/3以上通过后，报执委会审核并报组委会审定。

（四）管理。在组委会领导下，执委会具体负责对裁判人员的管理工作：

1. 培训。在第二届全国技能大赛前期准备期间，与组委会技术工作组共同确保各项目公平公正开展培训。同时，受理各项目（含赞助单位）的培训申请。具体组织裁判人员开展形式灵活的赛前培训。培训结束后，执委会技术保障工作部将培训情况汇总、整理后报组委会技术工作组备案。

2. 评估。第二届全国技能大赛结束后，在组委会指导下，执委会组织工作人员、裁判员、场地经理等人员通过线上方式，实名对各项目裁判长工作进行评估。评估人员均需填写《第二届全国技能大赛裁判长工作评估表》（附件2）。该评估表应提交组委会技术工作组，作为对裁判长工作评估的参考依据。同时，在组委会指导下，执委会组织裁判长根据本项目裁判员赛前及比赛期间工作表现，按照A（优秀）、B（一般）、C（较差）三个等级，通过线上方式对裁判员进行评估，并填写《第二届全国技能大赛裁判员工作评估表》（附件3），裁判长将评估结果提交组委会技术工作组，为后续职业技能竞赛专家队伍建设等相关工作提供参考。

第八条　技术与赛务保障人员。技术与赛务保障人员包括场地经理及助理，以及其他技术与赛务保障人员。

（一）场地经理及助理。执委会为各竞赛项目设场地经理及助理各1名。

1. 条件。热爱祖国，遵纪守法，爱岗敬业。有较强组织协调能力和团队合作精神。具有相关竞赛项目专业知识和技能，熟悉项目所涉及设施设备。具有本项目（专业）5年及以上工作经历。身体健康，原则上年龄不超过60岁。具有竞赛工作经验或较高英语水平的，在同等条件下优先考虑。

2. 职责。场地经理负责组织相关工作人员落实竞赛设施设备、工具、材料，参与场地规划并进行布置，参与本项目赛务手册编制，配合裁判长做好技术工作文件编制、赛前准备和现场技术保障等工作。

场地经理助理根据场地经理工作安排，负责协助场地经理开展相关工作。

场地经理及助理应本着廉洁、诚信的原则履行职责，确保大赛公平公正。在竞赛期间，场地经理及助理应全程在竞赛区域值守。

（二）其他技术与赛务保障人员。包括由执委会为各项目配备的竞赛联络员、技术负责人、录分员（每项目 2～3 名）及赛务保障人员。具体职责是按照本规则规定和大赛统一要求，在执委会相关部门领导下做好相应竞赛保障工作。

（三）技术与赛务保障人员管理。场地经理及助理，以及其他技术与赛务保障人员的遴选、培训及工作评估，由执委会制定相应工作办法并具体实施管理。

第九条 领队。各地区（行业）安排 1 名本地区人社部门（行业人事劳动保障工作机构）竞赛工作负责同志，担任第二届全国技能大赛本参赛团领队，负责组织本参赛团各参赛项目裁判员参与执裁工作，组织参赛选手按照相关要求参赛，维护竞赛纪律和秩序，承担本参赛团的安全责任（除各参赛项目安全规程规定外）并落实健康防疫工作要求，代表本参赛团监督竞赛过程，按照程序反映竞赛期间的相关问题，维护本参赛团的正当权益。领队可配备领队助理 2 名（超过 100 个参赛项目可配 3 名），领队助理由本地区人社部门（行业人事劳动保障工作机构）竞赛工作相关人员担任，负责协助领队做好本参赛团日常服务保障工作。参赛团如有申报参加起重设备应用技术、石油钻井技术和电力系统运营与维护 3 个项目比赛的，领队应根据 3 项目距主赛场较远的特点，采取相应措施做好参赛管理及服务保障工作。

第十条 参赛选手。所有参赛选手应思想品德优秀、身心健康，具备相应职业（专业）扎实的基本功和技能水平，有较强学习领悟能力和良好身体素质、心理素质及应变能力。

第十一条 签署《遵守第二届全国技能大赛竞赛行为规范承诺书》。为维护竞赛秩序和公平公正，相关人员应按照要求签署《遵守第二届全国技能大赛竞赛行为规范承诺书》（以下简称《竞赛行为规范承诺书》，附件 4）。

（一）裁判人员。各项目裁判长、裁判长助理及裁判员确定后，执委会按照组委会要求，分别组织各项目裁判人员签署《竞赛行为规范承诺书》。凡未签署《竞赛行为规范承诺书》、未经批准不参加赛前培训的，不得从事执裁工作。

（二）技术与赛务保障人员。执委会按照组委会要求，确定场地经理及助理，以及其他技术与赛务保障人员名单并组织签署《竞赛行为规范承诺书》。

（三）领队及选手。各参赛团领队及选手抵达赛场后，按照组委会要求，由执委会统一组织签署《竞赛行为规范承诺书》并据此规范自身行为。

各类人员签署的《竞赛行为规范承诺书》由执委会存档备查。

第四章　前期准备工作

第十二条　技术工作对接。裁判长确定后，执委会在组委会指导下，根据工作需要，围绕竞赛技术组织工作至少进行 2 次集中技术工作对接。第一次集中技术工作对接应不晚于赛前 3 个月，组织各项目裁判长和场地经理及助理等人员进行对接。第二次集中技术工作对接即临赛前集中技术工作对接，应在临赛前组织裁判长、场地经理及助理和其他赛务保障人员等进行对接。集中技术工作对接内容及要求如下：

第一次集中技术工作对接应以各竞赛项目技术标准为依据，研究设施设备等技术要求及场地布局安排，提出各项目基础设施设备、工具及参赛选手自带工具清单（但不得指定设施设备品牌、型号或含有指向性、引导性信息）；拟定竞赛工作计划安排。同时，向参与对接工作的人员进行介绍本规则基本内容，提出技术工作对接等方面要求，组织其签署《竞赛行为规范承诺书》。

临赛前集中技术工作对接应全面检查、落实竞赛前各项技术准备工作；解决前期准备工作出现的问题；最终确认竞赛场地、设施设备及各项组织及赛务保障工作具体安排。

每次开展集中技术工作对接时，各项目裁判长与对接方应填写《第二届全国技能大赛技术工作对接单》（简称《对接单》）。执委会应根据《对接单》，督促各项目推进技术准备工作。相关培训工作可结合技术工作对接一并开展。

除集中技术工作对接外，执委会可根据需要，采取线上、线下等形式，组织分项目技术工作对接，并适时组织编制各项目赛务手册。

第十三条　技术工作文件编制与公布。各项目裁判长会同场地经理及助理，按照第一次集中技术工作对接确定的计划安排，在基本确定设施设备、场地等安排意向的基础上，组织拟定各项目技术工作文件，经本项目各参赛团充分讨论，修改完善。世赛选拔项目以本项目上届世赛技术标准或本届世赛最新技术标准为参照依据，确定竞赛标准，编制技术工作文件。国赛精选项目中，技能类项目参照相应职业国家职业标准三级，专业技术类项目参照相应国家职业标准中级编制技术工作文件。对暂无国家职业标准的国赛精选项目，可参照行业发展实际或世赛标准以及承办地设施设备等条件，编制技术工作文件（样例见附件 5）。

技术工作文件主要包括技术描述、试题及评判标准、竞赛细则、设施设备（不带品牌、型号）及场地等安排、安全健康规定等方面。具体内容及相关要求如下：

（一）技术描述。包括本项目考核目的，选手应掌握的理论知识，需具备的能力，需完成的基本工作任务描述，考核技术要点及竞赛所依据的专业技术规范和标准介绍等。

（二）竞赛试题及评判标准

1. 试题。各项目根据职业现场特点进行技能操作，或采用计算机、书面、口头作答等多种形式竞赛。各项目遵循公平公正原则，采取以下方式之一确定并公布试题。

可提前公布试题的项目，由裁判长根据工作对接情况，组织编制本项目竞赛试题。技术工作文件公布前，裁判长应组织裁判员围绕命题思路、关键考核要点等进行讨论，对提出的问题进行及时解答，吸收合理的意见建议并修改完善。赛前 2 天，裁判长可按照技术工作文件确定的试题调整流程和方法，对已公布的试题进行不超过 30% 的修改，并按本项目技术工作文件的具体规定公布最终试题。

须对试题或评判标准等事项保密的项目，裁判长应编制命题思路及样题并提前公布；第一次集中技术工作对接完成后，组织裁判员对命题思路、关键考核要点、设施设备等关键技术问题进行讨论，并对所提出的意见建议及时解答；依据讨论结果，结合竞赛时间及场地、设施设备等情况，对命题思路及样题进行调整并与技术工作文件一并公布。裁判长依据技术工作文件的规定，按照保密工作要求命制试题，拟定试题公布程序并依据程序公布试题，确保竞赛公平公正。组委会及执委会按照职责分工，分别负责组织落实相应保密工作。凡赛前接触相关保密事项的涉密人员，须按要求及时签署《竞赛行为规范承诺书》。

裁判员要积极、认真参与技术准备、技术讨论等相关工作，及时了解技术信息，向裁判长提出意见建议。已公布技术工作文件中确定的内容（除赛前 30% 修改及保密内容外），原则上不得修改。确需修改的，经执委会批准，由裁判长组织全体裁判员（不含裁判长及助理）表决，获得 80% 以上人员通过后，在修改文件上签字确认，并将签字原件 1 式 2 份分别报送执委会技术保障工作部和组委会技术工作组备案。

2. 评判标准。世赛选拔项目评判方式分为测量（依据客观数据评判）和评价（依据主观判断评判）。裁判长根据本项目特点和竞赛工作实际，按照本项目技术工作文件所依据的竞赛技术标准及相关要求制定评判标准。

国赛精选项目评判方式及标准，可借鉴世赛选拔项目评判方法，按照本项目竞赛所依据的国家职业标准或竞赛标准，由裁判长具体组织确定，在技术工作文件中明确并公布。

为避免竞赛中出现总成绩并列的情况，可采取加试、按模块权重优先等方式确定选手排名顺序，具体处理方式应在各项目技术工作文件竞赛细则中确定并公布。

（三）竞赛细则。包括各项目的竞赛工作流程和要求，如竞赛全过程工作时间、比赛轮次安排、抽签方式、试题确定方式、裁判人员分工及评判标准与方式、选手工具携带及检查、成绩录入统计、竞赛纪律（应明确对评判的工作纪律要求，防止恶意打分）以及对违规的处理规定等。

（四）竞赛设施设备、场地等安排。包括竞赛场地、工位安排布局图，竞赛设施设备、工具及原材料品种、数量、技术参数，配套设施要求，选手自带工具清单等。设施设备及工具、材料等的品牌型号由组委会技术工作组、市场推广组指导执委会相关工作部按共同研究的相关办法确定。

（五）安全健康规定。裁判长组织全体裁判员（含裁判长助理）和场地经理及助理等，根据国家安全生产相关法律法规、大赛健康防疫须知，结合各项目技术特点和工作要求，编制竞赛操作安全规程、赛场安全健康保障方案和突发事件应急处理预案等。

确定品牌、型号的设施设备清单由执委会不晚于 6 月下旬开始陆续公布并不晚于 7 月 20 日公布完毕（个别特殊赛项在不影响命题等工作情况下，至多延至 7 月底）。技术工作文件经组委会技术工作组审定，不晚于赛前 4 周公布。设施设备清单、技术工作文件均通过线上方式公布。

第十四条　国家职业技能竞赛信息管理系统。第二届全国技能大赛使用国家职业技能竞赛信息管理系统（以下简称信息系统）报名和评判。组委会负责信息系统的功能完善与升级工作。在组委会指导下，执委会、裁判长和各参赛团按职责负责系统相关使用。竞赛期间，执委会确保相应设备及网络环境满足信息系统正常运行需要。

第十五条　参赛报名。各地区人社部门和相关行业人事劳动保障工作机构组织参赛选手报名参赛。

（一）参赛名额。各参赛团每个竞赛项目限报 1 名（团队项目为 1 队）选手，国赛精选项目的新职业赛项中单人项目最多可报 2 名选手。轨道车辆技术、混凝土建筑、园艺、制造团队挑战赛、机电一体化、移动机器人、工业 4.0、机器人系统集成、网络安全、新能源汽车智能化技术、石油钻井技术、电力系统运营与维护、智能制造工程技术、集成电路工程技术、工业互联网工程技术、虚拟现实工程技术、连锁经营管理、物联网安装调试、工业机器人系统操作、工业机器人系统运维、家政服务（整理收纳）等 21 个项目为双人团队项目，制造团队挑战赛为 3 人团队项目。

（二）报名工作。各类人员在规定时间之前通过信息系统完成网上统一报名。各参赛团团长及副团长、裁判员、选手、领队及助理、地方媒体记者（随团记者）及本团参赛模特由各参赛团（省级人社部门或行业人事劳动保障工作机构）统一组织报名；场地经理及助理由执委会统一组织报名；裁判长及助理、监督仲裁人员、中央媒体记者由组委会统一组织报名。各参赛团确定 1 名联络员负责报名工作联络。通过信息系统统一下载打印《第二届全国技能大赛报名汇总表》，并加盖本单位公章后，报送执委会汇总整理。报名时间截止后，不再受理网上报名。各参赛团所报参赛选手、裁判员原则上不得更换。如因不可抗因素确需更换的，由本地区人社部门（行业人事劳动保障工作机构）按照裁判员和选手条件，不晚于赛前4周提出书面申请，由执委会审定并报送组委会备案。因人员调整对参赛造成的影响，由相关参赛团负责。对专业技术类赛项的参赛选手、裁判员，各参赛团应征求本地区或本部门专业技术人才工作职能部门意见后组织推荐。

各参赛团在裁判员推荐工作中要从严把关，严格按照条件推荐优秀专业技术骨干作为裁判员人选。凡不符合推荐条件要求或所提供资格条件信息不真实的，第二届全国技能大赛期间将不安排从事裁判工作。各参赛团要对所推荐裁判员提出明确工作纪律要求，确保公平公正，并与其所在工作单位做好沟通协调，确保在时间、精力上能够保证完成各项工作任务。各参赛团要严格审核选手报名信息，如发现错误，由本参赛团负责更正；如发现选手信息不真实的，将由组委会监督仲裁委严肃处理。

第十六条　竞赛手册及赛务手册编制。执委会组织各项目裁判长会同场地经理及助理参与编写第二届全国技能大赛竞赛手册，并编写本项目赛务手册（包括日程安排、场地布局、行程线路指引、相关保障安排、竞赛纪律、健康防疫要求等内容），于临赛前发各参赛团相关人员，并报组委会备案。

第十七条　竞赛设施设备及场地安排。裁判长根据竞赛标准及命题思路，提出本项目设施设备及工具材料清单并明确选手需自备和不可带入带出赛场工具、材料清单。

设施设备及工具材料清单包括性能数量等，但不得通过任何方式引导、暗示、指定品牌和型号。

各项目应配备电子监控设备，实现24小时无盲区录像，录像资料由执委会保存至少1年。

（一）赛场区域要求。第二届全国技能大赛赛场划分为竞赛区域、互动区域、展示区域、服务保障区域和公共区域等。区域划分、工位间隔等应符合安全健康要求且方便公众参与互动及观摩。各区域设置明显标识。其中，竞赛区域为半开放区域，其它区域为开放区域。

裁判长提出竞赛场地区域布局要求，同时明确用水、电、气、火、光、承重、健康、卫生等特殊要求，商场地经理进行竞赛区域布局。竞赛区域一般可分为选手操作区和非操作区。选手操作区域按照竞赛区域布局图安排相应比赛工位并配备相应设施设备；非操作区可根据赛项要求、赛场条件和具体情况，设置工具材料间、准备间、裁判人员工作区、选手休息或等待区等并配备储物柜，提供饮用水等服务。根据各项目具体情况，可在裁判人员工作区设立录分室或划定录分区。比赛期间，竞赛区域按以下权限进入：

1. 选手比赛期间，按要求在选手操作区比赛，其他时间根据比赛安排在选手休息或等待区。

2. 裁判长可进入全部竞赛区域。裁判长助理根据裁判长安排进入相应区域。当值裁判员可进入选手操作区，应在指定岗位执裁。裁判员在没有具体执裁任务时，须在裁判人员工作区。

3. 场地经理及助理，以及相关技术与赛务保障人员应在非操作区待命，如有需要按裁判长（或助理）要求第一时间进入操作区处理问题。

4. 录分员在录分室（录分区）从事相应工作，其他人员未经裁判长允许不得进入录分室（录分区）。

5. 组委会技术工作组、监督仲裁委及执委会技术、赛务相关保障部工作人员或组委会批准的新闻媒体记者因工作需要，经裁判长允许可凭证件进入竞赛区域非操作区。

6. 选手在比赛期间如身体不适，各参赛团领队经裁判长允许后可凭证件进入非操作区。

7. 其他人员一律不得进入竞赛区域。

8. 执委会为大赛设立中控室。组委会技术工作组、监督仲裁委，执委会技术保障工作部、赛务工作部和监督仲裁协助工作部工作人员及各项目裁判长可根据工作需要进入中控室查看现场监控及录像。其他人员未经组委会允许不得进入中控室查看现场监控及录像。

（二）设施设备要求。执委会根据裁判长提供的设施设备技术要求和数量等落实竞赛设施设备。需通过第三方专业检测机构检测竞赛成绩的竞赛项目，应按检测专业要求设置专门检测场地，配备满足检测技术要求设备，并组织落实专业检测机构开展检测。

（三）参赛选手自带工具、材料要求。裁判长会同场地经理制定参赛选手自备工具、材料清单，明确参赛选手需自备和不可带入带出赛场的工具、材料。

第五章　组 织 实 施

第十八条　临赛准备。临赛准备包括以下工作：

（一）临赛前集中技术工作对接。按照第四章第十二条技术工作对接的相关要求，执委会组织各项目裁判长于赛前3天进行第二次集中技术工作对接，对场地设备等准备工作进行最终确认。

（二）临赛前技术沟通与培训。各项目裁判长会同场地经理等组织裁判员于赛前2天开展赛前技术沟通，介绍执委会及各项目组织实施工作要求、各项目技术工作文件（含竞赛细则及评判标准等）和工作纪律，检查赛场设施、设备、工具、材料准备情况等，明确裁判员分工，组织裁判员对需调整的试题进行讨论、投票或抽签，按各项目技术工作文件规定确定最终竞赛试题。

执委会于赛前2天组织全体参赛选手及其他需要培训的人员开展培训。

（三）检查参赛选手自带工具、材料。各项目裁判长组织裁判员和参赛选手于赛前2天（或每天赛前）按照本项目技术工作文件要求，对参赛选手自带的工具、材料等进行检查。明确禁止带入带出赛场的，一律不允许带入带出。

（四）参赛选手熟悉赛场。执委会会同裁判人员于赛前1天组织全体参赛选手按要求熟悉赛场及设备，确保每位参赛选手有同等性能的设备及材料、工具和同等充足的时间进行适应性操作。

（五）参赛选手抽签。竞赛开始前，各项目裁判长组织参赛选手抽签确定竞赛顺序和工位。

第十九条　竞赛实施。各项目的总竞赛时间应为9～24小时，分布在3天完成（含赛中评判，但不含赛前准备和赛后技术点评时间）。具体安排在各项目技术工作文件及《赛务手册》中明确。

（一）检录及竞赛时间。各项目裁判人员、参赛选手、场地经理及助理等，应按时到达赛场完成检录。各项目竞赛开始和结束时间，以该项目裁判长正式宣布为准。

（二）场地与设施设备管理。每阶段（模块）竞赛结束需参赛选手离场的，裁判长会同场地经理组织裁判员对各工位的设施、设备、竞赛工件（成果）、工具、材料等检查无误后，统一安排参赛选手退场。需对相关设备进行初始化和参数还原的，裁判长会同场地经理组织裁判员进行处理，保证每场竞赛前所有设备、设施材料等处于相同的环境和状态。场地经理负责清场。下一阶段竞赛开始前，裁判长会同场地经理组织裁判员对各工位相关设施、设备等再次检查并确认无误。

（三）评判工作。各项目按以下安排开展评判工作。

1. 评判参与人。裁判长及裁判长助理不参与具体评判。竞赛开始前，裁判长根据工作需要，本项目实际和前期培训情况，对裁判员进行工作分工并进行评判工作培训。竞赛过程中，裁判员按照分工，依据评判标准和相关技术要求开展评判工作。选手个人信息不需加密的竞赛项目，裁判员按回避原则不对本参赛团选手评判。竞赛工件（成果）需进行检测的项目，应由裁判长安排至少 2 名不同参赛团裁判员监督检测。

2. 评判方式。采取测量方式评判的，由裁判员按照评判标准和裁判长安排独立评判。

采取评价方式评判的，由裁判长按 3 名裁判员一组组成评判小组，每名裁判员按照“0～3” 4 个分数等级（0 分为不符合职业标准要求，1 分为基本符合职业标准要求，2 分为符合职业标准要求，3 分为超出职业标准要求）独立评判，如任意 2 名裁判员之间的评判结果差距超出 1 个分数等级，则重新进行评判。

3. 评判确认。各阶段（模块）评判结束后，裁判长组织裁判员核对本人本阶段（模块）评判成绩（含纸质评分表及系统录入后输出成绩单）并签字确认；在全部阶段（模块）竞赛结束后，由裁判长对总成绩签字确认并通过系统锁定。

4. 问题修改。各阶段（模块）在核对过程中发现错误的，由裁判长安排立即修改，属于评分系统录入错误的，裁判长直接安排录分员在系统中修改；属于纸质评分表填写错误的，由当值裁判员和裁判长在纸质评判表修改处签字。经裁判长确认锁定后的评判成绩原则上不得再次修改，如发现确需修改的问题，属分数统计、计算错误的，裁判长及当值裁判员填写《第二届全国技能大赛评判修改记录单》（以下简称《修改记录单》，附件 6），向组委会技术工作组提出解锁修改申请，获批准后修改并将修改结果通报全体裁判人员。如涉及评判标准修改的，裁判长需组织全体裁判员讨论通过后修改。凡解锁后修改评判结果的，均须由裁判长及修改人在《修改记录单》上签字。裁判长将《修改记录单》及修改的评判表一并报执委会技术保障工作部。

5. 材料保管。竞赛期间，所有纸质评判表（含做修改的评判表）均由裁判长保管。比赛结束后，裁判长统一报送执委会技术保障工作部。

（四）成绩公布。在竞赛成绩确认后，各项目裁判长须组织全体裁判员和参赛选手进行技术总结和点评，并公布选手个人（团队）成绩。比赛结束后，组委会将各参赛团的成绩交各参赛团领队。第二届全国技能大赛结束后2周内，执委会将全部参赛选手成绩单和信息进行汇总和审核并加盖公章后，报组委会技术工作组。

（五）应急处理。执委会负责竞赛期间应急处理。

1. 赛场突发问题处理。比赛期间，如在竞赛区域内出现设施设备故障、选手伤病等突发问题，由裁判长组织处理，执委会提供相应支持保障；如在竞赛区域以外区域内出现各类突发事件，由执委会统一组织处理。参赛选手在竞赛期间受伤或生病的，应在处理同时告知其参赛团领队或助理。

2. 中断竞赛时间处理。竞赛过程中，因参赛选手个人原因导致竞赛中断，中断时间计入参赛选手竞赛时间，不予补偿；非因参赛选手个人原因造成的竞赛中断，中断时间不计入参赛选手竞赛时间，并予补足。竞赛中断的原因，由裁判长会同当值裁判员在选手回避的情况下做出判断，并尽快告知参赛选手所在参赛团裁判员。参赛选手处理伤病中断比赛的，按个人原因导致比赛中断处理，无法继续参赛的，按已完成竞赛部分计算成绩。

第二十条　技术点评。技术点评（总结）基本要点如下：

（一）竞赛目的、技术标准及评判工作。竞赛模块组成、各模块之间比重以及各模块安排的主要目的。各模块命题的主要技术标准和技术要求。对评判的流程、规则、方式方法及评判过程中的案例分析。

（二）参赛选手竞赛情况分析。分析总体竞赛成绩及参赛选手的具体表现。通过对参赛选手竞赛结果（工件）比较分析，总结竞赛过程中反映出的技能亮点及问题，并提出意见建议。

赛后2周内，各项目裁判长须汇总技术点评（总结）、竞赛整体运行情况、本项目裁判员执裁情况分析、各方对比赛的意见建议等，提交组委会技术工作组。

第二十一条 安全健康。执委会和各参赛团应做好以下安全健康保障工作。

（一）人员安全健康要求。执委会应制定安全健康方面的应急工作预案。同时，执委会和各参赛团要为全体参赛人员提供安全健康服务保障，全体参赛人员须遵守竞赛安全健康有关规定。

1. 按照国家相关法规，各竞赛项目提出安全健康要求，并于临赛集中培训期间，由裁判长组织全体裁判员及参赛选手学习掌握。执委会制定《第二届全国技能大赛参赛选手安全健康承诺书》（附件7），并于赛前2天，组织各项目参赛选手签署。

2. 执委会应在竞赛现场设置急救站，配备专业医务人员和设备，做好医疗应急准备。

3. 执委会应确保所提供食品和饮料的安全，任何参赛选手和其他人员不得私自携带食品和饮料进入竞赛工位。

4. 根据项目特点，各参赛团应为本参赛团裁判员、参赛选手购买人身意外伤害保险。

5. 进入竞赛区域的人员，应严格按照各项目安全健康规定，做好安全防护。

（二）场地安全健康安排。执委会应提供赛场安全健康设施保障。竞赛各区域设置合理，符合安全健康和环保要求。

1. 按规定预留赛场安全疏散通道，配备消防器械等应急处理设施设备和人员，张贴各项目安全健康规定、图示等，并事先制定应急处理预案，安排专人负责赛场紧急疏导等工作。

2. 提供安全照明和通风等设施设备。对易产生有害气体的竞赛项目，应配备完善的排风和处理设施。对涉及易燃易爆、化学腐蚀和有毒有害物品的项目，要按照国家有关规定，在各项目安全健康规定中予以明确，制定管理措施，并随各项目竞赛细则一并公布。

第二十二条 违规处理

（一）违规处理范围。第二届全国技能大赛期间，参赛选手、裁判人员、场地经理及助理、其他技术与赛务保障人员、各参赛团领队及助理等各类与选手、裁判员关联人员，出现违反《竞赛行为规范承诺书》、技术规则和各项目技术工作文件中公布的竞赛纪律或其他有碍竞赛公平公正行为的，由相关工作人员或机构及时纠正并处理。

（二）违规处理实施人。

1. 参赛选手在第二届全国技能大赛期间的违规行为，由裁判长依据相关规定处理或组织裁判员研究后处理，并将处理结果报监督仲裁委。

2. 裁判员在第二届全国技能大赛期间的违规行为，由裁判长提出处理意见，报组委会技术工作组及监督仲裁委审定后执行。

3. 其他人员（包括裁判长、场地经理及助理、其他技术与赛务保障人员、各参赛团领队及助理等与选手、裁判员关联人员）在第二届全国技能大赛期间的违规行为，由监督仲裁委处理。处理意见抄送组委会秘书处、技术工作组及执委会相关部门。

（三）违规处理结果。对上述违规行为，视情节轻重给予约谈、警告、严重警告处理。受到严重警告的人员，将限制其本届大赛及今后参与国家级及以上竞赛的相关工作。处理结果将与相关人员评价和评估相结合，并在一定范围内通报。对裁判长的处理结果纳入其工作评估。对各参赛领队及助理违规行为的处理结果，通报本人所在地区人社部门（行业人事劳动保障工作机构）。受到违规处理较多的参赛团，组委会将对其今后参赛工作进行限制。

（四）违规处理登记。违规行为处理结果，由实施人在《第二届全国技能大赛违规行为处理登记表》（附件 8）中记录并交执委会存档备查。在第二届全国技能大赛结束后 1 周内，由执委会汇总违规处理情况报送组委会备案。

第二十三条　问题或争议处理。第二届全国技能大赛期间，与竞赛有关的问题或争议，各方应通过正当渠道并按程序反映和申诉，不得擅自传播、扩散未经核查证实的言论、信息。

对竞赛期间出现的问题或争议按以下程序解决：

（一）竞赛项目内解决。参赛选手、裁判员发现竞赛过程中存在问题或争议，应向裁判长反映。裁判长依据相关规定处理或组织比赛现场裁判员研究解决。处理意见须比赛现场全体裁判员表决的，获全体表决裁判员半数以上通过。最终处理意见应及时告知意见反映人，并填写《第二届全国技能大赛问题或争议处理记录表》（以下简称《争议处理记录表》，附件9）。处理期间，执委会技术保障部和组委会技术工作组应给予支持和指导。

（二）监督仲裁委解决。对项目内处理结果有异议的，在参赛选手成绩最终确认锁定前，各参赛团领队可向监督仲裁委出具署名书面反映材料并举证。监督仲裁委应与组委会技术工作组及时沟通，判断所反映问题的属性，并在执委会监督仲裁协助工作部协助下受理并开展调查工作。其中，经调查确认所反映情况属技术性问题或争议的，仍交由各竞赛项目内解决。属非技术性问题或争议，由监督仲裁委作最终裁决。各类问题或争议处理情况，由执委会监督仲裁协助工作部填写《争议处理记录表》报监督仲裁委备案。

第六章 附 则

第二十四条 本规则适用于第二届全国技能大赛。

第二十五条 本规则自正式颁布之日起生效。

第二十六条 本规则最终解释权归组委会。

附件：1. 第二届全国技能大赛裁判长助理申请表（略）

2. 第二届全国技能大赛裁判长工作评估表（略）

3. 第二届全国技能大赛裁判员工作评估表（略）

4. 遵守第二届全国技能大赛竞赛行为规范承诺书（略）

5. 第二届全国技能大赛 XXX 项目技术工作文件（样例）（略）

6. 第二届全国技能大赛评判修改记录单（略）

7. 第二届全国技能大赛参赛选手安全健康承诺书（样例）（略）

8. 第二届全国技能大赛违规行为处理登记表（略）

9. 第二届全国技能大赛问题或争议处理记录表（略）

人力资源社会保障部关于表扬中华人民共和国第二届职业技能大赛获奖选手和单位的通报

（人社部函〔2023〕110号）

各省、自治区、直辖市及新疆生产建设兵团人力资源社会保障厅（局），国务院有关部门、有关行业组织人事劳动保障工作机构：

2023年9月16日至19日，中华人民共和国第二届职业技能大赛（以下简称第二届全国技能大赛）在天津市成功举办。根据《人力资源社会保障部关于举办中华人民共和国第二届职业技能大赛的通知》（人社部函〔2023〕6号）有关规定，我部决定：

一、对在第二届全国技能大赛中获得单人赛项前5名、双人赛项前3名和三人赛项前2名的选手，经人力资源社会保障部核准后，符合条件的授予“全国技术能手称号”，相关名单另行发文公布。

二、对在第二届全国技能大赛中获得金牌、银牌、铜牌及优胜奖的2 046名选手，予以通报表扬。技能类各竞赛项目优胜奖及以上选手，由职业资格实施机构或职业技能等级认定机构按有关规定为其晋升技师（二级）职业技能等级，已具有技师（二级）职业技能等级的晋升高级技师（一级）。专业技术类5个竞赛项目，由数字技术工程培训项目评价机构为获得金、银、铜牌的选手颁发高级专业技术等级证书，为获得优胜奖的选手颁发中级专业技术等级证书。

三、对在第二届全国技能大赛中获得参赛代表团最佳选手奖的36名选手，予以通报表扬。

四、对在第二届全国技能大赛中获得西部之星的13名选手，予以通报表扬。

五、对在第二届全国技能大赛中获得突出贡献奖和优秀组织奖的单位，予以通报表扬。

希望受表扬的单位和个人珍惜荣誉、戒骄戒躁、再接再厉，切实发挥示范引领和表率作用，进一步激发广大技能从业者崇尚先进、学习先进、争当先进的热情。希望广大企业职工和院校师生向获奖选手学习，刻苦钻研技术，学以致用，知行合一，争做国家经济建设需要的高技能人才。希望各地、各部门深入贯彻落实习近平总书记对技能人才工作的重要指示和致首届全国技能大赛贺信精神，按照李强总理对做好技能人才工作的重要批示要求，大力弘扬劳模精神、劳动精神、工匠精神，努力造就一支规模宏大、结构合理、素质优良的技能劳动者队伍，为推动高质量发展、全面建设社会主义现代化国家贡献力量。

附件：1. 第二届全国技能大赛获奖选手名单

2. 第二届全国技能大赛参赛代表团最佳选手奖名单

3. 第二届全国技能大赛西部技能之星获奖选手名单

4. 第二届全国技能大赛突出贡献奖和优秀组织奖获奖单位名单

人力资源社会保障部

2023 年 10 月 26 日

附件1

第二届全国技能大赛获奖选手名单

一、国赛精选项目

（一）数控车

金　牌	广东代表团	李　任	广东省机械技师学院职工
银　牌	天津代表团	张　旭	航天材料及工艺研究所职工
铜　牌	湖南代表团	罗淑芬	湖南航空技师学院职工
优胜奖	北京代表团	徐昊杰	北京空间机电研究所职工
优胜奖	山西代表团	徐庆红	山西航天清华装备有限责任公司职工
优胜奖	福建代表团	陈　顺	福建省龙岩华侨职业中专学校职工
优胜奖	吉林代表团	刘东林	长春科技学院职工
优胜奖	四川代表团	魏　林	中国工程物理研究院材料研究所职工
优胜奖	江西代表团	张洋洋	上饶迪兴精密制造有限公司职工
优胜奖	安徽代表团	冯梓豪	安徽阜阳技师学院职工
优胜奖	上海代表团	董　望	上海市工业技术学校职工
优胜奖	山东代表团	王国兵	淄博市技师学院职工
优胜奖	江苏代表团	吴　越	徐州徐工液压件有限公司职工
优胜奖	辽宁代表团	张天宇	沈阳技师学院职工
优胜奖	黑龙江代表团	任占华	黑龙江技师学院职工
优胜奖	广西代表团	练　庆	上汽通用五菱汽车股份有限公司职工

（二）数控铣

金　牌	天津代表团	王文陶	天津机电职业技术学院职工
银　牌	广东代表团	叶骏祥	广东省机械技师学院职工
铜　牌	江西代表团	郑志伟	江西省有色冶金技工学校职工
优胜奖	四川代表团	苟仕龙	中国工程物理研究院机械制造工艺研究所职工
优胜奖	北京代表团	王春生	北京航天新立科技有限公司职工
优胜奖	浙江代表团	胡马涛	杭州萧山技师学院职工
优胜奖	湖南代表团	万建明	衡阳技师学院职工
优胜奖	河南代表团	刘　鹏	新乡职业技术学院职工
优胜奖	吉林代表团	何光鑫	吉林职业技师学院职工
优胜奖	辽宁代表团	卢太阳	丹东市技师学院职工

优胜奖	福建代表团	江浩森	福州第一技师学院职工
优胜奖	山东代表团	管长征	潍坊市工程技师学院职工
优胜奖	上海代表团	王　龙	上海航天控制技术研究所职工
优胜奖	黑龙江代表团	李岳锋	中国一重技师学院职工
优胜奖	安徽代表团	高　凯	安徽阜阳技师学院职工

（三）塑料模具工程

金　牌	广东代表团	邹润东	广东省机械技师学院学生
银　牌	海南代表团	林赞步	海南省技师学院学生
铜　牌	河南代表团	陈博文	开封技师学院学生
优胜奖	湖南代表团	刘　军	湖南航空技师学院学生
优胜奖	浙江代表团	贺逸航	宁波技师学院学生
优胜奖	山东代表团	于骐铭	山东工业技师学院学生
优胜奖	江苏代表团	葛梁宇	南通职业大学学生
优胜奖	天津代表团	刘　慧	天津轻工职业技术学院学生
优胜奖	安徽代表团	何家俊	安徽芜湖技师学院学生
优胜奖	福建代表团	孙瑞福	厦门技师学院学生
优胜奖	辽宁代表团	王景鑫	大连市技师学院学生
优胜奖	广西代表团	吴秉炎	桂林理工大学南宁分校学生

（四）电工

金　牌	河南代表团	李文航	开封技师学院职工
银　牌	江苏代表团	邵　伟	徐州重型机械有限公司职工
铜　牌	天津代表团	孙志远	天津市第五机床有限责任公司职工
优胜奖	重庆代表团	王　骁	重庆电力高等专科学校职工
优胜奖	湖南代表团	宋唯望	湖南航空技师学院职工
优胜奖	江西代表团	曾友朋	江西中烟工业有限责任公司赣州卷烟厂职工
优胜奖	广东代表团	黄宝顺	广东省岭南工商第一技师学院职工
优胜奖	河北代表团	常燕臣	唐山工业职业技术学院职工
优胜奖	辽宁代表团	孙恩财	中车大连机车车辆有限公司职工
优胜奖	内蒙古代表团	刘佳康	内蒙古冶金技师学院职工
优胜奖	四川代表团	杨尽义	中国人民解放军第五七一九工厂职工
优胜奖	湖北代表团	程志刚	武汉铁路技师学院职工

优胜奖	福建代表团	林国彬	龙岩烟草工业有限责任公司职工
优胜奖	山东代表团	江吉祥	青岛市技师学院职工
优胜奖	甘肃代表团	贾文鹏	甘肃机电职业技术学院职工
优胜奖	广西代表团	李星宏	广西机电技师学院职工

（五）装配钳工

金　牌	天津代表团	徐英斌	天津职业技术师范大学职工
银　牌	江苏代表团	马林春	江苏省常州技师学院职工
铜　牌	四川代表团	康　兵	中国工程物理研究院电子工程研究所职工
优胜奖	浙江代表团	王　杰	临海市技工学校职工
优胜奖	吉林代表团	涂　磊	吉林省工业技师学院职工
优胜奖	广东代表团	张水连	广东省技师学院职工
优胜奖	河南代表团	赵子健	郑州技师学院职工
优胜奖	河北代表团	孟　磊	冀南技师学院职工
优胜奖	山东代表团	于瑞健	淄博市技师学院职工
优胜奖	广西代表团	陈小刚	广西机电技师学院职工
优胜奖	内蒙古代表团	孙新宇	内蒙古第一机械集团有限公司职工
优胜奖	湖南代表团	袁　波	湘潭技师学院职工
优胜奖	贵州代表团	骆礼亮	贵州航天乌江机电设备有限责任公司职工
优胜奖	重庆代表团	江治毫	重庆市龙门浩职业中学职工
优胜奖	陕西代表团	马　聪	中国人民解放军第五七〇二工厂职工
优胜奖	北京代表团	赵　亨	北京空间机电研究所职工

（六）焊接

金　牌	四川代表团	王　浩	中国十九冶集团有限公司职工
银　牌	重庆代表团	陈国华	中国十九冶集团有限公司重庆分公司职工
铜　牌	山东代表团	高君飞	威海市文登技师学院职工
优胜奖	上海代表团	高雨轩	江南造船集团职业技术学校职工
优胜奖	浙江代表团	丁澄洋	绍兴技师学院职工
优胜奖	河北代表团	徐　磊	中国石油管道局工程有限公司职工
优胜奖	湖北代表团	朱　桐	中国一冶集团有限公司 / 武汉科技学院职工
优胜奖	江苏代表团	李　阳	连云港市技工学校职工
优胜奖	广东代表团	欧双朋	广州造船厂技工学校职工
优胜奖	天津代表团	尹　森	中石化第四建设有限公司职工

优胜奖	吉林代表团	王善更	中车长春轨道客车股份有限公司职工
优胜奖	广西代表团	徐家宝	上汽通用五菱汽车股份有限公司职工
优胜奖	安徽代表团	崔银川	安徽铜陵技师学院职工
优胜奖	内蒙古代表团	高 磊	中国二冶集团钢结构工程技术分公司职工
优胜奖	陕西代表团	范 磊	陕西建设技师学院职工
优胜奖	辽宁代表团	刘明浩	渤海造船厂集团有限公司职工

（七）电子技术

金 牌	天津代表团	胡建明	天津职业技术师范大学职工
银 牌	广东代表团	江 南	广东省技师学院职工
铜 牌	北京代表团	杨鹏伟	北京新风航天装备有限公司六分厂职工
优胜奖	江苏代表团	张进成	宿迁技师学院职工
优胜奖	广西代表团	吴思远	广西南宁技师学院职工
优胜奖	山东代表团	刘金锏	淄博市技师学院职工
优胜奖	重庆代表团	王 松	重庆铁路运输技师学院职工
优胜奖	浙江代表团	陶 伟	浙江省平湖技师学院职工
优胜奖	山西代表团	李朋浩	山西晋煤集团沁秀煤业有限公司岳城煤矿职工
优胜奖	四川代表团	赵 柯	中国人民解放军第五七一九工厂职工
优胜奖	河南代表团	黄军令	新乡职业技术学院职工
优胜奖	内蒙古代表团	左 浩	呼伦贝尔技师学院职工
优胜奖	贵州代表团	罗 娟	贵州电子信息职业技术学院职工
优胜奖	陕西代表团	冯 伟	陕西邮电职业技术学院职工
优胜奖	湖南代表团	邹红卫	长沙航天学校职工

（八）CAD 机械设计

金 牌	江苏代表团	张艳伟	徐州重型机械有限公司职工
银 牌	天津代表团	李松岳	天津市第五机床有限责任公司职工
铜 牌	广东代表团	王浩培	江门市技师学院职工
优胜奖	安徽代表团	林静辉	芜湖职业技术学院职工
优胜奖	重庆代表团	江若鑫	重庆市工业技师学院职工
优胜奖	湖南代表团	谢景文	娄底技师学院职工
优胜奖	河南代表团	吕浩浩	河南经济贸易技师学院职工
优胜奖	河北代表团	耿诗垚	邢台技师学院职工
优胜奖	吉林代表团	孙 豪	吉林职业技师学院职工

优胜奖	四川代表团	宋乾坤	中国工程物理研究院机械制造工艺研究所职工
优胜奖	山东代表团	韩成国	青岛市技师学院职工
优胜奖	广西代表团	赵树晨	广西机电技师学院职工
优胜奖	山西代表团	郭瑜涛	山西航天清华装备有限责任公司职工
优胜奖	陕西代表团	乔　旭	中国人民解放军第五七〇二工厂职工
优胜奖	湖北代表团	车福星	湖北三江航天江北机械工程有限公司职工

（九）汽车维修

金　牌	四川代表团	任　东	四川交通职业技术学院职工
银　牌	浙江代表团	曾志鹏	浙江交通技师学院职工
铜　牌	上海代表团	林创创	上海交通职业技术学院职工
优胜奖	云南代表团	张　宇	云南交通运输职业学院职工
优胜奖	广东代表团	刘元柱	广东省城市技师学院职工
优胜奖	江苏代表团	陈志强	江苏汽车技师学院职工
优胜奖	重庆代表团	李盛源	重庆五一技师学院职工
优胜奖	天津代表团	李春鹏	天津职业技术师范大学职工
优胜奖	山东代表团	曹志伟	山东工程技师学院职工
优胜奖	福建代表团	黄浩秋	福建省龙岩华侨职业中专学校职工
优胜奖	湖南代表团	郑子文	长沙航天学校职工
优胜奖	辽宁代表团	毛金贵	辽宁装备制造职业技术学院职工
优胜奖	吉林代表团	乔　伟	吉林交通职业技术学院职工
优胜奖	黑龙江代表团	吴华鹏	黑龙江技师学院职工
优胜奖	广西代表团	覃　强	广西交通技师学院职工
优胜奖	江西代表团	朱华生	江西省交通高级技工学校职工

（十）新能源汽车智能化技术

金　牌	天津代表团	李　昊	天津市职业大学职工
金　牌	天津代表团	李　欢	天津中德应用技术大学职工
银　牌	江西代表团	邱志卓	江西应用技术职业学院职工
银　牌	江西代表团	杨　阳	江西应用技术职业学院职工
铜　牌	广东代表团	陆海明	广州市机电技师学院职工
铜　牌	广东代表团	陈健伟	广州市机电技师学院职工
优胜奖	重庆代表团	郭　强	重庆长安汽车股份有限公司职工
优胜奖	重庆代表团	郑　静	重庆长安汽车股份有限公司职工

优胜奖	江苏代表团	刘爱志	江苏省交通技师学院职工
优胜奖	江苏代表团	黄成磊	江苏省交通技师学院职工
优胜奖	安徽代表团	王仕雄	宣城职业技术学院职工
优胜奖	安徽代表团	许王勇	安徽广德技师学院职工
优胜奖	辽宁代表团	张初旭	辽宁装备制造职业技术学院职工
优胜奖	辽宁代表团	宫岩峰	辽宁装备制造职业技术学院职工
优胜奖	河南代表团	刘红亮	新乡职业技术学院职工
优胜奖	河南代表团	崔　华	新乡职业技术学院职工
优胜奖	福建代表团	陈家城	福州职业技术学院职工
优胜奖	福建代表团	邱晨曦	福州职业技术学院职工
优胜奖	河北代表团	刘　旭	唐山工业职业技术学院职工
优胜奖	河北代表团	刘浩丰	唐山工业职业技术学院职工
优胜奖	山东代表团	刘建洲	青岛市技师学院职工
优胜奖	山东代表团	张富坤	青岛市技师学院职工
优胜奖	浙江代表团	杨　野	浙江交通技师学院职工
优胜奖	浙江代表团	陈林宁	浙江交通技师学院职工
优胜奖	海南代表团	唐晶晶	海南省技师学院职工
优胜奖	海南代表团	李国文	海南省技师学院职工
优胜奖	吉林代表团	王椿龙	中国第一汽车集团有限公司研发总院职工
优胜奖	吉林代表团	张芝川	中国第一汽车集团有限公司研发总院职工
优胜奖	新疆代表团	董乘志	新疆交通技师培训学院职工
优胜奖	新疆代表团	寇星源	新疆交通技师培训学院职工

（十一）木工

金　牌	广东代表团	关高文	广州市轻工技师学院职工
银　牌	天津代表团	史江涛	天津市劳动保障技师学院职工
铜　牌	江苏代表团	张国旗	南通亚振东方家具有限公司职工
优胜奖	贵州代表团	常潇阳	贵州交通技师学院职工
优胜奖	河南代表团	王　银	郑州工业技师学院职工
优胜奖	江西代表团	刘　鑫	赣州市南康区雅洁家具有限公司职工
优胜奖	山东代表团	吕　皓	鲁南技师学院职工
优胜奖	浙江代表团	任齐明	三门技师学院职工
优胜奖	陕西代表团	张　波	西安建筑工程技师学院职工

优胜奖	内蒙古代表团	丛培源	灵活就业人员
优胜奖	上海代表团	蒋志发	上海科创职业技术学院职工
优胜奖	河北代表团	付宗烨	邢台技师学院职工
优胜奖	湖北代表团	黄　飞	诗尼曼家居湖北有限公司职工

（十二）砌筑

金　牌	湖南代表团	罗　杰	中国建筑第五工程局有限公司职工
银　牌	江苏代表团	杨新钰	无锡交通技师学院职工
铜　牌	广西代表团	梁锦涛	广西建筑材料工业技工学校职工
优胜奖	浙江代表团	许　琰	浙江省一建建设集团有限公司职工
优胜奖	山东代表团	宋锡健	烟台城乡建设学校职工
优胜奖	安徽代表团	杨世龙	安徽建工技师学院职工
优胜奖	四川代表团	周　宇	四川交通技师学院职工
优胜奖	山西代表团	申红瑞	山西四建集团有限公司职工
优胜奖	河南代表团	路世宽	郑州商业技师学院职工
优胜奖	重庆代表团	王　鑫	重庆建筑技师学院职工
优胜奖	河北代表团	刘　宁	涿州市技师学院职工
优胜奖	广东代表团	覃谋富	广州市城市建设职业学校职工
优胜奖	江西代表团	管智强	江西建设职业技术学院职工
优胜奖	云南代表团	蒋　伟	文山州高级技工学校职工

（十三）室内装饰设计

金　牌	重庆代表团	王崇杨	重庆建筑技师学院职工
银　牌	贵州代表团	詹长顺	贵州交通技师学院职工
铜　牌	浙江代表团	李杭铖	东阳市技工学校职工
优胜奖	广东代表团	王佳杰	中建深圳装饰有限公司职工
优胜奖	广西代表团	吴志华	广西理工职业技术学院职工
优胜奖	山东代表团	张雪枫	烟台城乡建设学校职工
优胜奖	湖北代表团	徐松松	湖北城市建设职业技术学院职工
优胜奖	吉林代表团	寇文博	吉林职业技术学院职工
优胜奖	江西代表团	宋振文	江西省建筑工程高级技工学校职工
优胜奖	天津代表团	毕志亮	天津九八到家电器维修服务有限公司职工
优胜奖	云南代表团	王正标	文山州高级技工学校职工
优胜奖	湖南代表团	高　菲	中国建筑第五工程局有限公司职工

优胜奖	山西代表团	薛　锋	山西四建集团有限公司职工
优胜奖	河南代表团	岳　钊	郑州商业技师学院职工

（十四）网络系统管理

金　牌	广东代表团	朱东方	广州市工贸技师学院职工
银　牌	天津代表团	王喜妹	天津电子信息职业技术学院职工
铜　牌	海南代表团	符　宇	海南省技师学院职工
优胜奖	广西代表团	雷承鑫	广西二轻工业管理学校职工
优胜奖	宁夏代表团	胡志俭	中国移动通信集团宁夏有限公司职工
优胜奖	福建代表团	蔡加柳	厦门技师学院职工
优胜奖	山东代表团	周　鹏	鲁北技师学院职工
优胜奖	安徽代表团	谢李沿	安徽阜阳技师学院职工
优胜奖	河南代表团	闫海鹏	河南技师学院职工
优胜奖	新疆生产建设兵团代表团	袁金堂	新疆生产建设兵团兴新职业技术学院职工
优胜奖	江苏代表团	唐国光	江苏省盐城技师学院职工
优胜奖	重庆代表团	李　聪	重庆工程职业技术学院职工
优胜奖	四川代表团	向　阳	四川信息职业技术学院职工
优胜奖	湖北代表团	陈　启	湖北生物科技职业学院职工
优胜奖	辽宁代表团	吴　赫	国网辽宁省电力有限公司信息通信分公司职工
优胜奖	上海代表团	何学杨	上海行健职业学院职工

（十五）信息网络布线

金　牌	天津代表团	信连通	天津市电子信息技师学院职工
银　牌	新疆代表团	张瑞乾	和田县技工学校职工
铜　牌	江西代表团	刘华森	江西省电子信息技师学院职工
优胜奖	山东代表团	高子见	山东工业技师学院职工
优胜奖	吉林代表团	韦东全	吉林省理工技师学院职工
优胜奖	江苏代表团	陶开兵	中国电信股份有限公司无锡分公司职工
优胜奖	云南代表团	李汶忠	云南技师学院（云南工贸职业技术学院）职工
优胜奖	上海代表团	陈刘兴	上海朗坤信息系统有限公司职工
优胜奖	广东代表团	蔡世平	广东省轻工业技师学院职工
优胜奖	湖南代表团	盛镇归	衡阳技师学院职工
优胜奖	福建代表团	洪嘉俊	厦门四方德信科技有限公司职工

优胜奖	北京代表团	汤金明	北京毛圈儿商贸中心职工
优胜奖	内蒙古代表团	陈　宏	兴安职业技术学院职工
优胜奖	安徽代表团	杜方定	安徽金寨技师学院职工
优胜奖	广西代表团	罗仪新	广西商贸高级技工学校职工
优胜奖	河南代表团	段煜晖	河南经济贸易技师学院职工

（十六）珠宝加工

金　牌	广东代表团	黄苑斌	深圳技师学院职工
银　牌	天津代表团	张庆龙	天津市宝华璎珞珠宝设计有限公司职工
铜　牌	江苏代表团	陆杨佳	南京技师学院职工
优胜奖	上海代表团	杨逸飞	上海老凤祥有限公司职工
优胜奖	湖北代表团	郭健彤	中国地质大学（武汉）职工
优胜奖	甘肃代表团	曹　鑫	兰州资源环境职业技术大学职工
优胜奖	福建代表团	陈宪林	福建省永安职业中专学校职工
优胜奖	安徽代表团	李　麟	合肥市包河区爱仪珠宝店职工
优胜奖	云南代表团	文　铁	云南走夷方文化传播有限公司职工
优胜奖	山西代表团	闫晋花	山西宏艺首饰股份有限公司职工
优胜奖	北京代表团	杨　鹏	北京市工艺美术高级技工学校职工
优胜奖	四川代表团	杜运飞	四川文化产业职业学院职工
优胜奖	广西代表团	林鼎辉	广西宝狮珑珠宝设计有限公司职工

（十七）时装技术

金　牌	湖北代表团	李儒锋	武汉凯骏服装集团有限责任公司职工
银　牌	浙江代表团	全小兰	平湖市职业中等专业学校职工
铜　牌	河南代表团	王孟丹	河南技师学院职工
优胜奖	广西代表团	覃息球	柳州市第二职业技术学校职工
优胜奖	湖南代表团	黄苏子	湖南艺术职业学院职工
优胜奖	山东代表团	孙萌宇	烟台经济学校职工
优胜奖	四川代表团	朱兆惠	泸州市职业技术学校职工
优胜奖	海南代表团	刘美妗	儋州市中等职业技术学校职工
优胜奖	广东代表团	余嘉雯	广州市白云工商技师学院职工
优胜奖	天津代表团	闫　硕	天津尚装教育科技有限公司职工
优胜奖	新疆代表团	姜　楠	新疆众拾柴火文化传媒有限公司职工
优胜奖	福建代表团	刘艳艳	厦门南洋职业学院职工

优胜奖	山西代表团	任　波	晋城职业技术学院职工
优胜奖	江苏代表团	卞　燕	江苏省盐城技师学院职工
优胜奖	重庆代表团	朱建锋	重庆市工贸高级技工学校职工

（十八）餐厅服务

金　牌	天津代表团	任诗童	天津市职业大学职工
银　牌	湖南代表团	郑德成	湖南省商业技师学院职工
铜　牌	新疆代表团	苏比力努尔·帕尔海提	喀什技师学院职工
优胜奖	重庆代表团	曾　鑫	重庆建筑科技职业学院职工
优胜奖	四川代表团	杜　欣	成都市科华明宇豪雅饭店职工
优胜奖	山西代表团	徐俊霞	太原并州饭店有限责任公司职工
优胜奖	山东代表团	郭贵荣	青岛酒店管理职业技术学院职工
优胜奖	福建代表团	吴艺梅	漳州职业技术学院职工
优胜奖	吉林代表团	钱美玲	长春开元名都大酒店有限公司职工
优胜奖	浙江代表团	曹　睿	杭州第一技师学院职工
优胜奖	江西代表团	邹雪梅	江西省电子商务高级技工学校职工
优胜奖	江苏代表团	胡莉莉	江苏省徐州技师学院职工
优胜奖	湖北代表团	鞠小琦	武汉职业技术学院职工
优胜奖	河南代表团	徐东来	郑州财经技师学院职工
优胜奖	海南代表团	周　婷	海南省技师学院职工

（十九）烹饪（中餐）

金　牌	湖北代表团	李夏薇	湖北经济学院职工
银　牌	天津代表团	周文达	天津市职业大学职工
铜　牌	四川代表团	冉　伟	四川旅游学院职工
优胜奖	山东代表团	周建龙	淄博市技师学院职工
优胜奖	湖南代表团	肖　冰	湖南省商业技师学院职工
优胜奖	江苏代表团	王　玉	宿迁技师学院职工
优胜奖	重庆代表团	李海权	重庆市开州区长江烹饪职业培训学校职工
优胜奖	海南代表团	纪宽宏	海南职业技术学院职工
优胜奖	广西代表团	梁宇锋	广西商业技师学院职工
优胜奖	北京代表团	周艳宾	北京鸿宾楼餐饮有限责任公司职工
优胜奖	浙江代表团	李小明	杭州第一技师学院职工

优胜奖	上海代表团	徐佳杰	上海新锦江大酒店职工
优胜奖	福建代表团	刘锦冬	厦门市集美职业技术学校职工
优胜奖	山西代表团	段　玮	山西大酒店有限公司职工
优胜奖	新疆代表团	王　鸿	新疆迎宾馆职工
优胜奖	河南代表团	赛　森	开封技师学院职工

（二十）烘焙

金　牌	江西代表团	徐伟男	鹰潭麦生长文化创意有限公司职工
银　牌	上海代表团	张政海	丰益（上海）生物技术研发中心有限公司/江南大学职工
铜　牌	江苏代表团	龚　鑫	苏州市吴中技师学院职工
优胜奖	河南代表团	罗珂涵	郑州商业技师学院职工
优胜奖	广东代表团	王话帆	东莞市技师学院职工
优胜奖	福建代表团	倪　达	福州第一技师学院职工
优胜奖	黑龙江代表团	张呈彪	哈尔滨孙进高级技工学校职工
优胜奖	海南代表团	童振娟	海南省三亚技师学院职工
优胜奖	贵州代表团	杨鸾飞	贵州省贵阳市云岩区小杨面包店职工
优胜奖	山东代表团	孙子桓	山东省城市服务技师学院职工
优胜奖	重庆代表团	李　哲	重庆商务职业学院职工
优胜奖	浙江代表团	黄明晓	浙江商业技师学院职工
优胜奖	辽宁代表团	吴　琪	丹东市技师学院职工
优胜奖	四川代表团	张甜甜	成都欧米奇西点职业技能培训学校职工
优胜奖	湖南代表团	何秀满	湖南省商业技师学院职工
优胜奖	天津代表团	高　阳	天津市河西区土垚烘焙食品坊职工

（二十一）茶艺

金　牌	湖南代表团	杨　清	湖南湘水堂文化传播有限公司职工
银　牌	辽宁代表团	谭临溪	灵活就业人员
铜　牌	贵州代表团	冉　琼	贵州凤冈县融媒体中心职工
优胜奖	上海代表团	金丽萍	上海挽韃实业发展有限公司职工
优胜奖	广西代表团	覃　友	广西茗心茶文化传播有限公司职工
优胜奖	吉林代表团	周　靖	吉林省工业技师学院职工
优胜奖	安徽代表团	方丽彦	黄山市德茗舍茶艺职业培训学校职工
优胜奖	天津代表团	李姝梦	天津津门茶文化中心职工

优胜奖	四川代表团	陈　铭	达州职业技术学院职工
优胜奖	江西代表团	王　倩	灵活就业人员
优胜奖	广东代表团	罗丽芳	深圳市悦溪谷茶文化传播有限公司职工
优胜奖	海南代表团	谭　雁	海南省华侨商业学校职工
优胜奖	山东代表团	周艳华	青岛职业技术学院职工
优胜奖	内蒙古代表团	辛　欣	鄂尔多斯理工学校职工
优胜奖	江苏代表团	刘月蓉	南京澄园文化科技有限公司职工
优胜奖	福建代表团	吴健民	灵活就业人员

（二十二）社会体育指导（健身）

金　牌	北京代表团	朱建安	北京华体领越体育科技发展有限公司职工
银　牌	江苏代表团	徐　寅	江苏省交通技师学院职工
铜　牌	重庆代表团	王　鹏	重庆零尚体育项目推广有限公司职工
优胜奖	四川代表团	孙全振	成都职业技术学院职工
优胜奖	河南代表团	崔楠楠	郑州商业技师学院职工
优胜奖	山东代表团	徐伟波	中国铁路济南局集团有限公司青岛工务段职工
优胜奖	湖北代表团	胡　旗	湖北体育职业学院职工
优胜奖	上海代表团	陈浩然	上海三绝健康管理咨询有限公司职工
优胜奖	浙江代表团	黄凤翔	省级健身教练培训基地职工
优胜奖	吉林代表团	孙喆鑫	灵活就业人员
优胜奖	内蒙古代表团	特木尔	鄂尔多斯乐动健身俱乐部职工
优胜奖	天津代表团	陈　梅	天津铁道职业技术学院职工
优胜奖	广东代表团	李　洋	广州体育职业技术学院职工
优胜奖	湖南代表团	李　实	长沙青橙体育俱乐部有限公司职工
优胜奖	辽宁代表团	韩　晟	灵活就业人员

（二十三）起重设备应用技术

金　牌	天津代表团	尹　明	天津盛港集装箱技术开发服务有限公司职工
银　牌	山东代表团	王　鹏	青岛新前湾集装箱码头有限责任公司职工
铜　牌	浙江代表团	吴　飞	宁波北仑第三集装箱码头有限公司职工
优胜奖	辽宁代表团	温善元	辽港集团大连集装箱码头有限公司职工
优胜奖	河北代表团	王晓伟	河北港口唐港集团津唐国际集装箱公司职工
优胜奖	重庆代表团	郭伶杰	重庆果园集装箱码头有限公司职工
优胜奖	江苏代表团	张　红	徐州重型机械有限公司职工

优胜奖	福建代表团	吴文峰	厦门海润集装箱码头有限公司职工
优胜奖	山西代表团	陈康妍	太原重工股份有限公司冶金设备分公司职工
优胜奖	湖北代表团	董　运	宜昌港务集团有限责任公司宜昌上港公司职工
优胜奖	四川代表团	苏　杰	东方电气集团东方电机有限公司职工
优胜奖	河南代表团	李　伟	郑州铁路技师学院职工
优胜奖	安徽代表团	何正骅	芜湖港务有限责任公司职工

（二十四）石油钻井技术

金　牌	天津代表团	安　阳	渤海钻探第一钻井公司职工
金　牌	天津代表团	韩　波	渤海钻探第一钻井公司职工
银　牌	河北代表团	张建龙	渤海钻探第二钻井分公司职工
银　牌	河北代表团	黄　震	渤海钻探第四钻井工程分公司职工
铜　牌	湖南代表团	王振虎	中石化西南石油工程有限公司湖南钻井分公司职工
铜　牌	湖南代表团	马前进	中石化西南石油工程有限公司湖南钻井分公司职工
优胜奖	黑龙江代表团	杨季冰	大庆油田有限责任公司职工
优胜奖	黑龙江代表团	李瑞峰	大庆油田有限责任公司职工
优胜奖	新疆代表团	陈　旭	西部钻探准东钻井公司职工
优胜奖	新疆代表团	石　强	西部钻探克拉玛依钻井公司职工
优胜奖	山东代表团	王新佳	中石化胜利石油工程有限公司黄河钻井总公司职工
优胜奖	山东代表团	刘承业	中石化胜利石油工程有限公司黄河钻井总公司职工
优胜奖	吉林代表团	冯孝纯	大庆钻探工程公司钻井四公司职工
优胜奖	吉林代表团	侯天宇	大庆钻探工程公司钻井四公司职工
优胜奖	湖北代表团	焦世彦	中石化江汉石油工程有限公司职工
优胜奖	湖北代表团	张东辉	中石化江汉石油工程有限公司职工
优胜奖	江苏代表团	王冬冬	中石化华东石油工程有限公司江苏钻井公司职工
优胜奖	江苏代表团	高　健	中石化华东石油工程有限公司江苏钻井公司职工
优胜奖	广东代表团	王市委	中海油田服务股份有限公司职工
优胜奖	广东代表团	耿　强	中海油田服务股份有限公司职工
优胜奖	上海代表团	文招军	中海油田服务股份有限公司职工

优胜奖	上海代表团	单亮良	中海油田服务股份有限公司职工
优胜奖	海南代表团	周圆圆	中海油田服务海南有限责任公司职工
优胜奖	海南代表团	王小帅	中海油田服务海南有限责任公司职工

（二十五）电力系统运营与维护

金　牌	天津代表团	武旭光	国网天津市电力公司电缆分公司职工
金　牌	天津代表团	于连坤	国网天津市电力公司电缆分公司职工
银　牌	山东代表团	程　杨	国网山东省电力公司邹城市供电公司职工
银　牌	山东代表团	谭邵卿	国网山东省电力公司青岛供电公司职工
铜　牌	广东代表团	慕容啟华	广东电网有限责任公司广州供电局职工
铜　牌	广东代表团	韩卓展	广东电网有限责任公司广州供电局职工
优胜奖	上海代表团	王东源	国网上海市电力公司电缆分公司职工
优胜奖	上海代表团	马凯波	国网上海市电力公司电缆分公司职工
优胜奖	重庆代表团	叶　练	国网重庆市电力公司市区供电分公司职工
优胜奖	重庆代表团	乔运松	国网重庆市电力公司超高压分公司职工
优胜奖	北京代表团	冀　然	国网北京市电力公司电缆分公司职工
优胜奖	北京代表团	熊　俊	国网北京市电力公司电缆分公司职工
优胜奖	江西代表团	罗　旭	江西电力职业技术学院职工
优胜奖	江西代表团	李泰伟	国网江西省电力有限公司南昌供电分公司职工
优胜奖	广西代表团	邓永标	广西电网有限责任公司柳州供电局职工
优胜奖	广西代表团	周家成	广西电网有限责任公司钦州供电局职工
优胜奖	福建代表团	朱臻伟	福建榕能电业集团有限公司职工
优胜奖	福建代表团	孙志鸿	国网福建省电力有限公司厦门供电公司职工
优胜奖	江苏代表团	童　斌	国网江苏省电力有限公司南京供电分公司职工
优胜奖	江苏代表团	郭　通	国网江苏省电力有限公司泰州供电分公司职工
优胜奖	四川代表团	张昊霖	国网四川省电力公司成都供电公司职工
优胜奖	四川代表团	杨丰任	国网四川省电力公司成都供电公司职工
优胜奖	湖南代表团	贺子琦	国网湖南省电力有限公司长沙供电分公司职工
优胜奖	湖南代表团	张　誉	国网湖南省电力有限公司长沙供电分公司职工
优胜奖	浙江代表团	周旭东	国网浙江省电力有限公司宁波供电公司职工
优胜奖	浙江代表团	王劭均	国网浙江省电力有限公司宁波供电公司职工
优胜奖	湖北代表团	李彦彰	国网湖北电力有限公司武汉供电公司职工
优胜奖	湖北代表团	严一涛	国网湖北电力有限公司武汉供电公司职工

（二十六）计算机软件测试

金　牌	广东代表团	叶重涵	广州市工贸技师学院职工
银　牌	天津代表团	陈　静	天津电子信息职业技术学院职工
铜　牌	江苏代表团	胥　鹏	常州晟屹网络科技有限公司职工
优胜奖	山东代表团	祝锦泰	淄博市技师学院职工
优胜奖	湖南代表团	陈湘龙	湖南科技职业学院职工
优胜奖	浙江代表团	余　彬	浙江省机电技师学院职工
优胜奖	广西代表团	梁维梅	广西机电技师学院职工
优胜奖	河南代表团	关　昕	河南交通技师学院职工
优胜奖	云南代表团	郝仁健	云南技师学院（云南工贸职业技术学院）职工
优胜奖	上海代表团	郑雪辉	上海行健职业学院职工
优胜奖	江西代表团	单文增	江西现代职业技术学院职工
优胜奖	陕西代表团	魏苗苗	陕西省商贸技工学校职工
优胜奖	重庆代表团	张　盼	重庆市工业学校职工

（二十七）机器人焊接技术

金　牌	天津代表团	赵海龙	中建钢构天津有限公司职工
银　牌	山东代表团	梁凯强	青岛市技师学院职工
铜　牌	广西代表团	赵春禧	广西工业技师学院职工
优胜奖	广东代表团	黄东柏	广东省国防科技技师学院职工
优胜奖	吉林代表团	李　明	中车长春轨道客车股份有限公司职工
优胜奖	山西代表团	刘清伟	长治技师学院职工
优胜奖	内蒙古代表团	李佩员	内蒙古航天红岗机械有限公司职工
优胜奖	江苏代表团	钟伟才	宿迁技师学院职工
优胜奖	北京代表团	郑一俊	北京卫星制造厂有限公司职工
优胜奖	湖北代表团	袁　飚	东风汽车集团有限公司职工
优胜奖	海南代表团	吴　鹧	海南省技师学院职工
优胜奖	云南代表团	单显胜	震安科技股份有限公司职工
优胜奖	上海代表团	王　潇	江南造船集团职业技术学校职工
优胜奖	浙江代表团	陈其涛	慈溪市上林人才服务有限公司（慈溪技师学院）职工

（二十八）智能制造工程技术

金　牌	山东代表团	高　鹏	淄博市技师学院职工

金　牌	山东代表团	昃向淋	淄博市技师学院职工
银　牌	浙江代表团	朱　坚	杭州第一技师学院职工
银　牌	浙江代表团	茅银樑	杭州第一技师学院职工
铜　牌	上海代表团	田　涛	上汽大众汽车有限公司职工
铜　牌	上海代表团	郭吉明	上汽大众汽车有限公司职工
优胜奖	湖南代表团	赵世俊	长沙航空职业技术学院职工
优胜奖	湖南代表团	刘　稳	长沙航空职业技术学院职工
优胜奖	天津代表团	董　舰	天津科技大学职工
优胜奖	天津代表团	荣建翾	天津职业技术师范大学职工
优胜奖	江苏代表团	汤　配	江苏省常州技师学院职工
优胜奖	江苏代表团	姜利彬	江苏省常州技师学院职工
优胜奖	山西代表团	崔俊杰	山西机电职业技术学院职工
优胜奖	山西代表团	马　臻	山西机电职业技术学院职工
优胜奖	广西代表团	艾　妮	南宁职业技术学院职工
优胜奖	广西代表团	郝涌岐	南宁职业技术学院职工
优胜奖	北京代表团	李艳茹	北京卫星制造厂有限公司职工
优胜奖	北京代表团	苏安鹏	北京卫星制造厂有限公司职工
优胜奖	江西代表团	贺宇成	江西省冶金技师学院职工
优胜奖	江西代表团	田国甲	江西省冶金技师学院职工
优胜奖	辽宁代表团	赵莹莹	辽宁技师学院职工
优胜奖	辽宁代表团	吕洪力	辽宁技师学院职工
优胜奖	重庆代表团	冯　伟	重庆科技学院职工
优胜奖	重庆代表团	孟明辉	重庆科技学院职工
优胜奖	陕西代表团	牛增慧	西安电力机械制造公司机电学院职工
优胜奖	陕西代表团	魏啸桐	西安电力机械制造公司机电学院职工

（二十九）集成电路工程技术

金　牌	天津代表团	宫纯青	天津现代职业技术学院职工
金　牌	天津代表团	胡　凯	天津理工大学职工
银　牌	浙江代表团	项万明	杭州技师学院职工
银　牌	浙江代表团	沈金隆	杭州技师学院职工
铜　牌	广东代表团	王晓婷	深圳职业技术大学职工
铜　牌	广东代表团	曾启明	深圳职业技术大学职工

优胜奖	河南代表团	胡凯利	许昌电气职业学院职工
优胜奖	河南代表团	王帅军	许昌电气职业学院职工
优胜奖	北京代表团	李静怡	北京燕东微电子科技有限公司职工
优胜奖	北京代表团	陈萧静	北京锐达芯集成电路设计有限责任公司职工
优胜奖	湖南代表团	谭传武	湖南铁道职业技术学院职工
优胜奖	湖南代表团	龚江涛	湖南铁道职业技术学院职工
优胜奖	江苏代表团	刘锡锋	江苏信息职业技术学院职工
优胜奖	江苏代表团	吴孔培	无锡职业技术学院职工
优胜奖	重庆代表团	陈凯让	重庆电子工程职业学院职工
优胜奖	重庆代表团	李志贵	重庆电子工程职业学院职工
优胜奖	福建代表团	邱文挺	厦门技师学院职工
优胜奖	福建代表团	张　英	厦门技师学院职工
优胜奖	江西代表团	范艺超	江西省机电技师学院职工
优胜奖	江西代表团	熊京京	江西省机电技师学院职工
优胜奖	贵州代表团	黄龙亮	贵州装备制造职业学院职工
优胜奖	贵州代表团	钟龙怀	贵州装备制造职业学院职工
优胜奖	湖北代表团	魏　来	武汉城市职业学院职工
优胜奖	湖北代表团	张胜兰	武汉城市职业学院职工
优胜奖	广西代表团	黄建盈	广西电子高级技工学校职工
优胜奖	广西代表团	钱兆翰	广西电子高级技工学校职工

（三十）人工智能工程技术

金　牌	天津代表团	耿韶光	天津电子信息职业技术学院职工
银　牌	浙江代表团	任秋宇	杭州幻方人工智能基础研究有限公司职工
铜　牌	广东代表团	刘　磊	广东开放大学（广东理工职业学院）职工
优胜奖	四川代表团	胡将军	四川航天职业技术学院职工
优胜奖	福建代表团	蔡振华	漳州职业技术学院职工
优胜奖	江苏代表团	姚　银	江苏省常州技师学院职工
优胜奖	浙江代表团	陈天昊	杭州萧山技师学院职工
优胜奖	辽宁代表团	贾　睿	辽宁省交通高等专科学校职工
优胜奖	福建代表团	陈小娥	福建船政交通职业学院职工
优胜奖	天津代表团	孟江曼	天津电子信息职业技术学院职工
优胜奖	广西代表团	谢　锋	南宁职业技术学院职工

优胜奖	广西代表团	付志鸿	南宁职业技术学院职工
优胜奖	黑龙江代表团	张业男	黑龙江农业经济职业学院职工
优胜奖	北京代表团	邢亚英	北京经济管理职业学院职工
优胜奖	陕西代表团	卫星君	陕西能源职业技术学院职工
优胜奖	贵州代表团	赵大磊	贵州工业职业技术学院职工
优胜奖	辽宁代表团	张　弢	辽宁现代服务职业技术学院职工
优胜奖	上海代表团	付　豪	特斯拉（上海）有限公司职工
优胜奖	湖南代表团	杜义康	中国铁建重工集团股份有限公司职工
优胜奖	湖北代表团	吴梦婷	武汉软件工程职业学院职工
优胜奖	山西代表团	徐宏斌	山西职业技术学院职工
优胜奖	北京代表团	闫　硕	北京经济管理职业学院职工
优胜奖	广东代表团	孙　菁	中山职业技术学院职工
优胜奖	吉林代表团	李春梅	长春职业技术学院职工
优胜奖	湖南代表团	蒋　亮	湖南信息职业技术学院职工
优胜奖	海南代表团	赵　俊	海南省农业学校职工
优胜奖	山东代表团	陈伟杰	山东电力高等专科学校职工

（三十一）工业互联网工程技术

金　牌	天津代表团	陈　展	天津市电子信息技师学院职工
金　牌	天津代表团	许康为	天津市电子信息技师学院职工
银　牌	海南代表团	胡新慧	海南省技师学院职工
银　牌	海南代表团	汪　丽	海南省技师学院职工
铜　牌	江苏代表团	赵文军	南京技师学院职工
铜　牌	江苏代表团	倪骏程	南京技师学院职工
优胜奖	广东代表团	陈志涛	顺德职业技术学院职工
优胜奖	广东代表团	刁建忠	顺德职业技术学院职工
优胜奖	湖南代表团	唐　蓉	湘潭技师学院职工
优胜奖	湖南代表团	杨翔宇	湘潭技师学院职工
优胜奖	山东代表团	孙晓东	淄博市技师学院职工
优胜奖	山东代表团	刘　冰	淄博市技师学院职工
优胜奖	重庆代表团	万　杰	重庆工程职业技术学院职工
优胜奖	重庆代表团	肖富刚	重庆工程职业技术学院职工
优胜奖	广西代表团	陈榆文	广西玉林技师学院职工

优胜奖	广西代表团	黄世德	广西玉林技师学院职工
优胜奖	四川代表团	王　岗	宜宾技师学院（四川省宜宾市职业技术学校）职工
优胜奖	四川代表团	邵治传	宜宾技师学院（四川省宜宾市职业技术学校）职工
优胜奖	浙江代表团	赵　鹤	宁波技师学院职工
优胜奖	浙江代表团	范胜文	宁波技师学院职工
优胜奖	吉林代表团	姚雪松	吉林省工业技师学院职工
优胜奖	吉林代表团	徐　健	吉林省工业技师学院职工
优胜奖	北京代表团	魏仁胜	北京经济管理职业学院职工
优胜奖	北京代表团	曹玉龙	北京市航天智造科技发展有限公司职工
优胜奖	上海代表团	邱岳文	上海中域工业互联网研究院职工
优胜奖	上海代表团	雷　蔺	上海中域工业互联网研究院职工
优胜奖	福建代表团	何建华	福建信息职业技术学院职工
优胜奖	福建代表团	葛炎风	福建信息职业技术学院职工
优胜奖	安徽代表团	高　辉	安徽阜阳技师学院职工
优胜奖	安徽代表团	于慧君	安徽阜阳技师学院职工

（三十二）虚拟现实工程技术

金　牌	湖北代表团	李　然	长江职业学院职工
金　牌	湖北代表团	祁江源	长江职业学院职工
银　牌	上海代表团	石　健	上海交通职业技术学院职工
银　牌	上海代表团	杨　欢	上海交通职业技术学院职工
铜　牌	辽宁代表团	翁　楠	易讯科技股份有限公司职工
铜　牌	辽宁代表团	张　磊	易讯科技股份有限公司职工
优胜奖	重庆代表团	陈　冲	重庆工业职业技术学院职工
优胜奖	重庆代表团	李传帅	重庆工业职业技术学院职工
优胜奖	云南代表团	唐弘胤	云南国防工业职业技术学院职工
优胜奖	云南代表团	邓雪龙	昆明云外智航数字科技有限公司职工
优胜奖	江苏代表团	张　磊	镇江高等职业技术学校职工
优胜奖	江苏代表团	王　颖	镇江高等职业技术学校职工
优胜奖	广东代表团	陈友滨	广东工贸职业技术学院职工
优胜奖	广东代表团	蔡小娜	广东工贸职业技术学院职工

优胜奖	江西代表团	胡　清	江西洪工高科有限公司职工
优胜奖	江西代表团	周立经	江西洪工高科有限公司职工
优胜奖	天津代表团	纪美仑	天津中德应用技术大学职工
优胜奖	天津代表团	宋　洁	天津中德应用技术大学职工
优胜奖	河南代表团	王　龙	河南化工技师学院职工
优胜奖	河南代表团	姚宇英	河南化工技师学院职工
优胜奖	北京代表团	从宝川	北京风驰人力资源服务有限公司职工
优胜奖	北京代表团	刘　伟	首钢技师学院职工
优胜奖	福建代表团	游　宁	福州职业技术学院职工
优胜奖	福建代表团	张　丹	福州职业技术学院职工
优胜奖	安徽代表团	李超峰	安徽阜阳技师学院职工
优胜奖	安徽代表团	闫庆国	安徽阜阳技师学院职工
优胜奖	陕西代表团	李　樊	咸阳职业技术学院职工
优胜奖	陕西代表团	骆　阳	航天科工系统仿真科技（北京）有限公司职工

（三十三）互联网营销

金　牌	天津代表团	刘　琛	天津电子信息职业技术学院职工
银　牌	浙江代表团	毛佳斌	宁波第二技师学院职工
铜　牌	湖北代表团	赵　苗	武汉软件工程职业学院职工
优胜奖	海南代表团	吴　鹏	海南省三亚技师学院职工
优胜奖	江西代表团	胡曼妮	江西工业职业技术学院职工
优胜奖	江苏代表团	单　宁	江苏省淮海技师学院职工
优胜奖	福建代表团	陈　倩	福州商贸职业中专学校职工
优胜奖	湖北代表团	吴兰兰	湖北省十堰市高级技工学校职工
优胜奖	山东代表团	姜琳琳	烟台工程职业技术学院（烟台市技师学院）职工
优胜奖	新疆代表团	徐二静	哈密市高级技工学校职工
优胜奖	重庆代表团	刘　姝	重庆工业职业技术学院职工
优胜奖	四川代表团	黄　曦	四川工程职业技术学院职工
优胜奖	陕西代表团	易　梦	陕西省第二商贸学校职工
优胜奖	黑龙江代表团	徐鹏云	黑龙江商业职业学院职工
优胜奖	山西代表团	邓琳佳	山西机电职业技术学院职工
优胜奖	江苏代表团	尹　倩	江苏经贸职业技术学院职工
优胜奖	湖南代表团	钟　晴	湖南信息职业技术学院职工

优胜奖	新疆代表团	姜　丽	阜康技师学院职工
优胜奖	安徽代表团	沈　珺	铜陵职业技术学院职工
优胜奖	辽宁代表团	胡　洋	辽宁省交通高等专科学校职工
优胜奖	吉林代表团	卢　奇	拓达劳务派遣有限公司职工
优胜奖	广西代表团	覃惠春	广西工业技师学院职工
优胜奖	四川代表团	黎文一	四川工程职业技术学院职工
优胜奖	黑龙江代表团	于　淼	黑龙江农业工程职业学院职工
优胜奖	河南代表团	陈涛民	许昌电气职业学院职工
优胜奖	山东代表团	郝　婕	山东技师学院职工
优胜奖	陕西代表团	魏甜妮	陕西蓝天民航技师学院职工
优胜奖	安徽代表团	陈　林	铜陵职业技术学院职工
优胜奖	天津代表团	鲁　瑶	天津商务职业学院职工
优胜奖	上海代表团	钟一杰	上海行健职业学院职工

（三十四）连锁经营管理

金　牌	浙江代表团	曹芳英	浙江公路技师学院职工
金　牌	浙江代表团	张　星	浙江经济职业技术学院职工
银　牌	广东代表团	刘伟文	东莞市商业学校职工
银　牌	广东代表团	易　旋	东莞市商业学校职工
铜　牌	黑龙江代表团	邱　宇	哈尔滨中央红小月亮超市有限责任公司职工
铜　牌	黑龙江代表团	杨　扬	哈尔滨中央红小月亮超市有限责任公司职工
优胜奖	重庆代表团	杨春平	重庆城市管理职业学院职工
优胜奖	重庆代表团	孟子媛	重庆城市管理职业学院职工
优胜奖	江苏代表团	张伟杰	江苏经贸职业技术学院职工
优胜奖	江苏代表团	魏晓宇	南京交通技师学院职工
优胜奖	河南代表团	杨路遥	开封大学职工
优胜奖	河南代表团	牛　童	开封大学职工
优胜奖	安徽代表团	肖付森	安徽阜阳技师学院职工
优胜奖	安徽代表团	李　论	安徽阜阳技师学院职工
优胜奖	江西代表团	李翔翔	江西省电子商务高级技工学校（江西旅游商贸职业学院）职工
优胜奖	江西代表团	黄　燕	江西省电子商务高级技工学校（江西旅游商贸职业学院）职工

优胜奖	吉林代表团	王　洋	吉林省工业技师学院职工
优胜奖	吉林代表团	孟祥玉	吉林省工业技师学院职工
优胜奖	湖北代表团	周　敏	武汉软件工程职业学院职工
优胜奖	湖北代表团	张　静	武汉软件工程职业学院职工
优胜奖	山东代表团	吴昕樾	山东技师学院职工
优胜奖	山东代表团	王晓耕	山东技师学院职工
优胜奖	广西代表团	韦任嫣	广西商贸高级技工学校职工
优胜奖	广西代表团	陈世辉	广西商贸高级技工学校职工
优胜奖	新疆代表团	付晓艳	新疆铁路技师培训学院职工
优胜奖	新疆代表团	魏博凝	新疆铁路技师培训学院职工
优胜奖	陕西代表团	陈　戈	陕西交通职业技术学院职工
优胜奖	陕西代表团	樊　超	陕西青年职业学院职工

（三十五）供应链管理

金　牌	天津代表团	王海燕	天津市职业技能公共实训中心职工
银　牌	江苏代表团	王兴旺	苏州旅游与财经高等职业技术学校职工
铜　牌	天津代表团	李　剑	天津博纳艾杰尔科技有限公司职工
优胜奖	山西代表团	胡丽丽	山西工程职业学院职工
优胜奖	上海代表团	王　赟	上海思博职业技术学院职工
优胜奖	山东代表团	孙宜彬	山东劳动职业技术学院职工
优胜奖	湖北代表团	刘　靖	湖北生态工程职业技术学院职工
优胜奖	重庆代表团	马春梅	重庆工业职业技术学院职工
优胜奖	浙江代表团	陈再波	浙江工贸职业技术学院职工
优胜奖	湖南代表团	罗娅文	湖南航空技师学院职工
优胜奖	江西代表团	张　引	江西信息应用职业技术学院职工
优胜奖	四川代表团	卓晓芸	成都市技师学院职工
优胜奖	陕西代表团	刘欣萌	西安航空学院职工
优胜奖	安徽代表团	宋荣荣	安徽阜阳技师学院职工
优胜奖	重庆代表团	宋玉阳	重庆工业职业技术学院职工
优胜奖	广东代表团	周　荃	广东省岭南工商第一技师学院职工
优胜奖	江苏代表团	李淑芳	南京交通技师学院职工
优胜奖	广东代表团	杨联鑫	广东省航运规划设计院有限公司职工
优胜奖	四川代表团	兰　聪	四川职业技术学院职工

优胜奖	新疆代表团	潘俊影	新疆商贸经济高级技工学校职工
优胜奖	河南代表团	杨利峰	开封大学职工
优胜奖	安徽代表团	李婷婷	安徽阜阳技师学院职工
优胜奖	上海代表团	翁丽贞	上海城建职业学院职工
优胜奖	浙江代表团	王武剑	浙江公路技师学院职工
优胜奖	辽宁代表团	杨　帆	辽宁机电职业技术学院职工
优胜奖	北京代表团	王晓华	北京经济管理职业学院职工
优胜奖	湖北代表团	刘晓娜	湖北生态工程职业技术学院职工

（三十六）人工智能训练

金　牌	天津代表团	毛福新	天津职业技术师范大学职工
银　牌	江苏代表团	丁亚楠	江苏省镇江技师学院职工
铜　牌	浙江代表团	邱建忠	温州技师学院职工
优胜奖	海南代表团	赵亚迪	海南省技师学院职工
优胜奖	辽宁代表团	关　星	辽宁生态工程职业学院职工
优胜奖	上海代表团	周劼人	金山区城市运行管理中心职工
优胜奖	广东代表团	詹吉彬	广州市机电技师学院职工
优胜奖	海南代表团	王颜莹	海南省技师学院职工
优胜奖	湖北代表团	肖　林	武汉翰闻教育技术有限公司职工
优胜奖	山东代表团	时　辉	济宁市技师学院职工
优胜奖	北京代表团	侯佳丽	北京经济管理职业学院职工
优胜奖	江西代表团	邓艳菲	江西省机电技师学院职工
优胜奖	陕西代表团	朱金坛	西安铁路职业技术学院职工
优胜奖	江苏代表团	李佳琳	江苏省镇江技师学院职工
优胜奖	北京代表团	李宗远	北京市信息管理学校职工
优胜奖	广西代表团	谢振津	南宁市第四职业技术学校职工
优胜奖	天津代表团	李占仓	天津市职业大学职工
优胜奖	上海代表团	孙鑫鑫	壹沓科技（上海）有限公司职工
优胜奖	吉林代表团	陈立博	吉林省工程技术学校职工
优胜奖	辽宁代表团	刘美佳	辽宁科技学院职工
优胜奖	湖北代表团	杜　妍	武汉市交通学校职工
优胜奖	山西代表团	闫　帅	山西冶金技师学院职工
优胜奖	湖南代表团	宋安宁	湖南航空技师学院职工

优胜奖	新疆生产建设兵团代表团	马春芝	新疆见云科技有限公司职工
优胜奖	河南代表团	张心德	河南医药健康技师学院职工
优胜奖	贵州代表团	丁泽发	贵州交通职业技术学院职工
优胜奖	江西代表团	陈以淮	江西省机电技师学院职工
优胜奖	四川代表团	田正卫	泸州职业技术学院职工

（三十七）健康照护

金　牌	河北代表团	李　馨	承德护理职业学院职工
银　牌	天津代表团	景建玲	天津医科大学职工
铜　牌	天津代表团	苑晶晶	天津医学高等专科学校职工
优胜奖	上海代表团	陈慧勤	上海健康医学院附属卫生学校职工
优胜奖	浙江代表团	王文文	杭州第一技师学院职工
优胜奖	江西代表团	宋思蓓	南昌大学第二附属医院职工
优胜奖	湖南代表团	李玉芳	娄底职业技术学院职工
优胜奖	河南代表团	吴亚琳	河南医药健康技师学院职工
优胜奖	河南代表团	李琳琳	河南医药健康技师学院职工
优胜奖	江苏代表团	张婷婷	南京建康高级技工学校职工
优胜奖	广东代表团	白淑娟	佛山市南海区桃苑康复医院有限公司职工
优胜奖	广西代表团	周玉华	广西卫生职业技术学院职工
优胜奖	吉林代表团	雷立立	长春建筑学院职工
优胜奖	江苏代表团	张俊贤	江苏经贸职业技术学院职工
优胜奖	山西代表团	贾　玲	长治卫生学校职工
优胜奖	上海代表团	林秀怡	上海健康医学院职工
优胜奖	广东代表团	罗少龙	广州市轻工技师学院职工
优胜奖	贵州代表团	郑　雪	贵州护理职业技术学院职工
优胜奖	浙江代表团	方　甜	金华职业技术学院职工
优胜奖	广西代表团	吴林秀	广西卫生职业技术学院职工
优胜奖	山东代表团	井艺蓓	山东医药技师学院职工
优胜奖	北京代表团	李　佳	首钢技师学院职工
优胜奖	江西代表团	杨宏慧	南昌大学第一附属医院职工
优胜奖	重庆代表团	沈　娇	重庆三峡医药高等专科学校职工
优胜奖	四川代表团	才　华	成都铁路卫生学校职工

优胜奖	海南代表团	朱莉娜	海南省领航职业培训学校职工
优胜奖	河北代表团	贾红力	邢台医学高等专科学校职工
优胜奖	安徽代表团	赵宏宇	亳州职业技术学院职工
优胜奖	山东代表团	焦文文	山东医药技师学院职工

（三十八）物联网安装调试

金　牌	天津代表团	夏瑞滨	天津市电子信息技师学院职工
金　牌	天津代表团	刘　磊	壹科（天津）科技发展有限公司职工
银　牌	河南代表团	李亚哲	郑州商业技师学院职工
银　牌	河南代表团	徐佳毅	郑州商业技师学院职工
铜　牌	江苏代表团	刘家成	江苏省徐州技师学院职工
铜　牌	江苏代表团	刘　慧	江苏省徐州技师学院职工
优胜奖	浙江代表团	孟光毅	浙江省机电技师学院职工
优胜奖	浙江代表团	邓逸鸣	浙江省机电技师学院职工
优胜奖	海南代表团	王建晓	海南省技师学院职工
优胜奖	海南代表团	杨　勇	海南省技师学院职工
优胜奖	广东代表团	陈外平	广东省技师学院职工
优胜奖	广东代表团	郑伟贞	广东省技师学院职工
优胜奖	安徽代表团	郭猛猛	安徽阜阳技师学院职工
优胜奖	安徽代表团	高俊峰	安徽六安技师学院职工
优胜奖	四川代表团	丁向美	绵阳职业技术学院职工
优胜奖	四川代表团	罗轶蕾	四川邮电职业技术学院职工
优胜奖	北京代表团	寇翰星	北京电子信息技师学院职工
优胜奖	北京代表团	王小永	北京电子信息技师学院职工
优胜奖	广西代表团	杜立婵	南宁职业技术学院职工
优胜奖	广西代表团	王　彪	南宁职业技术学院职工
优胜奖	湖北代表团	关婷婷	武汉软件工程职业学院职工
优胜奖	湖北代表团	曹　廷	武汉软件工程职业学院职工
优胜奖	山东代表团	韩秀红	山东技师学院职工
优胜奖	山东代表团	李　伟	山东技师学院职工
优胜奖	江西代表团	梁　丽	江西省工贸高级技工学校职工
优胜奖	江西代表团	縻修尘	江西省工贸高级技工学校职工
优胜奖	内蒙古代表团	王艳春	内蒙古商贸职业学院职工

优胜奖	内蒙古代表团	乌云达来	灵活就业人员
优胜奖	上海代表团	余　洋	上海市贸易学校职工
优胜奖	上海代表团	赵鑫亮	上海市贸易学校职工
优胜奖	甘肃代表团	任　静	兰州石化职业技术大学职工
优胜奖	甘肃代表团	文　晖	兰州石化职业技术大学职工

（三十九）工业机器人系统操作

金　牌	天津代表团	袁海亮	天津机电职业技术学院职工
金　牌	天津代表团	何琳锋	天津机电职业技术学院职工
银　牌	广西代表团	黄宇婧	南宁职业技术学院职工
银　牌	广西代表团	周文军	南宁职业技术学院职工
铜　牌	江苏代表团	何子卿	江苏省常州技师学院职工
铜　牌	江苏代表团	张　成	江苏省常州技师学院职工
优胜奖	海南代表团	李海胜	海南省技师学院职工
优胜奖	海南代表团	曾兆奎	海南省技师学院职工
优胜奖	北京代表团	张　彪	北京轻工技师学院（北京乐器研究所）职工
优胜奖	北京代表团	牛梦洁	北京轻工技师学院（北京乐器研究所）职工
优胜奖	浙江代表团	陈东旭	宁波技师学院职工
优胜奖	浙江代表团	薛倩倩	宁波技师学院职工
优胜奖	山东代表团	王雷雷	淄博市技师学院职工
优胜奖	山东代表团	窦　航	淄博市技师学院职工
优胜奖	广东代表团	王贤辰	深圳职业技术大学职工
优胜奖	广东代表团	张健锋	江门市技师学院职工
优胜奖	河北代表团	王文栓	邢台技师学院职工
优胜奖	河北代表团	施政伟	邢台技师学院职工
优胜奖	山西代表团	余成凯	晋城技师学院职工
优胜奖	山西代表团	成　超	晋城技师学院职工
优胜奖	河南代表团	王枫清	开封技师学院职工
优胜奖	河南代表团	卫家鹏	开封技师学院职工
优胜奖	重庆代表团	蒋　川	重庆市机械高级技工学校（重庆机械技师学院）职工
优胜奖	重庆代表团	张　波	重庆市机械高级技工学校职工
优胜奖	湖南代表团	邓存贵	郴州技师学院职工

优胜奖	湖南代表团	陈　攀	郴州技师学院职工
优胜奖	江西代表团	易　锟	江西省冶金技师学院职工
优胜奖	江西代表团	张丽红	江西省冶金技师学院职工

（四十）工业机器人系统运维

金　牌	江苏代表团	杨丁弘扬	江苏省常州技师学院职工
金　牌	江苏代表团	王村伟	江苏省常州技师学院职工
银　牌	天津代表团	刘世坤	天津市劳动经济学校（天津市人力资源和社会保障局第二高级技工学校）职工
银　牌	天津代表团	张俊山	天津市劳动经济学校（天津市人力资源和社会保障局第二高级技工学校）职工
铜　牌	湖北代表团	陈俊文	武汉铁路技师学院职工
铜　牌	湖北代表团	刘　政	武汉铁路技师学院职工
优胜奖	四川代表团	黄　巩	中国工程物理研究院材料研究所职工
优胜奖	四川代表团	恒非非	中国工程物理研究院材料研究所职工
优胜奖	海南代表团	杜开星	海南省三亚技师学院职工
优胜奖	海南代表团	王启名	海南省三亚技师学院职工
优胜奖	云南代表团	李志杰	云南工业技师学院职工
优胜奖	云南代表团	王　彤	云南工业技师学院职工
优胜奖	重庆代表团	李海涛	四川仪表工业学校职工
优胜奖	重庆代表团	陈晨阳	四川仪表工业学校职工
优胜奖	河南代表团	刘振兴	开封技师学院职工
优胜奖	河南代表团	寇　爽	开封技师学院职工
优胜奖	贵州代表团	韩　寒	贵州电子信息职业技术学院职工
优胜奖	贵州代表团	肖　港	贵州电子信息职业技术学院职工
优胜奖	江西代表团	罗大海	江西省机电技师学院职工
优胜奖	江西代表团	田　泉	江西省机电技师学院职工
优胜奖	山东代表团	王俊涛	淄博市技师学院职工
优胜奖	山东代表团	王　超	淄博市技师学院职工
优胜奖	福建代表团	辛顺强	福建水利电力职业技术学院职工
优胜奖	福建代表团	罗　钶	福建水利电力职业技术学院职工
优胜奖	湖南代表团	蒲英钊	中国铁建重工集团股份有限公司职工
优胜奖	湖南代表团	谭会平	中国铁建重工集团股份有限公司职工

优胜奖	北京代表团	刘晓伟	北京轻工技师学院（北京乐器研究所）职工
优胜奖	北京代表团	王　欣	北京奔驰汽车有限公司职工

（四十一）无人机装调检修

金　牌	天津代表团	张月新	天津现代职业技术学院职工
银　牌	浙江代表团	杨永翔	杭州技师学院职工
铜　牌	天津代表团	宋光坤	天津现代职业技术学院职工
优胜奖	四川代表团	周　炜	国网四川省电力公司电力应急中心职工
优胜奖	重庆代表团	何　涛	国网重庆市电力公司永川供电分公司职工
优胜奖	山东代表团	李玉伟	山东交通技师学院职工
优胜奖	云南代表团	赵长宇	飞虎驼峰通用航空有限公司职工
优胜奖	湖南代表团	王怀超	长沙航空职业技术学院职工
优胜奖	江苏代表团	刘永学	江苏省交通技师学院职工
优胜奖	浙江代表团	苗威力	杭州技师学院职工
优胜奖	重庆代表团	陈小兵	重庆开放大学重庆工商职业学院职工
优胜奖	湖北代表团	付炳翔	武汉城市职业学院职工
优胜奖	陕西代表团	姚朝曦	陕西工程科技高级技工学校职工
优胜奖	江苏代表团	白小文	江苏省交通技师学院职工
优胜奖	河南代表团	冯文鑫	河南经济贸易技师学院职工
优胜奖	福建代表团	林宗炮	福州职业技术学院职工
优胜奖	四川代表团	贺震圳	国网四川省电力公司广元供电公司职工
优胜奖	吉林代表团	姜　涛	吉林省工程技术学校职工
优胜奖	河南代表团	焦　腾	焦作技师学院职工
优胜奖	内蒙古代表团	石　磊	内蒙古电子信息职业技术学院职工
优胜奖	广东代表团	张　凤	东莞市技师学院职工
优胜奖	辽宁代表团	刘东兴	国网辽宁省电力有限公司辽阳供电公司职工
优胜奖	上海代表团	陈　彬	上海市大众工业学校职工
优胜奖	吉林代表团	李凯瑞	吉林省彬生蓝航天际无人机科技有限公司职工
优胜奖	黑龙江代表团	杜佩桐	黑龙江省齐齐哈尔市公安局职工
优胜奖	安徽代表团	张　翼	安徽交通职业技术学院职工
优胜奖	贵州代表团	杨发文	贵州交通技师学院职工
优胜奖	河北代表团	张文英	河北劳动关系职业学院职工

（四十二）建筑信息模型技术

金　牌	上海代表团	陈冬梅	上海建筑设计研究院有限公司职工
银　牌	上海代表团	崔锡虎	上海宝冶集团有限公司职工
铜　牌	天津代表团	刘晴阳	天津市政工程设计研究总院有限公司职工
优胜奖	广西代表团	袁　平	广西理工职业技术学校职工
优胜奖	江苏代表团	朱建威	中亿丰数字科技集团有限公司职工
优胜奖	河南代表团	李　祯	河南工业职业技术学院职工
优胜奖	四川代表团	陈良樟	成都中屹可视化信息科技有限公司职工
优胜奖	广西代表团	徐莹莹	广西理工职业技术学校职工
优胜奖	天津代表团	张晓艳	天津鑫裕房屋智能制造股份有限公司职工
优胜奖	重庆代表团	沈久方	重庆市工业学校职工
优胜奖	四川代表团	张　颖	成都职业技术学院职工
优胜奖	湖南代表团	殷　帅	中国建筑第五工程局有限公司职工
优胜奖	浙江代表团	张　吉	浙江建设技师学院职工
优胜奖	湖南代表团	曾奕伟	湖南建筑高级技工学校职工
优胜奖	安徽代表团	陈宇博	合肥市轨道交通集团有限公司职工
优胜奖	湖北代表团	陈　卓	中建三局第一建设工程有限责任公司职工
优胜奖	浙江代表团	冯芬芬	杭州建工集团有限责任公司职工
优胜奖	广东代表团	李炽彬	广东省城市技师学院职工
优胜奖	广东代表团	李　兵	中国建筑第四工程局有限公司职工
优胜奖	湖北代表团	孟德颖	湖北城市建设职业技术学院职工
优胜奖	江苏代表团	许　晖	南京同筑盛世信息科技有限公司职工
优胜奖	山西代表团	张振东	山西中原亨通路桥建设有限公司职工
优胜奖	福建代表团	蔡钰铭	灵活就业人员
优胜奖	重庆代表团	吴　彬	重庆市筑云科技有限责任公司职工
优胜奖	吉林代表团	段　羽	长春工程学院职工
优胜奖	陕西代表团	贾　鑫	西安建筑工程技师学院职工
优胜奖	江西代表团	伍岳青	江西应用技术职业学院职工
优胜奖	云南代表团	孟格卉	昆明工业职业技术学院职工
优胜奖	辽宁代表团	刘　东	辽宁建筑职业学院职工

（四十三）增材制造设备操作

金　牌	湖北代表团	王　龙	武汉职业技术学院职工

银　牌	天津代表团	吴超辉	天津职业技术师范大学附属高级技术学校职工
铜　牌	山东代表团	孙明越	东营市技师学院职工
优胜奖	四川代表团	白晶斐	成都航空职业技术学院职工
优胜奖	广东代表团	凡　伟	广州市机电技师学院职工
优胜奖	上海代表团	许梓谦	上海工程技术大学高等职业技术学院职工
优胜奖	江苏代表团	陈　健	江苏省盐城技师学院职工
优胜奖	天津代表团	刘世雄	天津机电职业技术学院职工
优胜奖	福建代表团	郑　瑜	龙岩技师学院职工
优胜奖	河南代表团	王文超	郑州商业技师学院职工
优胜奖	江苏代表团	戴　逸	江苏省无锡技师学院职工
优胜奖	内蒙古代表团	王晓波	中国航天科工集团第六研究院四十六所职工
优胜奖	湖南代表团	刘　波	湖南国防工业职业技术学院职工
优胜奖	重庆代表团	徐永杰	重庆市龙门浩职业中学职工
优胜奖	山东代表团	徐雪彦	山东劳动职业技术学院职工
优胜奖	北京代表团	关　豹	北京市工业技师学院职工
优胜奖	河南代表团	张焕琪	周口技师学院职工
优胜奖	重庆代表团	邱　波	重庆市工贸高级技工学校职工
优胜奖	浙江代表团	李方争	杭州技师学院职工
优胜奖	四川代表团	费国胜	四川工程职业技术学院职工
优胜奖	辽宁代表团	吕佳楠	大连国防高级技工学校职工
优胜奖	上海代表团	徐佳文	上海市高级技工学校职工
优胜奖	广东代表团	陈梦园	佛山市技师学院职工
优胜奖	山西代表团	张红志	晋城技师学院职工
优胜奖	河北代表团	张良贵	河北机电职业技术学院职工
优胜奖	黑龙江代表团	卢天奇	黑龙江职业学院职工
优胜奖	陕西代表团	孔　琳	西安航空职业技术学院职工
优胜奖	辽宁代表团	刘　宇	沈阳西赛尔科技有限公司职工

（四十四）全媒体运营

金　牌	广东代表团	葛　蓝	广州市公用事业技师学院职工
银　牌	浙江代表团	王法辉	浙江交通技师学院职工
铜　牌	天津代表团	纪　全	天津电子信息职业技术学院职工
优胜奖	江苏代表团	季俊杰	江苏省常州技师学院职工

优胜奖	山东代表团	刘　哲	淄博市技师学院职工
优胜奖	湖北代表团	陈德瑞	湖北生物科技职业学院职工
优胜奖	浙江代表团	孔丹虹	浙江交通技师学院职工
优胜奖	湖北代表团	邓华丽	湖北生物科技职业学院职工
优胜奖	重庆代表团	汪丹丹	重庆工业职业技术学院职工
优胜奖	重庆代表团	余龙江	重庆安全技术职业学院职工
优胜奖	甘肃代表团	张克柱	兰州职业技术学院职工
优胜奖	吉林代表团	邢雅婷	长春科技学院职工
优胜奖	北京代表团	周燕华	北京华美创艺文化发展有限公司职工
优胜奖	江苏代表团	邢科云	江苏省南通工贸技师学院职工
优胜奖	四川代表团	易仁杰	成都市技师学院职工
优胜奖	河南代表团	梁贞贞	郑州技师学院职工
优胜奖	海南代表团	许玲玲	海南省技师学院职工
优胜奖	湖南代表团	莫诗鎏	湖南汽车工程职业学院职工
优胜奖	广西代表团	张　晔	广西桂林商贸旅游技工学校职工
优胜奖	安徽代表团	许　昆	安徽六安技师学院职工
优胜奖	广西代表团	龙　妍	南宁职业技术学院职工
优胜奖	天津代表团	张丹艳	天津电子信息职业技术学院职工
优胜奖	黑龙江代表团	蔡敏强	黑龙江农业经济职业学院职工
优胜奖	河北代表团	冯　宁	衡水技师学院职工
优胜奖	四川代表团	任宝锴	泸州职业技术学院职工
优胜奖	江西代表团	钟惠平	于都新长征技工学校职工
优胜奖	河南代表团	李西菡	河南省工业和信息化高级技工学校职工
优胜奖	陕西代表团	温卓方	陕西国防工业职业技术学院职工

（四十五）区块链应用操作

金　牌	海南代表团	陈印霁	海南省技师学院职工
银　牌	天津代表团	王　旭	天津市公用技师学院职工
铜　牌	黑龙江代表团	宋　磊	哈尔滨职业技术学院职工
优胜奖	福建代表团	孙云峰	厦门软件职业技术学院职工
优胜奖	河南代表团	芦治国	河南经济贸易技师学院职工
优胜奖	山东代表团	刘家奇	山东技师学院职工
优胜奖	贵州代表团	罗雯秋	贵阳信息技术研究院职工

优胜奖	吉林代表团	翟玉楠	长春工程学院职工
优胜奖	江苏代表团	张　南	江苏省常州技师学院职工
优胜奖	山东代表团	彭福荣	山东劳动职业技术学院职工
优胜奖	广东代表团	冯子贤	广东省国防科技技师学院职工
优胜奖	湖南代表团	黄　海	湖南汽车工程职业学院职工
优胜奖	广西代表团	朱　广	南宁职业技术学院职工
优胜奖	安徽代表团	李　辉	安徽阜阳技师学院职工
优胜奖	重庆代表团	卢建云	重庆电子工程职业学院职工
优胜奖	内蒙古代表团	金耀辉	赤峰工业职业技术学院职工
优胜奖	贵州代表团	夏红松	贵州水利水电职业技术学院职工
优胜奖	上海代表团	郭书生	万达信息股份有限公司职工
优胜奖	福建代表团	张　晨	厦门软件职业技术学院职工
优胜奖	天津代表团	井庆华	天津富安泰劳务服务有限公司职工
优胜奖	四川代表团	赵牟兵	雅安职业技术学院职工
优胜奖	浙江代表团	许溜溜	温州技师学院职工
优胜奖	江苏代表团	陈晓云	苏州市电子信息技师学院职工
优胜奖	上海代表团	唐　坤	上海电子信息职业技术学院职工
优胜奖	河北代表团	范亚宁	河北正定师范高等专科学校职工
优胜奖	云南代表团	董　琪	中国移动通信集团云南有限公司职工
优胜奖	安徽代表团	李小虎	安徽阜阳技师学院职工

（四十六）服务机器人应用技术

金　牌	安徽代表团	许文亮	安徽阜阳技师学院职工
银　牌	山东代表团	毕延乐	济宁市技师学院职工
铜　牌	广东代表团	宁　青	广州市机电技师学院职工
优胜奖	浙江代表团	丁　浩	浙江省机电技师学院职工
优胜奖	河南代表团	姜富宽	驻马店技师学院职工
优胜奖	湖北代表团	张　力	武汉城市职业学院职工
优胜奖	湖南代表团	刘苏庆	郴州技师学院职工
优胜奖	上海代表团	李东澳	上海市环境学校职工
优胜奖	安徽代表团	李世玉	安徽阜阳技师学院职工
优胜奖	广西代表团	张　帅	柳州铁道职业技术学院职工
优胜奖	江西代表团	张雯晖	江西工业工程职业技术学院职工

优胜奖	天津代表团	姚振贤	天津市机电工艺技师学院职工
优胜奖	河南代表团	荆　昆	河南医药健康技师学院职工
优胜奖	辽宁代表团	王　琳	东北大学职工
优胜奖	江苏代表团	元军伟	江苏省交通技师学院职工
优胜奖	广东代表团	梁伟超	广州市轻工技师学院职工
优胜奖	山东代表团	张　敏	山东技师学院职工
优胜奖	湖北代表团	涂　浩	武汉软件工程职业学院职工
优胜奖	江西代表团	张　奕	江西工业工程职业技术学院职工
优胜奖	辽宁代表团	任娜龙	沈阳职业技术学院职工
优胜奖	天津代表团	赵　卿	天津市机电工艺技师学院职工
优胜奖	广西代表团	秦鸿翔	广西玉林技师学院职工
优胜奖	重庆代表团	王泽良	四川仪表工业学校职工
优胜奖	云南代表团	郭炫杰	云南技师学院（云南工贸职业技术学院）职工
优胜奖	贵州代表团	黄　祥	贵州工业职业技术学院职工
优胜奖	四川代表团	李德军	成都石化工业学校职工
优胜奖	陕西代表团	李研伟	陕西国防工业职业技术学院职工
优胜奖	江苏代表团	陈　嘉	江苏省常州技师学院职工

（四十七）家政服务（整理收纳）

金　牌	天津代表团	高静梅	中民聚康（天津）养老产业发展有限公司职工
金　牌	天津代表团	翟　凤	天津市职业大学职工
银　牌	江苏代表团	王子璇	南京建康高级技工学校职工
银　牌	江苏代表团	张晓雅	南京建康高级技工学校职工
铜　牌	上海代表团	辜　井	上海市普陀纳样美收纳研究院职工
铜　牌	上海代表团	李珂珂	上海嘉华职业技能培训中心职工
优胜奖	浙江代表团	梅　芳	杭州第一技师学院职工
优胜奖	浙江代表团	李一弘	杭州第一技师学院职工
优胜奖	山东代表团	刘　川	山东技师学院职工
优胜奖	山东代表团	王丽华	山东技师学院职工
优胜奖	湖北代表团	罗　欣	湖北幼儿师范高等专科学校职工
优胜奖	湖北代表团	别　蓉	湖北幼儿师范高等专科学校职工
优胜奖	云南代表团	刘明菊	云南工业技师学院职工
优胜奖	云南代表团	汤　蕊	云南交通技师学院职工

优胜奖	辽宁代表团	刘向娟	沈阳金牌家政连锁有限公司职工
优胜奖	辽宁代表团	杨　卓	沈阳金牌家政连锁有限公司职工
优胜奖	内蒙古代表团	陈慧娟	内蒙古乌兰美文化旅游开发集团有限公司职工
优胜奖	内蒙古代表团	荆建茹	内蒙古乌兰美文化旅游开发集团有限公司职工
优胜奖	海南代表团	李文文	海南省技师学院职工
优胜奖	海南代表团	潘　蕾	海南省技师学院职工
优胜奖	广西代表团	郑　玲	广西科技商贸高级技工学校职工
优胜奖	广西代表团	余诗圆	广西科技商贸高级技工学校职工
优胜奖	河南代表团	朱俊杰	河南医药健康技师学院职工
优胜奖	河南代表团	王　锦	河南医药健康技师学院职工
优胜奖	广东代表团	孙　璐	广州市轻工技师学院职工
优胜奖	广东代表团	林晓珊	杏林护理之家股份有限公司职工
优胜奖	新疆代表团	李慧萍	乌鲁木齐爱之星服务有限公司职工
优胜奖	新疆代表团	柴淑兰	新疆金炜环保科技有限公司职工
优胜奖	重庆代表团	刘玲媛	重庆市新洁净职业培训学校职工
优胜奖	重庆代表团	王　骏	重庆市新洁净职业培训学校职工

二、世赛选拔项目

（一）飞机维修

金　牌	安徽代表团	唐　凡	国营芜湖机械厂职工
银　牌	天津代表团	吕岳强	天津鸿图航空科技集团有限公司职工
铜　牌	四川代表团	王睿斐	成都飞机工业（集团）有限责任公司职工
优胜奖	陕西代表团	姚轶文	中航西安飞机工业集团股份有限公司职工
优胜奖	浙江代表团	谢　杰	杭州技师学院学生
优胜奖	广东代表团	郑敬霖	广州市交通技师学院学生
优胜奖	云南代表团	杨茗皓	云南交通运输职业学院学生
优胜奖	江西代表团	李会洋	江西洪都航空工业集团有限责任公司职工
优胜奖	上海代表团	王云逸	东方航空技术有限公司职工
优胜奖	交通运输部代表团	余　浩	东方航空技术有限公司职工
优胜奖	广西代表团	侣峰宇	广西交通技师学院学生
优胜奖	辽宁代表团	王相洲	大连长丰实业总公司职工
优胜奖	江苏代表团	沈光辉	江苏省交通技师学院职工
优胜奖	山东代表团	杜正杰	日照市技师学院（日照市工程技术学校）职工

（二）车身修理

金　牌	上海代表团	朱俊峰	上海市杨浦职业技术学校职工
银　牌	河南代表团	李志淮	郑州交通技师学院学生
铜　牌	云南代表团	尹国迅	云南交通技师学院学生
优胜奖	交通运输部代表团	焦　娇	上海市杨浦职业技术学校职工
优胜奖	辽宁代表团	徐海洋	大连市技师学院学生
优胜奖	山东代表团	秦俊杰	日照市技师学院（日照市工程技术学校）学生
优胜奖	广东代表团	郭乐乐	深圳鹏城技师学院职工
优胜奖	安徽代表团	张　俊	安徽阜阳技师学院学生
优胜奖	江苏代表团	赵前程	南京交通技师学院学生
优胜奖	浙江代表团	徐俊楠	杭州技师学院学生
优胜奖	贵州代表团	王志翔	贵州交通技师学院学生
优胜奖	广西代表团	马明格	广西交通技师学院学生
优胜奖	吉林代表团	朱君豪	吉林省城市技师学院职工
优胜奖	四川代表团	张代黎	四川交通职业技术学院学生
优胜奖	重庆代表团	郑文庆	重庆电子工程职业学院学生
优胜奖	天津代表团	王永起	天津交通职业学院学生

（三）汽车技术

金　牌	四川代表团	刘耀木	四川交通职业技术学院学生
银　牌	山东代表团	杨绍辉	山东工程技师学院学生
铜　牌	天津代表团	李家乐	天津市劳动经济学校（天津市人力资源和社会保障局第二高级技工学校）学生
优胜奖	交通运输部代表团	马林炜	广州市交通技师学院学生
优胜奖	上海代表团	袁国旭	上海南湖职业技术学院职工
优胜奖	广东代表团	吴李宏	广东省城市技师学院学生
优胜奖	浙江代表团	张含羽	浙江交通技师学院学生
优胜奖	江苏代表团	王天宇	南京交通技师学院学生
优胜奖	重庆代表团	王兴朋	重庆五一技师学院学生
优胜奖	福建代表团	邹涵斌	厦门技师学院学生
优胜奖	广西代表团	张观林	广西交通技师学院学生
优胜奖	湖南代表团	段智鑫	湖南汽车工程职业学院学生

优胜奖	辽宁代表团	徐人杰	大连交通技师学院（大连市交通口岸职业技术学校）学生
优胜奖	贵州代表团	田 池	贵州交通技师学院学生
优胜奖	山西代表团	李亚雄	山西工程科技职业大学学生
优胜奖	内蒙古代表团	陶珈琦	内蒙古交通职业技术学院学生
优胜奖	新疆代表团	马福雍	新疆交通技师培训学院学生

（四）汽车喷漆

金 牌	上海代表团	常 晨	上海永达集团股份有限公司职工
银 牌	浙江代表团	阿晓伟	杭州技师学院学生
铜 牌	江苏代表团	孙 硕	江苏省淮海技师学院学生
优胜奖	交通运输部代表团	杨美鑫	杭州技师学院学生
优胜奖	江西代表团	赖优聪	江西省电子信息技师学院学生
优胜奖	广东代表团	曾键彬	广州市交通技师学院学生
优胜奖	陕西代表团	蒙治勇	陕西省机电技工学校学生
优胜奖	云南代表团	余国樑	云南交通运输职业学院学生
优胜奖	安徽代表团	巩祥宇	安徽阜阳技师学院学生
优胜奖	河南代表团	霍言博	郑州交通技师学院学生
优胜奖	贵州代表团	陈兴旺	贵州交通技师学院学生
优胜奖	天津代表团	谢星富	天津市公用技师学院学生
优胜奖	四川代表团	何 名	四川交通职业技术学院学生
优胜奖	吉林代表团	黄文慧	吉林省达兴名车服务有限公司职工
优胜奖	辽宁代表团	李金胜	大连市技师学院学生
优胜奖	山东代表团	王当行	菏泽工程技师学院学生

（五）重型车辆维修

金 牌	浙江代表团	翁 研	宁波技师学院职工
银 牌	天津代表团	王元秀	天津开发区畅洋工贸有限公司职工
铜 牌	河南代表团	谷彦哲	开封技师学院职工
优胜奖	广东代表团	丘文艺	广州市交通技师学院学生
优胜奖	山东代表团	王俞钦	山东交通技师学院学生
优胜奖	湖北代表团	朱宏宇	湖北交通职业技术学院职工
优胜奖	安徽代表团	韩梦祥	安徽阜阳技师学院职工
优胜奖	四川代表团	杜海洋	四川交通技师学院学生

优胜奖	江苏代表团	陈　宇	徐州工程机械技师学院学生
优胜奖	云南代表团	潘思元	云南交通运输职业学院学生
优胜奖	山西代表团	李耀宏	山西交通技师学院学生
优胜奖	江西代表团	廖方鑫	宁都技师学院学生
优胜奖	上海代表团	孙春慧	上海交通职业技术学院学生
优胜奖	贵州代表团	孙　帅	贵州交通技师学院学生

（六）货运代理

金　牌	上海代表团	周雨欣	上海交通职业技术学院学生
银　牌	交通运输部代表团	时　琪	大连海事大学学生
铜　牌	湖北代表团	沈馨燕	武汉工商学院学生
优胜奖	河南代表团	彭飞燕	郑州技师学院学生
优胜奖	辽宁代表团	龚　硕	大连海事大学学生
优胜奖	广东代表团	彭静怡	广东省城市技师学院学生
优胜奖	浙江代表团	应　宏	浙江省机电技师学院学生
优胜奖	江苏代表团	邵文菁	江苏省常州技师学院学生
优胜奖	天津代表团	汪蒙娜	天津中德应用技术大学学生
优胜奖	重庆代表团	赵荞汐	重庆城市管理职业学院学生
优胜奖	江西代表团	章子倩	江西省电子商务高级技工学校学生
优胜奖	广西代表团	吴思思	广西国际商务职业技术学院学生
优胜奖	四川代表团	杨　林	成都工业职业技术学院学生
优胜奖	山东代表团	刘　洋	青岛市技师学院学生
优胜奖	海南代表团	张璐芊	海南经贸职业技术学院学生

（七）轨道车辆技术

金　牌	天津代表团	马朝凯	天津铁道职业技术学院学生
金　牌	天津代表团	张义龙	天津铁道职业技术学院学生
银　牌	吉林代表团	张智鑫	吉林省中工技师学院学生
银　牌	吉林代表团	王嘉琪	吉林省中工技师学院学生
铜　牌	交通运输部代表团	卫家乐	武汉中车长客轨道车辆有限公司职工
铜　牌	交通运输部代表团	王　一	中车南京浦镇车辆有限公司职工
优胜奖	山东代表团	郭士博	青岛市技师学院学生
优胜奖	山东代表团	张高铭	青岛市技师学院学生

优胜奖	浙江代表团	陈　浩	浙江交通技师学院学生
优胜奖	浙江代表团	徐志超	浙江交通技师学院学生
优胜奖	河南代表团	范心洋	郑州铁路职业技术学院学生
优胜奖	河南代表团	张文晓	郑州铁路职业技术学院学生
优胜奖	河北代表团	孙　畅	中车唐山机车车辆有限公司职工
优胜奖	河北代表团	杨一铭	唐山工业职业技术学院学生
优胜奖	四川代表团	兰陈桥	四川交通职业技术学院学生
优胜奖	四川代表团	高永洪	四川交通职业技术学院学生
优胜奖	广东代表团	卢永杰	广州市交通技师学院学生
优胜奖	广东代表团	谢烺俊	广州市交通技师学院学生
优胜奖	湖北代表团	吴云峰	武汉中车长客轨道车辆有限公司职工
优胜奖	湖北代表团	杨乐东	武汉铁路职业技术学院学生
优胜奖	上海代表团	朱明宇	上海地铁维护保障有限公司车辆分公司职工
优胜奖	上海代表团	姚嘉宁	上海地铁维护保障有限公司车辆分公司职工
优胜奖	安徽代表团	陈　帅	安徽六安技师学院学生
优胜奖	安徽代表团	周康宁	安徽六安技师学院学生
优胜奖	江苏代表团	王懿奇	江苏省苏州技师学院学生
优胜奖	江苏代表团	林辰毅	江苏省苏州技师学院学生
优胜奖	陕西代表团	程颖杰	西安铁路职业技术学院学生
优胜奖	陕西代表团	王俊涛	西安铁路职业技术学院学生
优胜奖	重庆代表团	靳亚军	重庆铁路运输技师学院学生
优胜奖	重庆代表团	李佳敏	重庆铁路运输技师学院学生

（八）砌筑

金　牌	湖南代表团	黄睿强	中建五局高级技工学校学生
银　牌	天津代表团	李进贵	天津铁道职业技术学院职工
铜　牌	安徽代表团	张冬阳	安徽建工技师学院职工
优胜奖	江西代表团	邓方友	江西省建设职业培训学校职工
优胜奖	浙江代表团	鲍芳涛	浙江建设技师学院学生
优胜奖	上海代表团	杨从星	上海市建筑工程学校学生
优胜奖	住房城乡建设部代表团	肖　杰	中建五局高级技工学校学生
优胜奖	山东代表团	倪国焜	烟台城乡建设学校学生

优胜奖	江苏代表团	顾校豪	江苏城乡建设职业学院学生
优胜奖	河南代表团	秦　赛	郑州商业技师学院职工
优胜奖	四川代表团	丁尚明	四川矿产机电技师学院学生
优胜奖	广东代表团	李　杰	广州市城市建设职业学校学生
优胜奖	陕西代表团	史文浩	西安建筑工程技师学院学生
优胜奖	重庆代表团	李建军	重庆建筑高级技工学校学生
优胜奖	广西代表团	卢辉荣	广西理工职业技术学院 学生

（九）家具制作

金　牌	湖北代表团	贾　京	湖北生态工程职业技术学院学生
银　牌	贵州代表团	黄文良	贵州交通技师学院学生
铜　牌	河南代表团	邓兆伦	河南职业技术学院职工
优胜奖	江苏代表团	袁海骏	亚振家居股份有限公司职工
优胜奖	江西代表团	林榆鹏	江西环境工程职业学院学生
优胜奖	山东代表团	吴文昊	山东劳动技师学院学生
优胜奖	黑龙江代表团	姜玉卓	黑龙江林业职业技术学院学生
优胜奖	广东代表团	刘谢永	广州市轻工技师学院学生
优胜奖	广西代表团	颜海兵	广西建筑材料工业技工学校职工
优胜奖	浙江代表团	王政翔	浙江建设技师学院学生
优胜奖	中国轻工联代表团	卢和金	江西环境工程职业学院学生
优胜奖	四川代表团	程浩东	四川国际标榜职业学院学生
优胜奖	天津代表团	司　竣	天津市劳动保障技师学院学生
优胜奖	安徽代表团	凌子昂	安徽展睿文化创意有限公司职工
优胜奖	河北代表团	孙瑞广	邢台技师学院学生

（十）木工

金　牌	中国轻工联代表团	赵叙含	黑龙江林业职业技术学院学生
银　牌	江苏代表团	周清纯	亚振家居股份有限公司学生
铜　牌	广东代表团	李港龙	广州市轻工技师学院学生
优胜奖	黑龙江代表团	郭　鹏	黑龙江林业职业技术学院职工
优胜奖	天津代表团	盛世豪	天津市国土资源和房屋职业学院学生
优胜奖	山东代表团	任嘉贺	山东省城市服务技师学院职工

优胜奖	甘肃代表团	者　婕	兰州职业技术学院学生
优胜奖	湖北代表团	叶崇政	湖北生态工程职业技术学院学生
优胜奖	浙江代表团	张羽乐	三门技师学院学生
优胜奖	河北代表团	刘忠鑫	邢台技师学院学生
优胜奖	陕西代表团	李　峰	西安建筑工程技师学院学生
优胜奖	吉林代表团	陈俐志	吉林省林业技师学院学生
优胜奖	河南代表团	郜铭垒	郑州工业技师学院学生

（十一）混凝土建筑

金　牌	江苏代表团	田　闰	江苏城乡建设职业学院学生
金　牌	江苏代表团	周秧锋	江苏城乡建设职业学院学生
银　牌	贵州代表团	罗丁义	贵州交通技师学院学生
银　牌	贵州代表团	冯茂涛	贵州交通技师学院学生
铜　牌	广东代表团	谢明湛	广州城建技工学校职工
铜　牌	广东代表团	徐中意	广州城建技工学校学生
优胜奖	浙江代表团	陈　睿	浙江建设技师学院学生
优胜奖	浙江代表团	姚王泽	浙江建设技师学院学生
优胜奖	上海代表团	张　坤	上海城建职业学院学生
优胜奖	上海代表团	万海军	上海城建职业学院学生
优胜奖	湖北代表团	王建军	湖北城市建设职业技术学院学生
优胜奖	湖北代表团	郑瑞航	湖北城市建设职业技术学院学生
优胜奖	天津代表团	郭　跃	天津铁道职业技术学院学生
优胜奖	天津代表团	元绍亮	天津铁道职业技术学院学生
优胜奖	云南代表团	陈　伟	云南交通运输职业学院学生
优胜奖	云南代表团	张路生	云南交通运输职业学院学生
优胜奖	安徽代表团	杨兴兵	安徽六安技师学院学生
优胜奖	安徽代表团	戴俊武	安徽六安技师学院学生
优胜奖	陕西代表团	杨思豪	陕西建设技师学院学生
优胜奖	陕西代表团	张广价	陕西建设技师学院学生
优胜奖	山东代表团	张广猛	聊城市技师学院学生
优胜奖	山东代表团	孙申超	聊城市技师学院学生
优胜奖	河南代表团	李　铮	郑州商业技师学院学生
优胜奖	河南代表团	孙吉祥	郑州商业技师学院学生

（十二）电气装置

金　牌	江苏代表团	赵智俊	江苏省盐城技师学院学生
银　牌	山东代表团	闫茂玺	淄博市技师学院学生
铜　牌	湖南代表团	陈奕铭	衡阳技师学院职工
优胜奖	河南代表团	徐祖辉	开封技师学院学生
优胜奖	吉林代表团	丁加轩	吉林省林业技师学院学生
优胜奖	北京代表团	周　宇	北京轻工技师学院学生
优胜奖	江西代表团	徐　博	江西省电子信息技师学院学生
优胜奖	天津代表团	宫长林	天津市机电工艺技师学院学生
优胜奖	上海代表团	卢嘉荣	上海交通职业技术学院学生
优胜奖	广东代表团	陈荣灵	广州市技师学院学生
优胜奖	安徽代表团	张　政	安徽芜湖技师学院学生
优胜奖	广西代表团	蒙淑康	广西工业技师学院学生
优胜奖	四川代表团	邹林友	成都工贸职业技术学院学生
优胜奖	湖北代表团	蔡　成	湖北铁道运输职业学院（武汉铁路技师学院）学生
优胜奖	云南代表团	代贵潇	云南省电子信息高级技工学校学生
优胜奖	重庆代表团	金　鹏	重庆市育才职业教育中心职工

（十三）精细木工

金　牌	江苏代表团	李　康	江苏农林职业技术学院学生
银　牌	广东代表团	黄波林	广州市轻工技师学院学生
铜　牌	浙江代表团	唐子斌	宁波技师学院学生
优胜奖	上海代表团	孙　岩	上海科创职业技术学院职工
优胜奖	黑龙江代表团	刘志鹏	黑龙江林业职业技术学院学生
优胜奖	重庆代表团	姜冰清	重庆市万州高级技工学校职工
优胜奖	四川代表团	艾孜哈尔·扎克尔	西南民族大学学生
优胜奖	中国轻工联代表团	欧祖安	广州市轻工技师学院学生
优胜奖	甘肃代表团	包思荣	兰州职业技术学院学生
优胜奖	陕西代表团	吕朋彪	西安建筑工程技师学院学生
优胜奖	天津代表团	赵世鹏	天津市劳动保障技师学院学生

优胜奖	河北代表团	刘 健	邢台技师学院学生
优胜奖	湖北代表团	黎纯涛	湖北生态工程职业技术学院学生

（十四）园艺

金 牌	安徽代表团	甘钊慈	黄山学院学生
金 牌	安徽代表团	闫志广	黄山学院学生
银 牌	广东代表团	李华涛	广州市公用事业技师学院职工
银 牌	广东代表团	钟飞彬	广州市公用事业技师学院职工
铜 牌	浙江代表团	葛以勒	浙江建设技师学院学生
铜 牌	浙江代表团	黄 杰	浙江建设技师学院学生
优胜奖	江苏代表团	梁 山	江苏农林职业技术学院学生
优胜奖	江苏代表团	贺 伟	江苏农林职业技术学院学生
优胜奖	重庆代表团	王 彬	重庆三峡职业学院学生
优胜奖	重庆代表团	肖秋洋	重庆三峡职业学院学生
优胜奖	上海代表团	潘东尼	上海建设管理职业技术学院学生
优胜奖	上海代表团	陆 闪	上海城建职业学院学生
优胜奖	江西代表团	蓝业宏	江西环境工程职业学院学生
优胜奖	江西代表团	王兰慈	江西环境工程职业学院学生
优胜奖	贵州代表团	胡正猛	贵州水利水电职业技术学院学生
优胜奖	贵州代表团	张广强	贵州水利水电职业技术学院学生
优胜奖	辽宁代表团	王 伟	辽宁农业职业技术学院学生
优胜奖	辽宁代表团	张文强	辽宁农业职业技术学院学生
优胜奖	内蒙古代表团	林启航	内蒙古农业大学职业技术学院学生
优胜奖	内蒙古代表团	马宜廷	内蒙古农业大学职业技术学院学生
优胜奖	湖北代表团	李 磊	湖北生态工程职业技术学院学生
优胜奖	湖北代表团	袁必志	湖北生态工程职业技术学院学生
优胜奖	河南代表团	李福洋	河南农业职业学院学生
优胜奖	河南代表团	米昶达	河南农业职业学院学生
优胜奖	山东代表团	孙伟刚	潍坊职业学院学生
优胜奖	山东代表团	申发文	潍坊职业学院学生
优胜奖	湖南代表团	薛晓岚	湖南生物机电职业技术学院学生
优胜奖	湖南代表团	李丽胜	湖南生物机电职业技术学院学生
优胜奖	广西代表团	卢周德	广西农业职业技术大学学生

优胜奖	广西代表团	王泽友	广西农业职业技术大学学生

（十五）油漆与装饰

金　牌	安徽代表团	张小飞	黄山学院学生
银　牌	浙江代表团	周子瑜	宁波技师学院学生
铜　牌	江苏代表团	刘思恬	江苏城乡建设职业学院学生
优胜奖	广东代表团	杜青青	广东省城市技师学院学生
优胜奖	天津代表团	陈家昊	天津职业技术师范大学学生
优胜奖	山东代表团	孙艺丹	东营市技师学院学生
优胜奖	重庆代表团	邹佩巧	重庆科技学院学生
优胜奖	江西代表团	吴卓言	江西现代职业技术学院学生
优胜奖	陕西代表团	王　帅	西安建筑工程技师学院学生
优胜奖	贵州代表团	王　伟	贵州水利水电职业技术学院学生
优胜奖	河南代表团	杨孟涵	郑州技师学院学生
优胜奖	上海代表团	金思语	上海建设管理职业技术学院学生
优胜奖	宁夏代表团	谷　玲	宁夏职业技术学院学生
优胜奖	四川代表团	余镇利	四川矿产机电技师学院学生

（十六）抹灰与隔墙系统

金　牌	重庆代表团	熊首钰	重庆建筑高级技工学校学生
银　牌	山东代表团	史永胜	烟台城乡建设学校学生
铜　牌	湖南代表团	周　佳	中建五局第三建设有限公司职工
优胜奖	广东代表团	吴炜杰	广州市城市建设职业学校学生
优胜奖	浙江代表团	邱志强	浙江建设技师学院学生
优胜奖	黑龙江代表团	王春爽	黑龙江建筑职业技术学院学生
优胜奖	天津代表团	冯子博	天津渤海职业技术学院学生
优胜奖	河南代表团	鲍智航	郑州商业技师学院学生
优胜奖	住房城乡建设部代表团	储佳乐	浙江建设技师学院学生
优胜奖	贵州代表团	卢　斌	贵阳职业技术学院学生
优胜奖	江苏代表团	陈宏宇	无锡交通技师学院学生
优胜奖	陕西代表团	王一彤	陕西建设技师学院职工
优胜奖	广西代表团	许广涛	广西理工职业技术学院职工
优胜奖	福建代表团	方博宇	厦门技师学院学生

（十七）管道与制暖

金　牌	浙江代表团	陈伟昊	安吉技师学院学生
银　牌	山东代表团	孙伟龙	山东工业技师学院学生
铜　牌	重庆代表团	吕　浪	重庆五一高级技工学校（重庆五一技师学院）职工
优胜奖	上海代表团	胡义林	上海市建筑工程学校学生
优胜奖	江苏代表团	徐　鹏	江苏省盐城技师学院学生
优胜奖	陕西代表团	郭晨晞	陕西建设技师学院学生
优胜奖	江西代表团	罗　豪	江西工业职业技术学院学生
优胜奖	住房城乡建设部代表团	赖传源	广州市公用事业技师学院学生
优胜奖	安徽代表团	胡世勇	安徽六安技师学院学生
优胜奖	广东代表团	廖强宇	广州市公用事业技师学院学生
优胜奖	天津代表团	王　杰	天津渤海职业技术学院学生
优胜奖	河南代表团	李金喆	河南化工技师学院学生
优胜奖	山西代表团	周　宇	长治技师学院学生

（十八）制冷与空调

金　牌	广东代表团	邬海彬	广州市工贸技师学院学生
银　牌	北京代表团	王俊杰	北京电子信息技师学院学生
铜　牌	山东代表团	马成宇	青岛海洋技师学院学生
优胜奖	广西代表团	潘　卓	广西二轻技师学院学生
优胜奖	江西代表团	金安平	江西省电子信息技师学院学生
优胜奖	海南代表团	吴清球	海南省技师学院学生
优胜奖	安徽代表团	李　浩	安徽金寨技师学院学生
优胜奖	天津代表团	郭雁翔	天津渤海职业技术学院学生
优胜奖	江苏代表团	侍群昌	江苏省盐城技师学院学生
优胜奖	浙江代表团	余凯涛	金华市技师学院学生
优胜奖	陕西代表团	赵环勃	西安城市交通技师学院学生
优胜奖	中国机械联代表团	杨玉超	山东商业职业技术学院学生
优胜奖	上海代表团	葛明豪	上海城建职业学院学生
优胜奖	新疆生产建设兵团代表团	吴　扬	新疆生产建设兵团兴新职业技术学院学生

优胜奖	重庆代表团	何佳峰	重庆市轻工业学校职工

（十九）瓷砖贴面

金　牌	浙江代表团	林宇翔	浙江建设技师学院学生
银　牌	住房城乡建设部代表团	丁　煜	浙江建设技师学院学生
铜　牌	上海代表团	杨燕生	上海市建筑工程学校职工
优胜奖	重庆代表团	董　建	重庆建筑技师学院学生
优胜奖	江西代表团	过约瑟	江西省建筑工程高级技工学校学生
优胜奖	广西代表团	李清滕	广西理工职业技术学院学生
优胜奖	安徽代表团	丁佰坡	安徽六安技师学院学生
优胜奖	贵州代表团	何阿明	贵州交通技师学院学生
优胜奖	云南代表团	陈江南	云南建投技工学校学生
优胜奖	陕西代表团	舒家圆	西安建筑工程技师学院学生
优胜奖	山东代表团	陈仕霖	烟台城乡建设学校学生
优胜奖	广东代表团	邓润生	广州市城市建设职业学校学生
优胜奖	河南代表团	王玉航	郑州商业技师学院学生
优胜奖	湖南代表团	李　健	长沙建筑工程学校学生
优胜奖	天津代表团	刘肇祥	天津铁道职业技术学院学生

（二十）数字建造

金　牌	广东代表团	蓝宇航	广东省城市技师学院学生
银　牌	湖南代表团	程振威	中国建筑第五工程局有限公司职工
铜　牌	浙江代表团	王　浩	浙江建设技师学院学生
优胜奖	重庆代表团	黎思吟	重庆建筑技师学院学生
优胜奖	江苏代表团	徐　衡	江苏省徐州技师学院职工
优胜奖	天津代表团	王梓鉴	天津市市政工程学校学生
优胜奖	湖北代表团	郭　烽	湖北城市建设职业技术学院学生
优胜奖	河南代表团	狄超奇	河南工业职业技术学院学生
优胜奖	河北代表团	姚志豪	河北城乡建设学校学生
优胜奖	上海代表团	陶与同	上海城建职业学院学生
优胜奖	山东代表团	胡玉立	山东水利技师学院职工
优胜奖	陕西代表团	万家林	西安建筑工程技师学院学生
优胜奖	江西代表团	赵耀辉	江西应用技术职业学院学生

优胜奖	云南代表团	毛振宇	云南技师学院学生
优胜奖	广西代表团	李亮树	广西建设职业技术学院学生

（二十一）数控铣

金　牌	中国机械联代表团	胡丽超	广东省机械技师学院学生
银　牌	广东代表团	龙伟杰	广东省机械技师学院学生
铜　牌	上海代表团	冼鸿钊	上海市工业技术学校职工
优胜奖	陕西代表团	张金永	西安航天技工学校职工
优胜奖	浙江代表团	周森锋	杭州萧山技师学院学生
优胜奖	天津代表团	李卓平	天津市机电工艺技师学院职工
优胜奖	江苏代表团	马明翔	无锡机电高等职业技术学校学生
优胜奖	湖南代表团	王书航	湖南航空技师学院学生
优胜奖	北京代表团	王明阳	北京市工业技师学院学生
优胜奖	河南代表团	冯希骜	新乡技师学院学生
优胜奖	四川代表团	温　鑫	成都工贸职业技术学院学生
优胜奖	山东代表团	刘城瑞	淄博市技师学院学生
优胜奖	安徽代表团	陈　浩	安徽六安技师学院学生
优胜奖	重庆代表团	杨佳烽	重庆市机械高级技工学校（重庆机械技师学院）职工
优胜奖	海南代表团	梁　毓	海南省技师学院学生

（二十二）数控车

金　牌	广东代表团	陈镘冰	广东省机械技师学院学生
银　牌	天津代表团	廖俊杰	天津市机电工艺技师学院职工
铜　牌	中国机械联代表团	钟文彬	广东省机械技师学院学生
优胜奖	河南代表团	王志昌	新乡职业技术学院学生
优胜奖	重庆代表团	高廉政	重庆工业职业技术学院职工
优胜奖	江苏代表团	蒋　峰	无锡机电高等职业技术学校学生
优胜奖	上海代表团	黎俊业	上海市工业技术学校职工
优胜奖	江西代表团	鲁佳庆	九江职业技术学院学生
优胜奖	北京代表团	邱世龙	北京市工业技师学院学生
优胜奖	山东代表团	陈发淼	淄博市技师学院学生

优胜奖	安徽代表团	武敬如	安徽六安技师学院学生
优胜奖	福建代表团	陈　健	福州第一技师学院职工
优胜奖	湖南代表团	鲁浩轩	湖南航空技师学院学生
优胜奖	四川代表团	杨　涛	成都工贸职业技术学院学生
优胜奖	黑龙江代表团	高业凌程	黑龙江技师学院学生

（二十三）建筑金属构造

金　牌	浙江代表团	周　烽	慈溪技师学院学生
银　牌	山东代表团	刘允飞	山东工程技师学院学生
铜　牌	住房城乡建设部代表团	冯鑫凯	慈溪技师学院学生
优胜奖	四川代表团	孙佳银	中国十九冶集团有限公司（攀枝花技师学院）学生
优胜奖	河南代表团	王梦豪	郑州商业技师学院学生
优胜奖	新疆代表团	胡浩南	新疆安装技工学校职工
优胜奖	云南代表团	李光荣	中国十九冶集团有限公司云南分公司职工
优胜奖	安徽代表团	杨　瑞	安徽芜湖技师学院学生
优胜奖	陕西代表团	李文涛	陕西汽车技工学校学生
优胜奖	甘肃代表团	彭传伟	兰州装备制造技师学院学生
优胜奖	广东代表团	吴志平	广州造船厂技工学校学生
优胜奖	江苏代表团	吴　迪	中船澄西高级技工学校学生
优胜奖	天津代表团	郑　江	中建钢构天津有限公司职工

（二十四）电子技术

金　牌	湖北代表团	曹　博	武汉市仪表电子学校职工
银　牌	广东代表团	邓思忆	广东省技师学院学生
铜　牌	重庆代表团	朱政霜	重庆铁路运输技师学院学生
优胜奖	江苏代表团	张顺顺	苏州市电子信息技师学院职工
优胜奖	安徽代表团	余俊杰	安徽金寨技师学院学生
优胜奖	福建代表团	邹　邦	厦门技师学院学生
优胜奖	湖南代表团	邓礼祺	湖南省陶瓷技师学院学生
优胜奖	北京代表团	张万心	北京电子信息技师学院学生
优胜奖	浙江代表团	叶成浩	慈溪技师学院学生
优胜奖	山东代表团	张敬伟	淄博市技师学院学生

优胜奖	四川代表团	缪承钊	成都航空职业技术学院学生
优胜奖	上海代表团	田云泽	上海电子信息职业技术学院学生
优胜奖	广西代表团	黄林文	广西工业技师学院学生
优胜奖	江西代表团	曾 军	江西省电子信息技师学院学生

（二十五）工业控制

金 牌	广东代表团	肖 创	广州市机电技师学院职工
银 牌	山东代表团	孙健哲	山东工业技师学院学生
铜 牌	河南代表团	刘世行	河南化工技师学院学生
优胜奖	辽宁代表团	伊家硕	铁岭技师学院（辽宁工程职业学院）学生
优胜奖	上海代表团	刘 俊	上海市高级技工学校职工
优胜奖	河北代表团	刘胜飞	邢台技师学院职工
优胜奖	湖南代表团	周孚涛	衡阳技师学院学生
优胜奖	江苏代表团	韩 梦	江苏省常州技师学院学生
优胜奖	天津代表团	刘益楠	天津市劳动保障技师学院学生
优胜奖	福建代表团	蒋萧湧	福建技师学院学生
优胜奖	海南代表团	谢天赐	海南省技师学院学生
优胜奖	湖北代表团	刘俊东	湖北三峡技师学院学生
优胜奖	安徽代表团	程大洋	安徽六安技师学院学生
优胜奖	北京代表团	常亚杰	北京市工业技师学院学生
优胜奖	浙江代表团	张典东	杭州萧山技师学院学生

（二十六）工业机械

金 牌	江苏代表团	陈文彬	江苏省常州技师学院学生
银 牌	天津代表团	尚永博	天津职业技术师范大学学生
铜 牌	上海代表团	张容志	上海市大众工业学校职工
优胜奖	广东代表团	孔 锐	广东省机械技师学院学生
优胜奖	浙江代表团	郑 涛	金华市技师学院学生
优胜奖	广西代表团	吴锡明	广西机电技师学院学生
优胜奖	山东代表团	朱志杰	淄博市技师学院学生
优胜奖	重庆代表团	王世福	重庆市龙门浩职业中学校学生
优胜奖	云南代表团	韩东文	云南红河技师学院学生
优胜奖	北京代表团	康笑章	北京工业职业技术学院学生
优胜奖	安徽代表团	张程杨	安徽芜湖技师学院学生

优胜奖	河南代表团	王子夫	开封技师学院学生
优胜奖	山西代表团	张浩琦	晋城技师学院学生

（二十七）制造团队挑战赛

金　牌	天津代表团	陈俏锐	天津职业技术师范大学学生
金　牌	天津代表团	黄岳兵	天津职业技术师范大学学生
金　牌	天津代表团	潘　燧	天津职业技术师范大学学生
银　牌	吉林代表团	黄庭威	长春科技学院职工
银　牌	吉林代表团	袁　逸	长春科技学院职工
银　牌	吉林代表团	覃海军	长春科技学院职工
铜　牌	广东代表团	卢言琳	广东省机械技师学院学生
铜　牌	广东代表团	詹贤达	广东省机械技师学院职工
铜　牌	广东代表团	马佳佳	广东省机械技师学院职工
优胜奖	江苏代表团	刘青璞	江苏省常州技师学院学生
优胜奖	江苏代表团	刘星宇	江苏省常州技师学院职工
优胜奖	江苏代表团	马悦超	江苏省常州技师学院学生
优胜奖	河南代表团	彭竟松	中国空空导弹研究院职工
优胜奖	河南代表团	李　坤	河南新乡技师学院学生
优胜奖	河南代表团	杜和宣	中国空空导弹研究院职工
优胜奖	福建代表团	罗建文	福州第一技师学院职工
优胜奖	福建代表团	曹学朦	福州第一技师学院职工
优胜奖	福建代表团	陈　龙	福州第一技师学院职工
优胜奖	四川代表团	肖　瑞	成都航空职业技术学院学生
优胜奖	四川代表团	李鑫帅	中国工程物理研究院化工材料研究所职工
优胜奖	四川代表团	王　涛	成都飞机工业（集团）有限责任公司职工
优胜奖	上海代表团	季振华	上海电子信息职业技术学院学生
优胜奖	上海代表团	赵一凡	上海电子信息职业技术学院学生
优胜奖	上海代表团	倪　蒙	上海电子信息职业技术学院学生
优胜奖	浙江代表团	屠诚泽	宁波技师学院学生
优胜奖	浙江代表团	黄研鹏	金华市技师学院学生
优胜奖	浙江代表团	王佳宁	宁波技师学院学生
优胜奖	陕西代表团	柴佳雄	中航西安飞机工业集团股份有限公司职工
优胜奖	陕西代表团	崔佳乐	中航西安飞机工业集团股份有限公司职工

优胜奖	陕西代表团	周智康	中航西安飞机工业集团股份有限公司职工
优胜奖	江西代表团	陈祖辉	江西洪都航空工业集团有限责任公司职工
优胜奖	江西代表团	万　辉	江西洪都航空工业集团有限责任公司职工
优胜奖	江西代表团	齐雨航	江西洪都航空工业集团有限责任公司职工
优胜奖	广西代表团	甘海育	广西机电技师学院学生
优胜奖	广西代表团	谭　耀	广西机电技师学院学生
优胜奖	广西代表团	苏庆任	广西机电技师学院学生

（二十八）CAD 机械设计

金　牌	广东代表团	黄育森	广州市工贸技师学院学生
银　牌	安徽代表团	徐学骏	芜湖职业技术学院学生
铜　牌	浙江代表团	何城柯	杭州萧山技师学院学生
优胜奖	河北代表团	田建才	邢台技师学院职工
优胜奖	江苏代表团	朱天宇	江苏省苏州技师学院学生
优胜奖	上海代表团	刘英鸣	上海市大众工业学校学生
优胜奖	山西代表团	宋海钰	晋城技师学院学生
优胜奖	江西代表团	李　翔	江西省冶金技师学院学生
优胜奖	山东代表团	程焕瑞	山东劳动技师学院学生
优胜奖	广西代表团	潘州雄	广西机电技师学院职工
优胜奖	海南代表团	黄绍强	海南省技师学院学生
优胜奖	河南代表团	肖涵滨	漯河技师学院学生
优胜奖	贵州代表团	杨　雨	贵州职业技术学院学生
优胜奖	四川代表团	刘建飞	成都航空职业技术学院学生
优胜奖	吉林代表团	杜　宇	吉林职业技师学院学生
优胜奖	天津代表团	刘博明	天津市机电工艺技师学院学生

（二十九）机电一体化

金　牌	天津代表团	邓宗耀	天津职业技术师范大学附属高级技术学校职工
金　牌	天津代表团	张展锐	天津职业技术师范大学附属高级技术学校职工
银　牌	中国机械联代表团	郑泽鑫	广州市机电技师学院学生
银　牌	中国机械联代表团	郑永壕	广州市机电技师学院学生
铜　牌	海南代表团	王扬秀	海南省技师学院学生

铜　牌	海南代表团	陈道俊	海南省技师学院学生
优胜奖	广东代表团	古天福	广东省岭南工商第一技师学院学生
优胜奖	广东代表团	黄嘉顺	广东省岭南工商第一技师学院学生
优胜奖	江苏代表团	崔远旺	江苏省徐州技师学院学生
优胜奖	江苏代表团	邢启福	江苏省徐州技师学院学生
优胜奖	山东代表团	张玉辰	山东工程技师学院职工
优胜奖	山东代表团	于宪哲	山东工程技师学院职工
优胜奖	北京代表团	彭　凯	北京市工业技师学院学生
优胜奖	北京代表团	李昊洋	北京市工业技师学院学生
优胜奖	广西代表团	黄敬洋	广西工业技师学院学生
优胜奖	广西代表团	李阿优	广西工业技师学院职工
优胜奖	上海代表团	王　帅	上海建桥学院学生
优胜奖	上海代表团	成智磊	上海建桥学院学生
优胜奖	河南代表团	张冰帅	开封技师学院学生
优胜奖	河南代表团	李炜琦	开封技师学院学生
优胜奖	湖南代表团	陈大欢	湖南航空技师学院学生
优胜奖	湖南代表团	唐宇冶	湖南航空技师学院学生
优胜奖	江西代表团	廖远火	江西技师学院职工
优胜奖	江西代表团	钟海强	江西技师学院职工
优胜奖	青海代表团	刘富成	青海水电技师学院学生
优胜奖	青海代表团	范嘉全	青海水电技师学院学生
优胜奖	云南代表团	李　耀	云南工业技师学院学生
优胜奖	云南代表团	余淼江	云南工业技师学院学生
优胜奖	浙江代表团	何　松	杭州第一技师学院学生
优胜奖	浙江代表团	倪瑶江	杭州第一技师学院学生
优胜奖	福建代表团	刘铭杰	福州第一技师学院学生
优胜奖	福建代表团	肖伟杰	福州第一技师学院学生

（三十）移动机器人

金　牌	广东代表团	方灿豪	广州市工贸技师学院职工
金　牌	广东代表团	蒋家俊	广州市机电技师学院学生
银　牌	青海代表团	饶庆宁	青海水电技师学院学生
银　牌	青海代表团	莫少森	青海水电技师学院学生

铜　牌	贵州代表团	刘裕学	贵州交通职业技术学院学生
铜　牌	贵州代表团	王财维	贵州交通职业技术学院学生
优胜奖	天津代表团	孙　威	天津中德应用技术大学学生
优胜奖	天津代表团	王　宇	天津中德应用技术大学学生
优胜奖	江苏代表团	桂子豪	南京技师学院学生
优胜奖	江苏代表团	张俊杰	南京技师学院学生
优胜奖	山东代表团	朱风和	山东技师学院学生
优胜奖	山东代表团	高维超	山东技师学院学生
优胜奖	河南代表团	介明鑫	漯河技师学院学生
优胜奖	河南代表团	白金科	漯河技师学院学生
优胜奖	中国机械联代表团	王宇杰	浙江省机电技师学院学生
优胜奖	中国机械联代表团	林镇凯	广州市机电技师学院学生
优胜奖	云南代表团	普国峰	云南技师学院学生
优胜奖	云南代表团	林涵艺	云南技师学院学生
优胜奖	山西代表团	李泽瑞	山西机械高级技工学校职工
优胜奖	山西代表团	高凯乐	山西机械高级技工学校学生
优胜奖	湖北代表团	刘胜珈	武汉交通职业学院学生
优胜奖	湖北代表团	陈　恒	武汉交通职业学院学生
优胜奖	重庆代表团	汪　政	重庆水利电力职业技术学院学生
优胜奖	重庆代表团	姚　治	重庆水利电力职业技术学院学生
优胜奖	北京代表团	王　翔	北京市工贸技师学院学生
优胜奖	北京代表团	张　硕	北京市工贸技师学院学生
优胜奖	安徽代表团	申远宝	安徽六安技师学院学生
优胜奖	安徽代表团	黄　睿	安徽六安技师学院学生
优胜奖	黑龙江代表团	郭立嘉	哈尔滨科学技术职业学院学生
优胜奖	黑龙江代表团	张红超	哈尔滨科学技术职业学院学生

（三十一）原型制作

金　牌	广东代表团	劳家日	广州市技师学院学生
银　牌	江苏代表团	陶赟杰	江苏省苏州技师学院学生
铜　牌	吉林代表团	冯敬爱	吉林职业技师学院职工

优胜奖	天津代表团	韩希鹏	天津市机电工艺技师学院学生
优胜奖	山东代表团	韩君强	山东交通技师学院学生
优胜奖	辽宁代表团	张佳朔	辽宁丰田金杯技师学院职工
优胜奖	广西代表团	潘锐辉	广西南宁松戈机电设备有限公司职工
优胜奖	中国机械联代表团	邵远琛	浙江省机电技师学院学生
优胜奖	浙江代表团	周祺杰	宁波技师学院学生
优胜奖	湖北代表团	罗东楠	武汉城市职业学院学生
优胜奖	上海代表团	李春龙	上海市大众工业学校学生
优胜奖	湖南代表团	万家伟	常德技师学院学生
优胜奖	重庆代表团	许峰源	重庆市工业高级技工学校（重庆市工业技师学院）学生

（三十二）焊接

金　牌	四川代表团	胡泽宏	中国十九冶集团有限公司（攀枝花技师学院）学生
银　牌	住房城乡建设部代表团	王福兴	中国十九冶集团有限公司职工
铜　牌	云南代表团	刘　全	中国十九冶集团有限公司云南分公司职工
优胜奖	湖南代表团	董晨阳	湖南航空技师学院学生
优胜奖	浙江代表团	徐志勤	宁波技师学院学生
优胜奖	河南代表团	孙亚朋	河南化工技师学院学生
优胜奖	陕西代表团	任　斌	陕西建设技师学院学生
优胜奖	山东代表团	颜丙堯	临沂市技师学院学生
优胜奖	江苏代表团	高新和	南京技师学院学生
优胜奖	安徽代表团	张志远	安徽铜陵技师学院学生
优胜奖	内蒙古代表团	张　俊	包头机械工业职业学校学生
优胜奖	湖北代表团	桂玉郎	中国一冶集团有限公司/武汉工程职业技术学院职工
优胜奖	黑龙江代表团	王怀龙	大庆油田有限责任公司职工
优胜奖	河北代表团	王天宇	中国中车唐山机车车辆有限公司职工
优胜奖	甘肃代表团	李亚龙	甘肃钢铁职业技术学院学生

（三十三）水处理技术

金　牌	江苏代表团	杨艺杰	南京技师学院职工

银　牌	天津代表团	魏志远	天津渤海职业技术学院学生
铜　牌	湖南代表团	袁　森	湖南化工职业技术学院学生
优胜奖	广东代表团	陈　锋	中山市技师学院职工
优胜奖	陕西代表团	张学平	陕西正大技师学院职工
优胜奖	河南代表团	卢　毅	河南化工技师学院学生
优胜奖	江西代表团	陈荣相	江西环境工程职业学院学生
优胜奖	山东代表团	李　丹	山东工业技师学院学生
优胜奖	山西代表团	丁叮玲	长治职业技术学院学生
优胜奖	甘肃代表团	谢子瑄	兰州资源环境职业技术大学学生
优胜奖	浙江代表团	程梓锋	绍兴市中等专业学校职工
优胜奖	安徽代表团	梁永杰	安徽水利水电职业技术学院学生
优胜奖	河北代表团	宋宇辰	涿州市技师学院学生
优胜奖	住房城乡建设部代表团	索宝润	北京城市排水集团有限责任公司职工
优胜奖	上海代表团	黄奕阳	上海电力大学学生
优胜奖	北京代表团	赵　可	北京市工业技师学院学生

（三十四）化学实验室技术

金　牌	江苏代表团	姜雪程	徐州工业职业技术学院学生
银　牌	山东代表团	郭宇彤	山东化工技师学院学生
铜　牌	天津代表团	房宇飞	天津渤海职业技术学院学生
优胜奖	河南代表团	鲁静怡	河南化工技师学院学生
优胜奖	陕西代表团	吴娜娜	西安石油化工技工学校学生
优胜奖	广西代表团	马佳连	广西工业技师学院学生
优胜奖	上海代表团	李　文	上海信息技术学校学生
优胜奖	广东代表团	陈艺域	深圳技师学院职工
优胜奖	浙江代表团	丰小芹	杭州轻工技师学院学生
优胜奖	重庆代表团	宋云雪	重庆工信职业学院学生
优胜奖	四川代表团	郭建欣	四川理工技师学院学生
优胜奖	北京代表团	林城阳	北京市城市排水集团水质检测中心职工
优胜奖	湖南代表团	陈　艳	湖南化工职业技术学院学生
优胜奖	新疆代表团	叶强昊	新疆化工技师培训学院学生
优胜奖	江西代表团	谢雅茜	江西现代职业技术学院学生

（三十五）增材制造

金　牌	安徽代表团	许文豪	安徽马鞍山技师学院学生
银　牌	湖南代表团	张中威	湖南航空技师学院学生
铜　牌	广东代表团	罗小焦	广东省机械技师学院学生
优胜奖	贵州代表团	王秀木	贵州装备制造职业学院学生
优胜奖	吉林代表团	冯锦涛	长春科技学院职工
优胜奖	江苏代表团	卞　闻	江苏省盐城技师学院学生
优胜奖	天津代表团	叶铠豪	天津职业技术师范大学高等职业技术教育部学生
优胜奖	湖北代表团	胡成杰	武汉职业技术学院学生
优胜奖	福建代表团	吴坚城	福建省莆田职业技术学校职工
优胜奖	上海代表团	段腾飞	上海工程技术大学高等职业技术学院学生
优胜奖	四川代表团	杨刘奇	成都工贸职业技术学院学生
优胜奖	山东代表团	刘萧硕	山东化工技师学院学生
优胜奖	河南代表团	王　骥	周口技师学院职工
优胜奖	北京代表团	田京宇	北京市工贸技师学院学生

（三十六）工业设计技术

金　牌	广东代表团	覃秀桃	深圳技师学院学生
银　牌	山东代表团	伏兆鑫	山东交通技师学院职工
铜　牌	重庆代表团	卢可欣	重庆大学学生
优胜奖	天津代表团	马新元	天津财经大学学生
优胜奖	广西代表团	潘文晓	广西机电技师学院学生
优胜奖	浙江代表团	孙炫政	杭州萧山技师学院学生
优胜奖	上海代表团	贾慕天	上海市工艺美术学校学生
优胜奖	江苏代表团	刘　娴	江苏省常州技师学院学生
优胜奖	吉林代表团	邵晓鑫	长春科技学院学生
优胜奖	安徽代表团	王帅帅	阜阳师范大学信息工程学院学生
优胜奖	贵州代表团	罗　迅	贵州工业职业技术学院学生
优胜奖	海南代表团	王康健	海南省技师学院学生
优胜奖	江西代表团	杨紫芹	江西省电子信息技师学院学生
优胜奖	四川代表团	刘佳玮	四川交通职业技术学院学生

（三十七）工业 4.0

金　牌	天津代表团	陆京龙	天津职业技术师范大学学生
金　牌	天津代表团	徐必利	天津职业技术师范大学学生

银　牌	上海代表团	卢俊威	上海科创职业技术学院职工
银　牌	上海代表团	谢辉铉	上海科创职业技术学院职工
铜　牌	中国机械联代表团	李　泽	广州市机电技师学院职工
铜　牌	中国机械联代表团	袁伟华	广州市机电技师学院职工
优胜奖	山东代表团	焦腾达	山东工业技师学院学生
优胜奖	山东代表团	曹艳龙	山东工业技师学院学生
优胜奖	江苏代表团	徐昌城	江苏省无锡技师学院学生
优胜奖	江苏代表团	张佳东	江苏省无锡技师学院学生
优胜奖	广东代表团	方　韵	广东省机械技师学院学生
优胜奖	广东代表团	杨世忠	广东省机械技师学院学生
优胜奖	海南代表团	曹　坤	海南省技师学院学生
优胜奖	海南代表团	林　靖	海南省技师学院学生
优胜奖	重庆代表团	罗一恒	四川仪表工业学校学生
优胜奖	重庆代表团	张　健	重庆公共运输职业学院学生
优胜奖	吉林代表团	罗嘉烙	吉林职业技师学院职工
优胜奖	吉林代表团	伞景扬	长春职业技术学院学生
优胜奖	江西代表团	杨青云	江西制造职业技术学院学生
优胜奖	江西代表团	钟建豪	江西制造职业技术学院学生
优胜奖	北京代表团	贾震鹏	北京轻工技师学院学生
优胜奖	北京代表团	孙慧轩	北京轻工技师学院学生
优胜奖	广西代表团	滕恒新	广西轻工技师学院学生
优胜奖	广西代表团	李庆冕	广西轻工技师学院学生
优胜奖	四川代表团	陶　尧	四川工程职业技术学院学生
优胜奖	四川代表团	付学强	四川工程职业技术学院学生
优胜奖	河北代表团	葛紫藤	河北省保定技师学院学生
优胜奖	河北代表团	李浩天	河北省保定技师学院学生
优胜奖	安徽代表团	张　帅	安徽六安技师学院职工
优胜奖	安徽代表团	郭成成	安徽六安技师学院职工

（三十八）光电技术

金　牌	重庆代表团	商峻宁	重庆电子工程职业学院学生
银　牌	上海代表团	李　赛	上海电子信息职业技术学院学生

铜　牌	天津代表团	袁智涛	天津市电子信息技师学院学生
优胜奖	云南代表团	李国祥	云南省玉溪技师学院职工
优胜奖	湖北代表团	闵　浩	荆州理工职业学院学生
优胜奖	山东代表团	王　硕	青岛市技师学院学生
优胜奖	四川代表团	向立强	成都工贸职业技术学院学生
优胜奖	河南代表团	周正羽	河南技师学院学生
优胜奖	陕西代表团	强　帅	陕西能源职业技术学院学生
优胜奖	安徽代表团	汪嘉捷	安徽六安技师学院学生
优胜奖	湖南代表团	周智慧	湖南航空技师学院学生
优胜奖	广西代表团	韦　钰	广西商贸高级技工学校学生
优胜奖	吉林代表团	吴俊隆	吉林省理工技师学院职工
优胜奖	江苏代表团	张治豪	仪征技师学院学生

（三十九）可再生能源

金　牌	广东代表团	曾振江	广东省技师学院学生
银　牌	江苏代表团	唐景川	江苏省扬州技师学院学生
铜　牌	浙江代表团	应骁伉	永康五金技师学院职工
优胜奖	天津代表团	杨一帆	天津轻工职业技术学院学生
优胜奖	山东代表团	张义炜	山东工业技师学院学生
优胜奖	江西代表团	张　聪	江西工业职业技术学院学生
优胜奖	河南代表团	周金豪	许昌电气职业学院学生
优胜奖	重庆代表团	付龙辉	重庆电力高等专科学校学生
优胜奖	四川代表团	陈富员	成都市技师学院学生
优胜奖	湖南代表团	朱　宇	湖南铁道职业技术学院学生
优胜奖	福建代表团	马　地	厦门市集美职业技术学校学生
优胜奖	海南代表团	符稀卡	海南省三亚技师学院学生
优胜奖	贵州代表团	张秘宇	贵州水利水电职业技术学院学生
优胜奖	甘肃代表团	杨　博	培黎职业学院学生

（四十）机器人系统集成

金　牌	天津代表团	史景康	天津机电职业技术学院学生
金　牌	天津代表团	张　鹏	天津职业技术师范大学学生
银　牌	中国机械联代表团	周　玮	广州市机电技师学院学生

银 牌	中国机械联代表团	刘富强	广州市机电技师学院职工
铜 牌	广东代表团	陈敬钦	广州市机电技师学院学生
铜 牌	广东代表团	邵俊豪	广州市机电技师学院学生
优胜奖	浙江代表团	叶梦强	杭州技师学院学生
优胜奖	浙江代表团	郑龙斌	杭州技师学院职工
优胜奖	广西代表团	蒙清仁	广西机电技师学院学生
优胜奖	广西代表团	李治彬	广西机电技师学院职工
优胜奖	山东代表团	刘豪然	山东技师学院职工
优胜奖	山东代表团	向延升	山东技师学院学生
优胜奖	河北代表团	苑鹏展	唐山工业职业技术学院学生
优胜奖	河北代表团	何昊东	唐山工业职业技术学院学生
优胜奖	海南代表团	黄相玉	海南省技师学院学生
优胜奖	海南代表团	甘泰通	海南省技师学院学生
优胜奖	河南代表团	刘超阳	开封技师学院学生
优胜奖	河南代表团	王永康	开封技师学院学生
优胜奖	安徽代表团	杨 震	安徽六安技师学院学生
优胜奖	安徽代表团	韩国进	安徽六安技师学院学生
优胜奖	四川代表团	杨馥榱	四川航天职业技术学院学生
优胜奖	四川代表团	罗 想	四川航天职业技术学院学生
优胜奖	江苏代表团	杨 正	江苏省淮海技师学院职工
优胜奖	江苏代表团	张成龙	江苏省淮海技师学院职工
优胜奖	福建代表团	王 健	漳州技师学院学生
优胜奖	福建代表团	郑良滨	漳州技师学院学生
优胜奖	北京代表团	崔英杰	北京轻工技师学院学生
优胜奖	北京代表团	王 战	北京轻工技师学院学生
优胜奖	湖南代表团	周振宇	娄底技师学院学生
优胜奖	湖南代表团	周 超	娄底技师学院学生

（四十一）信息网络布线

金 牌	天津代表团	李宏宇	天津市电子信息技师学院学生
银 牌	河南代表团	王明轩	郑州技师学院职工
铜 牌	江苏代表团	吴岳森	江苏省无锡技师学院职工

优胜奖	山东代表团	王佳辉	山东工业技师学院学生
优胜奖	福建代表团	冯会亮	福建省莆田职业技术学校职工
优胜奖	内蒙古代表团	崔嘉政	兴安盟高级技工学校职工
优胜奖	辽宁代表团	芦洪源	空军通信士官学校学生
优胜奖	北京代表团	高　琪	北京电子信息技师学院职工
优胜奖	安徽代表团	杜思锦	安徽金寨技师学院学生
优胜奖	广东代表团	黄腾昊	广东省轻工业技师学院职工
优胜奖	河北代表团	郭　鑫	邢台技师学院学生
优胜奖	上海代表团	张哲铭	上海电子信息职业技术学院学生
优胜奖	云南代表团	蒋忠何	云南技师学院职工
优胜奖	吉林代表团	张春彤	吉林省理工技师学院职工
优胜奖	湖南代表团	阳　恒	衡阳技师学院学生

（四十二）网络系统管理

金　牌	广东代表团	莫　天	广州市工贸技师学院职工
银　牌	安徽代表团	冯中山	安徽阜阳技师学院职工
铜　牌	贵州代表团	周　文	贵州机电职业技术学院学生
优胜奖	浙江代表团	王　浩	嘉兴技师学院学生
优胜奖	天津代表团	孙小山	天津市电子信息技师学院学生
优胜奖	湖北代表团	丁昌成	灵活就业人员
优胜奖	海南代表团	胡余辉	海南省技师学院学生
优胜奖	山东代表团	张正康	济南市技师学院学生
优胜奖	湖南代表团	邓　波	衡阳技师学院职工
优胜奖	河南代表团	曹弋凡	郑州工业安全职业学院学生
优胜奖	福建代表团	陈嘉盛	集美工业学校学生
优胜奖	江苏代表团	陈家豪	江苏省盐城技师学院学生
优胜奖	宁夏代表团	刘培元	宁夏职业技术学院学生
优胜奖	四川代表团	游国立	成都职业技术学院学生
优胜奖	山西代表团	张　腾	山西昆仑信息科技有限公司职工
优胜奖	上海代表团	滑继钺	上海市信息管理学校学生

（四十三）商务软件解决方案

金　牌	江苏代表团	曹佳豪	江苏省苏州技师学院学生
银　牌	河北代表团	宋鑫楠	邢台技师学院职工

铜　牌	上海代表团	侯竣浩	上海行健职业学院学生
优胜奖	江西代表团	杨恩锐	九江职业技术学院学生
优胜奖	广东代表团	李　政	广州市工贸技师学院学生
优胜奖	天津代表团	宋昀斐	天津电子信息职业技术学院学生
优胜奖	浙江代表团	陈俊杰	杭州萧山技师学院学生
优胜奖	湖北代表团	吴金鑫	武汉工商学院学生
优胜奖	湖南代表团	欧阳利	衡阳技师学院学生
优胜奖	山东代表团	陈海旺	山东技师学院学生
优胜奖	重庆代表团	廖　鑫	重庆电子工程职业学院学生
优胜奖	河南代表团	赵炯棚	河南职业技术学院学生
优胜奖	云南代表团	韩艳玲	云南工贸职业技术学院学生

（四十四）印刷媒体技术

金　牌	上海代表团	罗宇晨	上海出版印刷高等专科学校学生
银　牌	广东代表团	刘　彦	深圳技师学院职工
铜　牌	吉林代表团	郎民超	长春国际经济贸易职业中专职工
优胜奖	山东代表团	姜闻凯	山东工业技师学院学生
优胜奖	河南代表团	程希豪	河南经济贸易技师学院学生
优胜奖	天津代表团	刘欣雨	天津市职业大学学生
优胜奖	山西代表团	葛江凯	山西鑫润威工贸有限公司学生
优胜奖	福建代表团	郑东昊	漳州理工职业学院学生
优胜奖	江西代表团	郑丽兰	江西省传媒高级技工学校学生
优胜奖	四川代表团	方　驰	四川工商职业技术学院学生
优胜奖	广西代表团	韦富斌	广西新闻出版技工学校学生
优胜奖	重庆代表团	邓茂林	重庆商务职业学院学生

（四十五）网站技术

金　牌	上海代表团	庞泽锐	上海行健职业学院学生
银　牌	江苏代表团	周　龙	江苏省南通工贸技师学院学生
铜　牌	江西代表团	曾　昊	江西省电子信息技师学院学生
优胜奖	安徽代表团	杜浩然	安徽阜阳技师学院职工
优胜奖	浙江代表团	井前程	杭州轻工技师学院学生
优胜奖	湖南代表团	陈　柴	衡阳技师学院学生
优胜奖	山东代表团	张伦镁	济宁市技师学院学生

优胜奖	广东代表团	伍时杨	广州市工贸技师学院学生
优胜奖	天津代表团	卫晓强	天津电子信息职业技术学院学生
优胜奖	河南代表团	刘兴来	河南化工技师学院学生
优胜奖	云南代表团	白峻帆	云南工贸职业技术学院学生
优胜奖	北京代表团	李明宇	北京市新媒体技师学院学生
优胜奖	湖北代表团	构嘉伟	荆州理工职业学院学生
优胜奖	四川代表团	杜俊枫	泸州职业技术学院学生

（四十六）云计算

金　牌	广东代表团	黄佳杰	深圳技师学院职工
银　牌	天津代表团	柳添豪	天津市希城科技有限公司职工
铜　牌	江苏代表团	夏嘉旋	江苏省常州技师学院学生
优胜奖	浙江代表团	袁文涛	台州技师学院学生
优胜奖	上海代表团	赵晨阳	上海理想信息产业（集团）有限公司职工
优胜奖	山东代表团	种家龚	山东劳动技师学院学生
优胜奖	海南代表团	岑运程	海南经贸职业技术学院学生
优胜奖	安徽代表团	刘怀斗	安徽阜阳技师学院职工
优胜奖	江西代表团	李　栋	江西应用技术职业学院学生
优胜奖	北京代表团	马博文	首钢技师学院学生
优胜奖	山西代表团	裴清洋	山西职业技术学院学生
优胜奖	福建代表团	林振鹏	福建船政交通职业学院学生
优胜奖	广西代表团	王　中	南宁职业技术学院学生
优胜奖	河南代表团	韩德岭	河南经济贸易技师学院学生

（四十七）网络安全

金　牌	重庆代表团	刘志赞	重庆电子技师学院职工
金　牌	重庆代表团	税一卫	重庆电子工程职业学院学生
银　牌	安徽代表团	殷　祥	安徽阜阳技师学院职工
银　牌	安徽代表团	韩光雷	安徽阜阳技师学院职工
铜　牌	江苏代表团	闫彧龙	苏州市电子信息技师学院职工
铜　牌	江苏代表团	王　众	苏州市电子信息技师学院职工
优胜奖	上海代表团	庄轶哲	上海交通大学学生
优胜奖	上海代表团	詹云帆	上海交通大学学生
优胜奖	天津代表团	蒋欣毅	天津电子信息职业技术学院学生

优胜奖	天津代表团	李镇海	天津电子信息职业技术学院学生
优胜奖	广东代表团	向　前	广东省技师学院学生
优胜奖	广东代表团	庄夏杨	广东省技师学院学生
优胜奖	黑龙江代表团	吴雨伦	哈尔滨工业大学学生
优胜奖	黑龙江代表团	王逸伦	哈尔滨工业大学学生
优胜奖	北京代表团	王润田	中国人民公安大学学生
优胜奖	北京代表团	颜瑞彬	中国人民公安大学学生
优胜奖	山东代表团	王珏盛	灵活就业人员
优胜奖	山东代表团	邵吴彧	灵活就业人员
优胜奖	湖南代表团	陈　秋	湖南大众传媒职业技术学院学生
优胜奖	湖南代表团	雷　阳	湖南大众传媒职业技术学院学生
优胜奖	内蒙古代表团	郭治博	呼和浩特市第二职业中等专业学校学生
优胜奖	内蒙古代表团	郭文凯	呼和浩特市第二职业中等专业学校学生
优胜奖	浙江代表团	陆淼波	杭州安恒信息技术股份有限公司职工
优胜奖	浙江代表团	李晓龙	杭州安恒信息技术股份有限公司职工
优胜奖	山西代表团	唐震宇	太原市高级技工学校（太原技师学院）学生
优胜奖	山西代表团	闫利勇	太原市高级技工学校（太原技师学院）学生
优胜奖	湖北代表团	王博涵	华中科技大学学生
优胜奖	湖北代表团	谢世强	湖北大学学生

（四十八）移动应用开发

金　牌	广东代表团	马贞鹏	广州市工贸技师学院学生
银　牌	浙江代表团	朱姚飞	嘉兴技师学院学生
铜　牌	天津代表团	吴　涛	天津电子信息职业技术学院学生
优胜奖	重庆代表团	胡泽民	重庆文理学院学生
优胜奖	江西代表团	崔海林	九江职业技术学院学生
优胜奖	山西代表团	赵鹏飞	山西职业技术学院学生
优胜奖	福建代表团	范礼江	福建船政交通职业学院学生
优胜奖	上海代表团	仲骏颢	上海出版印刷高等专科学校学生
优胜奖	海南代表团	符诗诚	海南经贸职业技术学院学生
优胜奖	江苏代表团	赵仕芳	江苏省扬州技师学院学生
优胜奖	湖北代表团	王　杰	武汉工商学院学生
优胜奖	内蒙古代表团	陈殿青	内蒙古电子信息职业技术学院学生

优胜奖	广西代表团	梁家伟	广西职业技术学院学生
优胜奖	湖南代表团	谭　锐	衡阳技师学院学生

（四十九）时装技术

金　牌	广东代表团	周芹妃	广州市白云工商技师学院职工
银　牌	北京代表团	余　娜	北京市工贸技师学院学生
铜　牌	河南代表团	任格格	河南技师学院学生
优胜奖	四川代表团	涂文梅	成都纺织高等专科学校学生
优胜奖	湖南代表团	孙福佳	湖南工艺美术职业学院学生
优胜奖	江苏代表团	吴晶莹	江苏省盐城技师学院学生
优胜奖	重庆代表团	何圆湘	重庆市工贸高级技工学校学生
优胜奖	山东代表团	刘萧瑞	威海职业学院（威海市技术学院）学生
优胜奖	上海代表团	潘雨洁	上海杉达学院学生
优胜奖	湖北代表团	张依依	武汉职业技术学院学生
优胜奖	浙江代表团	宋欣悦	平湖市职业中等专业学校学生
优胜奖	江西代表团	刘梓娟	江西省电子商务高级技工学校学生
优胜奖	贵州代表团	杨春梅	贵州轻工职业技术学院学生
优胜奖	河北代表团	周立霞	河北科技工程职业技术大学学生

（五十）花艺

金　牌	上海代表团	蒋晨琪	上海市建设管理职业技术学院学生
银　牌	住房城乡建设部代表团	蒋兆珩	上海市建设管理职业技术学院学生
铜　牌	天津代表团	彭金洋	天津农学院学生
优胜奖	广东代表团	陈嘉琪	深圳职业技术大学职工
优胜奖	安徽代表团	翟雨娟	安徽工商职业学院学生
优胜奖	浙江代表团	袁星群	杭州第一技师学院学生
优胜奖	湖北代表团	朱级雨	湖北生态工程职业技术学院学生
优胜奖	贵州代表团	杨胜城	贵州水利水电职业技术学院学生
优胜奖	广西代表团	曾广仪	广西农业职业技术大学学生
优胜奖	江苏代表团	卓晨瑞	江苏农林职业技术学院学生
优胜奖	重庆代表团	袁建涛	重庆工程职业技术学院学生
优胜奖	江西代表团	谢文杰	江西省工贸高级技工学校学生
优胜奖	湖南代表团	肖　娜	衡阳技师学院学生
优胜奖	山东代表团	李嘉瑶	山东水利职业学院学生

优胜奖	河南代表团	许佳佳	郑州财经技师学院学生
优胜奖	福建代表团	周若鸿	福建农业职业技术学院学生

（五十一）平面设计技术

金 牌	广东代表团	张梓鸿	深圳技师学院学生
银 牌	山东代表团	李萌萌	山东劳动技师学院学生
铜 牌	河北代表团	李 欣	邢台技师学院职工
优胜奖	北京代表团	马莫涵	北京市新媒体技师学院学生
优胜奖	湖南代表团	吴冰倩	衡阳技师学院学生
优胜奖	广西代表团	陆启锐	广西商业技师学院学生
优胜奖	海南代表团	邱天诚	海南省技师学院学生
优胜奖	云南代表团	王正婷	云南现代职业技术学院学生
优胜奖	吉林代表团	韩雯乐	长春科技学院学生
优胜奖	上海代表团	赵添翼	上海出版印刷高等专科学校学生
优胜奖	安徽代表团	周知剑	安徽新华高级技工学校学生
优胜奖	天津代表团	邢鑫梦	天津中德应用技术大学学生
优胜奖	浙江代表团	姚思涵	杭州轻工技师学院学生
优胜奖	重庆代表团	周芝希	重庆科技学院学生
优胜奖	河南代表团	张 鑫	漯河技师学院学生
优胜奖	辽宁代表团	张资晗	鞍山高新区科技技工学校学生

（五十二）珠宝加工

金 牌	广东代表团	李来戈	广州南华工贸高级技工学校职工
银 牌	北京代表团	张宇鹏	北京市工艺美术高级技工学校学生
铜 牌	吉林代表团	段舒畅	吉林省工程技术学校学生
优胜奖	山西代表团	杨志恒	山西省宏艺珠宝产业股份有限公司职工
优胜奖	上海代表团	符欣怡	上海今亚珠宝有限公司职工
优胜奖	贵州代表团	王勇兵	黔东南技师学院学生
优胜奖	湖南代表团	何美兰	湖南工艺美术职业学院学生
优胜奖	山东代表团	周美丽	山东昌乐技师学院学生
优胜奖	江苏代表团	朱凯盛	南京技师学院学生
优胜奖	甘肃代表团	张彦博	兰州资源环境职业技术大学学生
优胜奖	重庆代表团	冉 臣	重庆工程职业技术学院学生
优胜奖	福建代表团	宋汶阳	湄洲湾职业技术学院学生
优胜奖	天津代表团	姚梦霄	天津职业技术师范大学学生

优胜奖	浙江代表团	董　震	杭州第一技师学院学生

（五十三）商品展示技术

金　牌	广东代表团	姚妮君	广东省轻工业技师学院学生
银　牌	天津代表团	李瑞雪	天津职业技术师范大学学生
铜　牌	湖北代表团	杨佳丽	长江职业学院学生
优胜奖	浙江代表团	徐欣怡	宁波第二技师学院学生
优胜奖	河南代表团	李结结	郑州技师学院学生
优胜奖	陕西代表团	张　杰	灵活就业人员
优胜奖	山东代表团	郭格格	山东劳动技师学院学生
优胜奖	上海代表团	仝　谣	上海工艺美术职业学院学生
优胜奖	湖南代表团	陈钰芸	湖南工艺美术职业学院学生
优胜奖	甘肃代表团	薄嘉乐	兰州职业技术学院学生
优胜奖	北京代表团	任　彤	北京市工贸技师学院学生
优胜奖	宁夏代表团	邱子琼	宁夏职业技术学院学生
优胜奖	重庆代表团	葛子明	重庆科技学院学生
优胜奖	江苏代表团	王宇蒙	南京技师学院学生

（五十四）3D 数字游戏艺术

金　牌	上海代表团	胡沛然	上海工艺美术职业学院学生
银　牌	浙江代表团	陆依能	宁波第二技师学院学生
铜　牌	广东代表团	刘　静	深圳技师学院职工
优胜奖	重庆代表团	巫妍婷	重庆工商职业学院学生
优胜奖	安徽代表团	谢良昊	安徽新华高级技工学校学生
优胜奖	广西代表团	黄　文	广西机电技师学院学生
优胜奖	湖北代表团	邓永健	长江职业学院学生
优胜奖	河南代表团	柴欣童	河南化工技师学院学生
优胜奖	天津代表团	王星旺	天津电子信息职业技术学院学生
优胜奖	江苏代表团	卞泽文	镇江高等职业技术学校学生
优胜奖	四川代表团	谢雨婷	成都职业技术学院学生
优胜奖	山东代表团	张浩颜	山东工业技师学院学生
优胜奖	甘肃代表团	李文涛	兰州职业技术学院学生
优胜奖	湖南代表团	谭　容	湖南省经济贸易高级技工学校学生

（五十五）烘焙

金　牌	江苏代表团	李骏飞	苏州市吴中技师学院学生

银　牌	上海代表团	朱玉洁	上海市贸易学校学生
铜　牌	中国轻工联代表团	侯金辰	江苏省苏州市吴中技师学院学生
优胜奖	海南代表团	符　莹	海南省三亚技师学院学生
优胜奖	广东代表团	黄荣浪	东莞市技师学院学生
优胜奖	安徽代表团	马宇杰	安徽新东方烹饪高级技工学校职工
优胜奖	浙江代表团	金思含	嘉兴技师学院学生
优胜奖	湖北代表团	沈丹妮	武汉市第一商业学校学生
优胜奖	云南代表团	郑钦元	云南冶金高级技工学校学生
优胜奖	辽宁代表团	姜宗辰	丹东市技师学院职工
优胜奖	河南代表团	张四坤	郑州商业技师学院职工
优胜奖	天津代表团	王少轩	天津市经济贸易学校学生
优胜奖	广西代表团	骆良辉	广西华南烹饪技工学校学生
优胜奖	福建代表团	魏宇轩	福州第一技师学院学生
优胜奖	重庆代表团	任娜娜	重庆商务职业学院学生
优胜奖	湖南代表团	郭万强	湖南九嶷职业技术学院学生
优胜奖	四川代表团	李姣姣	成都爱达乐博济食品有限责任公司职工

（五十六）美容

金　牌	重庆代表团	覃　慧	重庆城市管理职业学校学生
银　牌	湖北代表团	杨梓旋	湖北海峡蒙妮坦职业培训学校学生
铜　牌	福建代表团	陈晓燕	龙岩技师学院职工
优胜奖	江苏代表团	王若情	南京技师学院学生
优胜奖	广东代表团	吴欣颖	广东省轻工业技师学院学生
优胜奖	山东代表团	王馨婕	山东省城市服务技师学院学生
优胜奖	湖南代表团	黄含芝	郴州技师学院学生
优胜奖	天津代表团	刘新雨	天津医学高等专科学校学生
优胜奖	上海代表团	冷秋雅	上海市第二轻工业学校学生
优胜奖	四川代表团	杨思雨	成都欧曼谛技工学校学生
优胜奖	广西代表团	朱贞贞	桂林技师学院学生
优胜奖	陕西代表团	吕　靖	西安海棠技师学院学生
优胜奖	河北代表团	只煦琳	邢台技师学院学生
优胜奖	安徽代表团	沈紫倩	安徽安庆技师学院学生
优胜奖	江西代表团	邓雨乐	上饶市信州中等专业学校学生

（五十七）糖艺/西点制作

金　牌	江苏代表团	刘欣茹	苏州市吴中技师学院学生
银　牌	广东代表团	陈婉霖	中山市技师学院学生
铜　牌	中国轻工联代表团	徐钰淇	郑州商业技师学院学生
优胜奖	湖北代表团	艾思博	武汉市第一商业学校职工
优胜奖	安徽代表团	王天祥	安徽新东方烹饪高级技工学校学生
优胜奖	江西代表团	左美婷	江西省工贸高级技工学校学生
优胜奖	上海代表团	徐鸶羽	上海市贸易学校学生
优胜奖	北京代表团	刘昀琦	北京轻工技师学院学生
优胜奖	浙江代表团	周　彬	浙江商业技师学院学生
优胜奖	广西代表团	农启煜	广西华南烹饪技工学校学生
优胜奖	山东代表团	柳程晖	潍坊市技师学院学生
优胜奖	河南代表团	卢云龙	郑州商业技师学院学生
优胜奖	重庆代表团	刘迪木	重庆市欧艺职业技能培训学校有限责任公司职工
优胜奖	云南代表团	张云勇	云南红河技师学院学生
优胜奖	天津代表团	金士欣	天津市经济贸易学校学生

（五十八）烹饪（西餐）

金　牌	安徽代表团	杨萧剑	安徽新东方烹饪高级技工学校学生
银　牌	上海代表团	陆　羽	上海市贸易学校学生
铜　牌	湖南代表团	陈自洋	湖南省商业技师学院学生
优胜奖	广西代表团	梁胜利	广西二轻技师学院职工
优胜奖	浙江代表团	宋浩男	宁波市古林职业高级中学学生
优胜奖	江苏代表团	张家源	苏州市吴中技师学院学生
优胜奖	湖北代表团	李　天	湖北经济学院法商学院学生
优胜奖	天津代表团	王　磊	天津市职业大学学生
优胜奖	河南代表团	沈彦辰	郑州商业技师学院学生
优胜奖	重庆代表团	孙建川	重庆商务职业学院学生
优胜奖	辽宁代表团	王中豪	辽宁达信四海人力资源有限公司职工
优胜奖	贵州代表团	喻恒先	贵阳市女子职业学校学生
优胜奖	山东代表团	林　坤	山东省城市服务技师学院学生
优胜奖	吉林代表团	贺东来	吉林省工商技师学院学生
优胜奖	河北代表团	陶少杰	河北省定州市定州技师学院学生

（五十九）美发

金　牌	浙江代表团	王铭娟	杭州创意艺术学校（杭州众合人力资源服务有限公司）职工
银　牌	重庆代表团	田飞鸿	重庆五一职业技术学院职工
铜　牌	上海代表团	李晟楠	上海市第二轻工业学校学生
优胜奖	天津代表团	王　琪	上海潘多拉美发有限公司天津分公司职工
优胜奖	云南代表团	马世运	云南冶金高级技工学校学生
优胜奖	四川代表团	邓　燚	成都欧曼谛技工学校学生
优胜奖	江苏代表团	何天文	江苏生活高级技工学校职工
优胜奖	广西代表团	曾令军	广西商业技师学院学生
优胜奖	吉林代表团	吴　茜	长春市蓝梦职业培训学校职工
优胜奖	河南代表团	顾红标	濮阳技师学院职工
优胜奖	海南代表团	熊子豪	海南省三亚技师学院学生
优胜奖	山东代表团	刘　倩	平度市技师学院学生
优胜奖	江西代表团	朱　清	南昌玮艺美容美发职业培训学校职工
优胜奖	贵州代表团	谢克月	遵义重美职业技术学校职工

（六十）健康和社会照护

金　牌	上海代表团	曾小桉	上海健康医学院学生
银　牌	江苏代表团	周俊林	江苏省常州技师学院学生
铜　牌	河南代表团	马诗薇	河南医药健康技师学院学生
优胜奖	山东代表团	姚　梦	山东医药技师学院学生
优胜奖	广东代表团	何鑫楠	深圳职业技术大学学生
优胜奖	海南代表团	周　佳	海南科技职业大学学生
优胜奖	天津代表团	郭　庆	天津医学高等专科学校学生
优胜奖	浙江代表团	蔡奕冉	金华职业技术学院学生
优胜奖	吉林代表团	周思思	长春建筑学院学生
优胜奖	辽宁代表团	李艾佳	辽阳职业技术学院学生
优胜奖	重庆代表团	韩瑞琦	重庆三峡医药高等专科学校学生
优胜奖	贵州代表团	任　雨	贵阳康养职业大学学生
优胜奖	江西代表团	刘耀婷	南昌大学学生
优胜奖	四川代表团	龚婷婷	四川护理职业学院学生
优胜奖	北京代表团	兰　玥	首钢工学院学生
优胜奖	山西代表团	范文睿	山西卫生健康职业学院学生

（六十一）餐厅服务

金　牌	河南代表团	李天鹤	郑州财经技师学院职工
银　牌	江苏代表团	王子桐	江苏省徐州技师学院学生
铜　牌	广东代表团	李文涛	深圳职业技术大学学生
优胜奖	安徽代表团	袁　韵	安徽工业经济职业技术学院学生
优胜奖	天津代表团	王宇瑶	天津市职业大学学生
优胜奖	上海代表团	沈圆佳	上海杉达学院学生
优胜奖	海南代表团	陈嘉康	三亚中瑞酒店管理职业学院学生
优胜奖	辽宁代表团	闫　帅	沈阳市外事服务学校职工
优胜奖	广西代表团	吴思阳	广西二轻技师学院学生
优胜奖	黑龙江代表团	张　泷	黑龙江旅游职业技术学院学生
优胜奖	湖北代表团	罗　敏	武汉职业技术学院学生
优胜奖	浙江代表团	申楠楠	杭州第一技师学院学生
优胜奖	山东代表团	许丽莎	青岛酒店管理职业技术学院学生
优胜奖	四川代表团	潘谨豪	四川旅游学院学生
优胜奖	江西代表团	陈延民	江西省电子商务高级技工学校学生

（六十二）酒店接待

金　牌	上海代表团	朱立萱	上海商学院学生
银　牌	广东代表团	何佩栩	深圳职业技术大学学生
铜　牌	云南代表团	陆　缘	云南交通运输职业学院学生
优胜奖	天津代表团	宋凯瑞	天津现代职业技术学院学生
优胜奖	浙江代表团	张奕欣	杭州第一技师学院学生
优胜奖	安徽代表团	闻嘉慧	黄山学院学生
优胜奖	湖北代表团	胡欣怡	武汉职业技术学院学生
优胜奖	广西代表团	霍梓豪	桂林旅游学院学生
优胜奖	四川代表团	赖宇萱	成都银杏酒店管理学院学生
优胜奖	江苏代表团	李逸心	苏州市电子信息技师学院学生
优胜奖	陕西代表团	何雅菁	陕西交通职业技术学院学生
优胜奖	山东代表团	张宇琛	青岛酒店管理职业技术学院学生
优胜奖	河北代表团	尹美佳	唐山工业职业技术学院学生
优胜奖	江西代表团	李悦思	江西省电子商务高级技工学校学生

附件 2

第二届全国技能大赛
参赛代表团最佳选手奖名单

一、北京市代表团

朱建安　社会体育指导（健身）（国赛精选项目）

　　北京华体领越体育科技发展有限公司职工

二、天津市代表团

陈俏锐　制造团队挑战赛（世赛选拔项目）

　　天津职业技术师范大学学生

三、河北省代表团

李　馨　健康照护（国赛精选项目）

　　承德护理职业学院职工

四、山西省代表团

徐庆红　数控车（国赛精选项目）

　　山西航天清华装备有限责任公司职工

五、内蒙古自治区代表团

崔嘉政　信息网络布线（世赛选拔项目）

　　兴安盟高级技工学校职工

六、辽宁省代表团

谭临溪　茶艺（国赛精选项目）

　　灵活就业人员

七、吉林省代表团

黄庭威　制造团队挑战赛（世赛选拔项目）

长春科技学院职工

八、黑龙江省代表团

宋　磊　区块链应用操作（国赛精选项目）

哈尔滨职业技术学院职工

九、上海市代表团

庞泽锐　网站技术（世赛选拔项目）

上海行健职业学院学生

十、江苏省代表团

王村伟　工业系统机器人运维（国赛精选项目）

江苏省常州技师学院职工

十一、浙江省代表团

翁　研　重型车辆维修（世赛选拔项目）

宁波技师学院职工

十二、安徽省代表团

唐　凡　飞机维修（世赛选拔项目）

国营芜湖机械厂职工

十三、福建省代表团

陈晓燕　美容（世赛选拔项目）

龙岩技师学院职工

十四、江西省代表团

徐伟男　烘焙（国赛精选项目）

鹰潭麦生长文化创意有限公司职工

十五、山东省代表团

高　鹏　智能制造工程技术（国赛精选项目）

淄博市技师学院职工

十六、河南省代表团

李天鹤　餐厅服务（世赛选拔项目）

郑州财经技师学院职工

十七、湖北省代表团

曹　博　电子技术（世赛选拔项目）

武汉市仪表电子学校职工

十八、湖南省代表团

黄睿强　砌筑（世赛选拔项目）

中建五局高级技工学校学生

十九、广东省代表团

黄佳杰　云计算（世赛选拔项目）

深圳技师学院职工

二十、广西壮族自治区代表团

周文军　工业机器人系统操作（国赛精选项目）

南宁职业技术学院职工

二十一、海南省代表团

熊子豪　美发（世赛选拔项目）

海南省三亚技师学院学生

二十二、重庆市代表团

王　松　电子技术（世赛选拔项目）

重庆铁路运输技师学院职工

二十三、四川省代表团

胡泽宏　焊接（世赛选拔项目）

中国十九冶集团有限公司（攀枝花技师学院）学生

二十四、贵州省代表团

常潇阳　木工（国赛精选项目）

贵州交通技师学院职工

二十五、云南省代表团

陆　缘　酒店接待（世赛选拔项目）

云南交通运输职业学院学生

二十六、西藏自治区代表团

赵　娟　餐厅服务（国赛精选项目）

林芝市职业技术学校职工

二十七、陕西省代表团

张金永　数控铣（世赛选拔项目）

西安航天技工学校职工

二十八、甘肃省代表团

者　婕　木工（世赛选拔项目）

兰州职业技术学院学生

二十九、青海省代表团

胡宗山　石油钻井技术（国赛精选项目）

西部钻探青海钻井公司职工

三十、宁夏回族自治区代表团

胡志俭　网络系统管理（国赛精选项目）

中国移动通信集团宁夏有限公司职工

三十一、新疆维吾尔自治区代表团

张瑞乾　信息网络布线（国赛精选项目）

和田县技工学校职工

三十二、新疆生产建设兵团代表团

袁金堂　网络系统管理（国赛精选项目）

新疆生产建设兵团兴新职业技术学院职工

三十三、交通运输部代表团

时　琪　货运代理（世赛选拔项目）

大连海事大学学生

三十四、住房城乡建设部代表团

王福兴　焊接（世赛选拔项目）

中国十九冶集团有限公司职工

三十五、中国机械工业联合会代表团

胡丽超　数控铣（世赛选拔项目）

广东省机械技师学院学生

三十六、中国轻工业联合会代表团

欧祖安　精细木工（世赛选拔项目）

广州市轻工技师学院学生

附件 3

第二届全国技能大赛
西部技能之星获奖选手名单

一、内蒙古自治区代表团

李佩员　机器人焊接技术（国赛精选项目）

内蒙古航天红岗机械有限公司职工

二、广西壮族自治区代表团

梁锦涛　砌筑（国赛精选项目）

广西建筑材料工业技工学校职工

三、重庆市代表团

刘迪木　糖艺 / 西点制作（世赛选拔项目）

重庆市欧艺职业技能培训学校有限责任公司职工

四、四川省代表团

郭建欣　化学实验室技术（世赛选拔项目）

四川理工技师学院学生

五、贵州省代表团

王秀木　增材制造（世赛选拔项目）

贵州装备制造职业学院学生

六、云南省代表团

尹国迅　车身修理（世赛选拔项目）

云南交通技师学院学生

七、西藏自治区代表团

普　姆　化学实验室技术（世赛选拔项目）

西藏技师学院学生

八、陕西省代表团

姚轶文　飞机维修（世赛选拔项目）

中航西安飞机工业集团股份有限公司职工

九、甘肃省代表团

曹　鑫　珠宝加工（国赛精选项目）

兰州资源环境职业技术大学职工

十、青海省代表团

赵玉蛟　石油钻井技术（国赛精选项目）

西部钻探青海钻井公司职工

十一、宁夏回族自治区代表团

邱子琼　商品展示技术（世赛选拔项目）

宁夏职业技术学院学生

十二、新疆维吾尔自治区代表团

苏比力努尔·帕尔海提　餐厅服务（国赛精选项目）

喀什技师学院职工

十三、新疆生产建设兵团代表团

吴　扬　制冷与空调（世赛选拔项目）

新疆生产建设兵团兴新职业技术学院学生

附件 4

第二届全国技能大赛
突出贡献奖和优秀组织奖获奖单位名单

一、突出贡献奖获奖代表团

天津市代表团

山西省代表团

辽宁省代表团

上海市代表团

江苏省代表团

安徽省代表团

山东省代表团

湖北省代表团

湖南省代表团

广东省代表团

四川省代表团

贵州省代表团

二、优秀组织奖获奖代表团

北京市代表团

河北省代表团

内蒙古自治区代表团

吉林省代表团

黑龙江省代表团

浙江省代表团

福建省代表团

江西省代表团

河南省代表团

广西壮族自治区代表团

海南省代表团

重庆市代表团

云南省代表团

西藏自治区代表团

陕西省代表团

甘肃省代表团

青海省代表团

宁夏回族自治区代表团

新疆维吾尔自治区代表团

新疆生产建设兵团代表团

交通运输部代表团

住房城乡建设部代表团

中国机械工业联合会代表团

中国轻工业联合会代表团

图书在版编目（CIP）数据

技能成才　技能报国：中华人民共和国第二届职业技能大赛实录 / 中华人民共和国第二届职业技能大赛组委会编 . -- 北京：中国劳动社会保障出版社：中国人事出版社，2024

ISBN 978-7-5167-6285-1

Ⅰ . ①技…　Ⅱ . ①中…　Ⅲ . ①职业技能 – 竞赛 – 中国　Ⅳ . ① C975

中国国家版本馆 CIP 数据核字（2024）第 016977 号

中国劳动社会保障出版社
中 国 人 事 出 版 社 **出版发行**

（北京市惠新东街 1 号　邮政编码：100029）

*

北京市白帆印务有限公司印刷装订　　新华书店经销

787 毫米 ×1092 毫米　16 开本　24.75 印张　376 千字

2024 年 3 月第 1 版　　2024 年 3 月第 1 次印刷

定价：99.00 元

营销中心电话：400-606-6496

出版社网址：http://www.class.com.cn